管道施工理论与实际操作集成

刘奎武　著

北　京
冶 金 工 业 出 版 社
2017

内 容 提 要

本书介绍了多种管道施工的理论和实际操作。作者结合几十年的实际工作经验，融汇了现代管道施工新的材料、新的理论、新的操作方法，深入浅出地介绍了管道的多种施工办法，既有传统和新的理论，又有最实际的操作方法。本书适合广大从事管道研究、施工、管理工程技术人员学习，也可供大专院校相关专业师生参考。

图书在版编目(CIP)数据

管道施工理论与实际操作集成/刘奎武著.—北京：冶金工业出版社，2017.8

ISBN 978-7-5024-7557-4

Ⅰ.①管…　Ⅱ.①刘…　Ⅲ.①管道施工　Ⅳ.①U175

中国版本图书馆 CIP 数据核字(2017)第 180766 号

出 版 人　谭学余
地　　址　北京市东城区嵩祝院北巷 39 号　邮编　100009　电话　(010)64027926
网　　址　www.cnmip.com.cn　电子信箱　yjcbs@cnmip.com.cn
责任编辑　姜晓辉　美术编辑　吕欣童　版式设计　孙跃红
责任校对　卿文春　责任印制　李玉山
ISBN 978-7-5024-7557-4
冶金工业出版社出版发行；各地新华书店经销；三河市双峰印刷装订有限公司印刷
2017 年 8 月第 1 版，2017 年 8 月第 1 次印刷
169mm×239mm；13.25 印张；260 千字；204 页
48.00 元

冶金工业出版社　投稿电话　(010)64027932　投稿信箱　tougao@cnmip.com.cn
冶金工业出版社营销中心　电话　(010)64044283　传真　(010)64027893
冶金书店　地址　北京市东四西大街 46 号(100010)　电话　(010)65289081(兼传真)
冶金工业出版社天猫旗舰店　yjgycbs.tmall.com

前　言

所有管道工程的设计者和施工者都应该遵循各项规范。规范能保证施工质量，规范能保证施工安全，规范是经济效益的保障金。

本书的宗旨是告诉读者“管道活儿”怎么干。现如今已经不是“一把管钳闯天下”的年月了，要学习的知识太多了。因此，本书介绍了各类型管道工程施工，供读者结合经验体会去举一反三。

一本书没必要也不可能包罗万象，但要给读者一个思路，带着多年的经验积累沿着思路前行就能完成不同类型工程。这不是摸着石头过河，而是胸有成竹的拓路前行。

你做过采暖和给排水工程但不一定做过氢气管道工程，更不一定做过高压管道工程……这就要求你进一步学习一下氢气特点，金属材料在高压高温下的物理性能。本书打算和你一起讨论一下类似问题，弄清楚后你就可以从事这项工程施工了。如果在管道工程中遇到了难解问题，不知如何出方案，不知如何定工艺规范，翻翻此书就会有答案的。

有五点建议供参考。

(1) 做工程要与时俱进。新材料新工艺要接受，但要有分析地结合工程状况接受。塑管耐腐蚀，流动阻力小，但不可用在高温水（100℃以上）条件下。U-PVC 做下水管耐腐蚀，但在静噪性能上比不上铸铁管，管内加了螺旋线也难以和铸铁管相比。沟槽连接快捷方便、规范上允许使用；但在水泵出口决不能用，因为它经不住水的冲击，十有八九会被冲开。要根据工程定位选用成熟工艺和有实践经历的材料。

（2）设备、原材料是工程之本。设计者、施工者必须靠知识选对设备和原材料，必须靠知识和诚信打假，做经得起时间考验的工程。

（3）原则问题必须较真。有些问题允许有灵活性。对管子的支吊卡子间距因现场情况允许有变通；两点间距离短，只要能正常排水，坡度值允许小些，但绝对不可水平，更不可反坡。

（4）疑难问题要分析。管道活儿干的挺好，暖气就是不热，怎么办？在“软件”上作点文章，本书第1章1.6节就体现了这一思路。

（5）要有创新精神。这是一个高境界问题。“图纸有了，规范有了，照章办事就行了！”这种认识没有错。但我们深层次思考一下，“大创新”“小创新”还是有的，德国的通行沟可出入汽车，这是高明之举，即使我们目前做不到，但值得思考和学习。目前，工程界保温防冷层都偏厚，不能改一下吗？镀锌管焊缝处理不得当，能否想想办法……这是施工现场可以解决的问题。

笔者理论知识有限，实践经验不够丰富，书中不足之处还请各界读者不吝赐教。

刘奎武

2017年5月

目　录

1 建筑给水排水工程

1.1 建筑给水排水工程施工质量验收细则

按《建筑给水排水及采暖工程质量验收规范》(GB 50242—2002)规定，把6张表格提供给读者。

表1-1给出给水管道系统各项要求。值得指出的是给水管与排水管的平行、垂直净距要求；冲洗消毒要求；给水如果用塑管、检疫要求必须满足。其他要求属常规要求。

表1-2，室内排水栓地漏安装要求，主旨是卫生洁具给水要求。

表1-3，水泵安装试运转要求，水箱满水试验要求，其他要求属常规要求。

表1-4，排水管坡度，排水塑管伸缩节，排水立管和水平管通球实验，其余为常规要求。

表1-5，室内热水系统，水压试验，安装补偿器为主项，其余为常规要求。

表1-6，室外给水管道安装，埋地管覆土深度，不允许穿越污染源，管道水压试验，埋地防腐，冲洗消毒与污水管最小平行间距是主项，其余为常规要求。

只看6张表，觉得抽象，工程意境出不来，闭目之后想不出工程什么样。

因此，以后诸多章节对相关问题，进行了细致描述和较为具体介绍弥补其不足。

建筑给水排水工程施工质量验收细则的6张表。

本细则包括室内给水管道安装、室内给水管道附件及卫生器具的给水配件安装。

表1-1 室内给水管道及配件安装工程

项目			质量要求
主控项目	1	给水管道水压试验	第4.2.1条
	2	给水系统通水试验	第4.2.2条
	3	生活给水系统管道冲洗和消毒	第4.2.3条
	4	直埋金属给水管道防腐	第4.2.4条

续表 1-1

项目					质量要求
一般项目	1	给水与排水管道的平行、垂直净距			第4.2.5条
	2	金属给水管道及管件焊接			第4.2.6条
	3	给水水平管道坡度坡向			第4.2.7条
	4	管道支、吊架			第4.2.9条
	5	水表安装			第4.2.10条
	6	水平管道纵、横方向弯曲允许偏差（指挠度）	钢管	每m	1mm
				全长25m以上	不大于25mm
			塑料管复合管	每m	2mm
				全长25m以上	不大于25mm
			铸铁管	每m	2mm
				全长25m以上	不大于25mm
		立管垂直度允许偏差	钢管	每m	3mm
				全长5m以上	不大于8mm
			塑料管复合管	每m	2mm
				全长5m以上	不大于8mm
			铸铁管	每m	3mm
				全长5m以上	不大于10mm
	7	成排管段和成排阀门		在同一平面上的间距	3mm

注：质量要求符合《建筑给水排水及采暖工程施工质量验收规范》(GB 50242—2002）规定。

表 1-2　室内给水管道附件及卫生间器具给水配件安装工程

项目					质量要求
主控项目	1	排水栓与地漏安装			第7.2.1条
	2	卫生器具满水试验和通水试验			第7.2.2条
	3	卫生器具给水配件			第7.2.3条
一般项目	1	卫生器具安装允许偏差	坐标	单独器具	10mm
				成排器具	5mm
			标高	单独器具	±15mm
				成排器具	±10mm
			器具水平度		2mm
			器具垂直度		3mm
	2	给水配件安装允许偏差	高、低水箱角阀及截止阀、水嘴		±10mm
			淋浴器喷头下沿		±15mm
			浴盆软管沐浴器挂钩		±20mm
	3	浴盆检修门、小便槽冲洗管安装	第7.2.4条、第7.2.5条		
	4	卫生器具的支、托架	第7.2.6条		
	5	浴盆淋浴器挂钩高度距地1.8m	第7.3.3条		

注：质量要求符合《建筑给水排水及采暖工程质量验收规范》(GB 50242—2002）规定。

表 1-3　室内给水管道附属设备安装工程

<table>
<tr><th colspan="6">项　目</th><th>质量要求</th></tr>
<tr><td rowspan="3">主控项目</td><td>1</td><td colspan="4">水泵基础</td><td>设计要求</td></tr>
<tr><td>2</td><td colspan="4">水泵试运转的轴承温升</td><td>第 4.4.2 条</td></tr>
<tr><td>3</td><td colspan="4">敞开水箱满水试验和密闭水箱（罐）水压试验</td><td>第 4.4.3 条</td></tr>
<tr><td rowspan="13">一般项目</td><td>1</td><td colspan="4">水箱支架或底座安装</td><td>第 4.4.4 条</td></tr>
<tr><td>2</td><td colspan="4">水箱溢流管和泄放管安装</td><td>第 4.4.5 条</td></tr>
<tr><td>3</td><td colspan="4">立式水泵减振装置</td><td>第 4.4.6 条</td></tr>
<tr><td rowspan="7">4</td><td rowspan="7">安装允许偏差</td><td rowspan="3">静置设备</td><td colspan="2">坐标</td><td>15mm</td></tr>
<tr><td colspan="2">标高</td><td>±5mm</td></tr>
<tr><td colspan="2">垂直度（每 m）</td><td>5mm</td></tr>
<tr><td rowspan="4">离心式水泵</td><td colspan="2">立式垂直度（每 m）</td><td>0.1mm</td></tr>
<tr><td colspan="2">卧式水平度（每 m）</td><td>0.1m</td></tr>
<tr><td rowspan="2">联轴器同心度</td><td>轴向倾斜（每 m）</td><td>0.8mm</td></tr>
<tr><td>径向位移</td><td>0.1mm</td></tr>
<tr><td rowspan="3">5</td><td rowspan="3">保温层允许偏差</td><td>允许偏差厚度 δ</td><td colspan="3">$+0.1\delta$　-0.05δ</td></tr>
<tr><td rowspan="2">表面平整度/mm</td><td colspan="2">卷材</td><td>5</td></tr>
<tr><td colspan="2">涂材</td><td>10</td></tr>
</table>

注：质量要求符合《建筑给水排水及采暖工程施工质量验收》(GB 50242—2002) 规定。

表 1-4　室内排水管道工程

项	目		质量要求
主控项目	1	排水管道灌水试验	第 5.2.1 条
	2	生活污水铸铁管、塑料管坡度	第 5.2.2-3 条
	3	排水塑料管安装伸缩节	第 5.2.4 条
	4	排水主立管及水平管通球试验	第 5.2.5 条
一般项目	1	生活污水管道上设检查口和清扫口	第 5.2.6-7 条
	2	金属和塑料管支、吊架安装	第 5.2.8-9 条
	3	排水通气管安装	第 5.2.10 条
	4	医院污水和饮食业工艺排水	第 5.2.11-12 条

续表 1-4

<table>
<tr><th colspan="7">项　目</th><th>质量要求</th></tr>
<tr><td rowspan="19">一般项目</td><td>5</td><td colspan="5">室内排水管道安装</td><td>第 5.2.13-14-15 条</td></tr>
<tr><td rowspan="18">6</td><td rowspan="18">排水管道安装允许偏差</td><td colspan="4">坐　标</td><td>15mm</td></tr>
<tr><td colspan="4">标　高</td><td>±15mm</td></tr>
<tr><td rowspan="6">横管道纵、横方向弯曲/mm</td><td rowspan="2">铸铁管</td><td colspan="2">每 m</td><td>不大于 1mm</td></tr>
<tr><td colspan="2">全长（25m 以上）</td><td>不大于 25mm</td></tr>
<tr><td rowspan="4">钢管</td><td rowspan="2">每 m</td><td>管径≤100mm</td><td>1mm</td></tr>
<tr><td>管径>100mm</td><td>1.5mm</td></tr>
<tr><td rowspan="2">全长（25m 以上）</td><td>管径≤100mm</td><td>不大于 25mm</td></tr>
<tr><td>管径>100mm</td><td>不大于 38mm</td></tr>
<tr><td rowspan="10">弯　管</td><td rowspan="2">塑料管</td><td colspan="2">每 m</td><td>1.5mm</td></tr>
<tr><td colspan="2">全长（25m 以上）</td><td>不大于 38mm</td></tr>
<tr><td rowspan="2">钢筋混凝土管</td><td colspan="2">每 m</td><td>3mm</td></tr>
<tr><td colspan="2">全长（25m 以上）</td><td>不大于 75mm</td></tr>
<tr><td rowspan="2">铸铁管</td><td colspan="2">每 m</td><td>3mm</td></tr>
<tr><td colspan="2">全长（25m 以上）</td><td>不大于 15mm</td></tr>
<tr><td rowspan="2">钢管</td><td colspan="2">每 m</td><td>3mm</td></tr>
<tr><td colspan="2">全长（25m 以上）</td><td>不大于 10mm</td></tr>
<tr><td rowspan="2">塑料管</td><td colspan="2">每 m</td><td>3mm</td></tr>
<tr><td colspan="2">全长（25m 以上）</td><td>不大于 15mm</td></tr>
</table>

注：质量要求符合《建筑给水排水及采暖工程施工质量验收》(GB 50242—2002) 规定。

表 1-5　室内热水管道及配件安装工程

<table>
<tr><th colspan="3">项　目</th><th>质量要求</th></tr>
<tr><td rowspan="3">主控项目</td><td>1</td><td>热水供应系统管道水压试验</td><td>第 6.2.1 条</td></tr>
<tr><td>2</td><td>热水供应系统管道安装补偿器</td><td>第 6.2.2 条</td></tr>
<tr><td>3</td><td>热水供应系统管道冲洗</td><td>第 6.2.3 条</td></tr>
<tr><td rowspan="2">一般项目</td><td>1</td><td>管道安装坡度</td><td>设计规定</td></tr>
<tr><td>2</td><td>温度控制器和阀门安装</td><td>第 6.2.5 条</td></tr>
</table>

续表 1-5

项目						质量要求
一般项目	3	管道安装允许偏差	水平管道纵横方向弯曲	钢管	每 m	1mm
					全长 25m 以上	不大于 25mm
				塑料管复合管	每 m	1.5mm
					全长 25m 以上	不大于 25mm
			立管垂直度	钢管	每 m	3mm
					全长 5m 以上	不大于 8mm
				塑料管复合管	每 m	2mm
					全长 5m 以上	不大于 8mm
			成排管和成排阀门		在同一平面上的间距	3mm
	4	保温层允许偏差		厚度	$+0.1\delta$	-0.05δ
				表面平整度	卷材	5mm
					涂抹	10mm

注：质量标符合《建筑给水排水及采暖工程施工质量验收规范》(GB 50242—2002) 规定。

表 1-6 室外给水管道安装工程

项目						质量要求
主控项目	1	埋地管道覆土深度				第 9.2.1 条
	2	给水管道不得直接穿越污染源				第 9.2.2 条
	3	管道上可拆和易腐件不得埋在土中				第 9.2.3 条
	4	管井内安装与井壁的距离				第 9.2.4 条
	5	管道的水压试验				第 9.2.5 条
	6	埋地管道的防腐				第 9.2.6 条
	7	管道的冲洗与消毒				第 9.2.7 条
一般项目	1	管道和支架的涂漆				第 9.2.9 条
	2	阀门、水表安装位置				第 9.2.10 条
	3	给水与污水管平行铺设的最小间距				第 9.2.11 条
	4	管道连接应符合规范要求				第 9.2.12-13-14-15-16-17 条
	5	管道安装允许偏差	坐标	铸铁管	埋地	100mm
					敷设在沟槽内	50mm
				钢管、塑料管、复合管	埋地	100mm
					敷设在沟槽内或架空	40mm
			标高	铸铁管	埋地	±50mm
					敷设在沟槽内	±30mm
				钢管、塑料管、复合管	埋地	±50mm
					敷设在沟槽内或架空	±30mm
			水平管纵横向弯曲	铸铁管	直段（25m 以上）起点~终点	40mm
				钢管、塑料管、复合管	直段（25m 以上）起点~终点	30mm

注：质量要求符合《建筑给水排水及采暖工程施工质量验收》(GB 50242—2002) 规定。

1.2　塑料管与球墨铸铁管

1.2.1　室内塑料给水管道

多用PP-R管和PB管，冷水管用PE-RT亦可。要求热熔焊接技术精良，施工现场环境温度5℃以上，压力试验1.5倍运行压力，塑管承压能力与选S值有关，S值小承压能力强。

给水塑管必须有卫生检疫报告，期限为检测期至使用期间隔不超四年。与镀锌管相比，塑管给水是个新问题。

1.2.2　室内塑料排水管道

材质为硬质聚氯乙烯（PVC-U），用同质粘接剂，两种材料应为同一厂家产品，粘接剂应选用近期产品（6个月内为宜）。

管材应内外表面光滑，无气泡、裂纹，壁厚均匀，色泽一致，直管扰度不大于1%。管件造型规矩、光滑无毛刺，承口应有坡度。

暗设管道在设备层、竖井、吊顶内，与其他专业管道设备应无“打架”现象，如发现矛盾应通盘解决，不可“先入为主”。

当预留孔洞，预埋件尺寸无误时，将地面清理干净再进行安装；高度3.5m以上时要搭架子。

排水管道安装后，需做闭水试验，合格后撤去橡胶堵，封好清扫口。

卫生洁具及设备安装后必须做通水通球实验。

冬施，粘接凝固时间为2~3min。

1.2.3　室外PE给水管与球墨铸铁给水管

室外用PE做输水管的工程已不少见。管径范围16mm~1000mm；承压能力0.32~1.60MPa，温度限定40℃以内，卫生标准符合GB/T 17219，不可用PE管输送热水。

用PE选型应慎重。有以下条件可作为选型依据。

PE管材的热熔焊接质量十分重要，应由专业技工操作。施工环境温度5℃以上，低于5℃不得实施热熔焊。用球墨铸铁做供水管市政施工大量采用。用胶圈变形起密封作用，如果承插时偏转角过大，会失去密封作用。

通用做法DN100、DN125、DN150、DN200管偏转角不得超过5°；

DN250、DN300、DN350管偏转角切不可大于4°；

因此，直埋球墨铸管要求地基坚实，先打压后回填。其压力值1.5倍当地市政水压。用PE管过“地面有压力地带”要加金属套管。

1.2.4　室外排水波纹 PE 管铺设

这种波纹管内有钢丝筋。承插口用胶圈变形密封，因为是无压流，胶圈放正即可承受满水试压。

要求：坡度准确，承插正确。

埋地管，托管子地面先夯实，用细沙填埋至管径一半，尔后用筛过的细土回填，每填 300mm 夯实一次。因塑管机械强度低，防伤及，被夯实的土层厚一点。一般每 250mm 土层夯一次是常规。

1.2.5　成品保护

严密封堵管口，防杂物进入；地面或楼板面上的立管要有保护措施要“护根”；不得使塑管受拉、压、踏，更不得近火源；在油漆粉刷前包好塑管，防污染管道。

1.3　室内给水管布局要求和工艺要求

表 1-5、表 1-6 给出对室内、外给水管道具体要求，如通水试验，水压试验安装允许偏差等，都是正确的，也是必须执行的。

然而，如果布局不恰当，即使具体事项做的再准确，也将影响使用效果。

（1）室内给水管，水平管应“热上冷下”，垂直管“热左，冷右”。

（2）室内给水管道不宜穿越伸缩缝、沉降缝等。如必须穿越，应采取补偿管道伸缩措施。

（3）室内给水管道上各种阀，应装在便于检修和操作之处。

（4）室内给水管要做防结露保温层。

（5）室内给水管道温度变化不大。转角弯头较多，因此一般不考虑伸缩补偿措施，沟槽连接无须补偿；对热水给水管道必须考虑。同时，要注意坡向和坡度。

（6）任何管道不得敷设在结构层内；找平层内或管槽内的管径不宜大于 25mm，管材应为耐腐蚀的塑管和金属管。

（7）管道井每层设外开检修门；设竖向防火隔断。防火等级必须符合规定。管道井的几何尺寸是由管道数量、管径大小、排列方式、维修条件而定，维修人员工作，工作通道净宽不应小于 0.6m。

（8）明设水管穿楼板应采取防结露措施；穿越可能结冻处应采取防冻措施。

（9）室内塑料给水管道宜暗设，如明设，应设在不易受撞击的地方；非明设不可，对其根部做水泥护台。

(10) 工厂厂房给水管铺设，情况复杂些。

1) 生活给水管道不得与易燃有害气、液管同沟、同管廊。

2) 给水管宜枝状布局，便于多方位供水。

3) 生活水管不应穿越配电室、电梯机房等地方，避免在大型设备上方通过，给水管不得妨碍生产操作和室内交通运输。

4) 给水管不得布置在遇水产生危险的原料、产品和设备上方。

5) 给水管不得敷设在烟道、风道、电梯井内。

6) 明设的塑管给水立管距灶台边缘不得小于0.4m，距燃气热水器边缘不得小于0.2m。塑料给水管道要通过0.4m以上长度的金属管与加热器或热水炉联接。

7) 埋地敷设，平行净距不小于0.5m；交叉净距不小于0.15m，且给水管须在上方。净距指外皮对外皮的距离。

(11) 室内管道安装工作。

依据图纸，管材管件必须同质，复核甩口位置，方向、标高，要特别注意阀门、过滤器等部件的方向性，所有管口应有临时丝堵。试压后找补防腐防锈残破之处并修复，随之做保温工程，做文字记录。要求保温材料及外缠保护层防火性能必须达标。

埋地管道有试压记录后，方可回填。管道施工须在环境温度5℃以上，低于5℃时不可施工。

立管明装，要检查其垂直度，与墙距离、预留口的高度和方向。

立管暗装，土建砌墙要预留管槽，试压防腐后再抹平。

给水管道，加水润湿，按标准压力试压。

试压后按规范冲洗，冲洗合格后做好验收记录。

表1-3中有水泵安装要求。强调一下，水泵出口处不可用沟槽联结，应该采用法兰（丝接）联接。否则，“沟槽”必被出口强大水压冲开。

高位水箱应做漏水试验，试验合格后进行防腐验收。

冬季试水要严防管子冻裂。

(12) 给水所需压力估计值及给水当量。

施工者不承担设计工作，但你得“懂”给水相关问题。

先说给水当量：1s流出0.2L水量称为一个当量。

当量概念在许多流量计算中用得着。

供水系统所需的压力最小保证值：一层0.1MPa；二层0.12MPa；三层后，每增一层，压力值增0.04MPa。

用水量各种规范中均有细则。

工业企业管理人员车间工人办公楼定额30~50L/(人·班)，用水时间8~

10h，小时变化系数1.5~2.5；普通住宅用水量130~300L/(人·d)，小时变化系数2.8~2.3；别墅用水量200~350L/(人·d)，小时变化系数2.3~1.8。

小时变化系数：一年中用水量最大那天的小时用水量与年平均小时用水量之比。

1.4 室外给水管布局与工艺要求

具体要求：

(1) 一个小区供水管宜成环状，由两条干管与市政管联结，如果一条发生故障另一条保障正常供水。

(2) 室外给水管道宜铺设在人行道（草坪）下，外皮与建筑物平行且距外墙净距1.0m以上；室外给水管道不得穿越污染源。

(3) 室外给水管道与其他地下管线按表1-7取其距离。

表1-7 室外给水管道与其他地下管线距离表 (m)

种类 \ 净距/m \ 种类	给水管		污水管		雨水管	
	水平	垂直	水平	垂直	水平	垂直
给水管	0.5~1.0	0.1~0.15	0.8~1.5	0.1~0.15	0.8~1.5	0.1~0.15
污水管	0.8~1.5	0.1~0.15	0.8~1.5	0.1~0.15	0.8~1.5	0.1~0.15
雨水管	0.8~1.5	0.1~0.15	0.8~1.5	0.1~0.15	0.8~1.5	0.1~0.15
天然气管	0.5~1.0	0.1~0.15	1.0	0.1~0.15	1.0	0.1~0.15
直埋热水管	1.0	0.1~0.15	1.0	0.1~0.15	1.0	0.1~0.15
热力管沟	0.5~1.0		1.0		1.0	
电力电缆	1.0	直埋0.5 穿管0.25	1.0	直埋0.5 穿管0.25	1.0	直埋0.5 穿管0.25
通信电缆	1.0	直埋0.5 穿管0.25	1.0	直埋0.5 穿管0.15	1.0	直埋0.5 穿管0.15
照明电缆	0.5		1.0		1.0	

(4) 室外给水管线回填，其厚度由当地冻土深度决定，同时还要考虑管道材质和顶面车辆荷载因素。要特别掌控回填土的质量和夯实分层厚度，曾发现有些工程不筛就回填，甚至垃圾土掺入；夯实分层过厚，造成雨季时顶面塌陷。

(5) 室外给水管道阀门须设阀门井。所有更换维修件，均不可直埋，应便于操作维修。

(6) 室外供水明管须保温，如是塑管还应装防护装置。

(7) 表1-3离心式水泵安装中要求立式垂直度每m允许0.1mm误差；卧式

水平度每 m 允许 0.1mm 误差，测量时以加工面为基准。这一要求与《机械设备安装施工技术规范》第一册“通用规定”中的 0.1/1000 是一致的。满足这一要求，水泵运行平稳，主轴耗功会降低，否则运行中有可能产生振动耗电量肯定要大。因此，水泵安装人员要认真做好这一工作。

1.5 阀门选用与高低位水箱安装

有些管线上，阀门选用不恰当；高低位水箱安装坐标误差太大。

旋起式止回阀可用在水平、垂直管道上，启闭迅速，但易引起水锤，因此不宜用在压力高的系统里，因此一般口径管道中用升降式让回阀；为消除水锤冲击和噪声可选用梭式止回阀，梭式止回阀密封性能好，阻力损失亦小。

截止阀，切断水流作用好，封得住、但水流阻力损失大，一般用于管径小于 50mm 的管道上。闸阀，又称闸板阀，水流直通，阻力小，宜用在管径大于 50mm 管线上。有两点值得注意，一是杂质落入阀座后造成磨损和漏水，二是如果关闭“太紧”，闸板被夹死，再开启时闸板脱落。

蝶阀，阀板可翻转 90°，用其调节流量，节流和关闭均很方便。阀板承受高压能力有限。

为保障安全和用水需求，有时用减压阀。比例式减压阀垂直安装，减压比不可超 3∶1；可调试减压阀宜水平安装阀门前后压差不应大于 0.4MPa，安静场所压差不宜大于 0.3MPa，设置减压阀的管段应便于排污和阀门检修，附近要有排水地漏。

减压阀并联使用可降低噪声。

图 1-1 所示流程可切换运行，检修时可不停产。

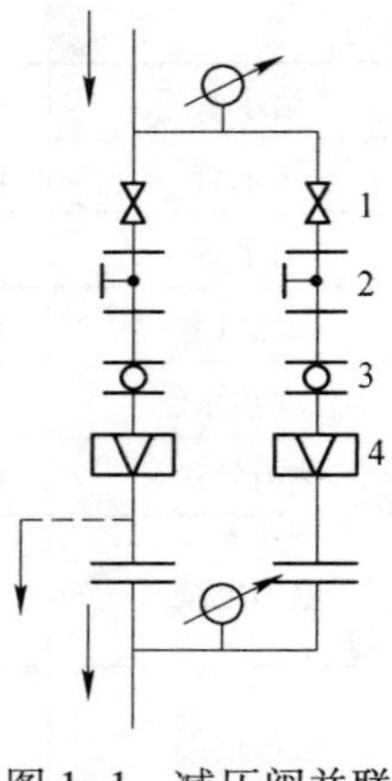

图 1-1 减压阀并联流程示意图

1—截止阀；2—过滤器；3—软连接件；4—减压阀

图纸上会指明高低位水箱几何尺寸及坐标。低位水箱（池）外壁与建筑物内墙面或其他池壁净距不得小于 0.7m，如果相邻壁面有管道，净距要加大到 1.0m，水箱顶面距楼层顶面要大于 0.8m。这些数据源于工程实践。高位水箱底部与地面净距要在 0.8m 以上。

不少工程出现挤水箱间内位置现象，甚至勉强安装，留下隐患。

也曾出现过，居室在水箱间下层；水箱间相邻配电室，这均属违规。

1.6 排水管道工程诸多问题及几个费解问题

排水管道工程涉及的问题，具体体现在以下方面：

（1）对室内排水管道功能要求及工艺布局要求。

这个问题从图纸能反映出来，作为施工者，如发现有悖之处，必须表态和进行处理。

（2）排水管道内必须气压稳定，有害气体能顺利排出，而不得进入室内，保持室内有良好的卫生环境；排水管道要为污、废水回用提供条件。排水管道的良好功能源于良好的水封和合理的通气立管设置。

（3）卫生器具至排出管应距离短、转弯少。

（4）排水管不得穿过沉降缝、烟道和风道，不得穿越卧室、橱窗、壁柜。

（5）排水管要避开易机械撞击处（或加防护装置）；排水管要防热（大于60℃要有隔热措施），塑管排水要求距灶具0.4m以上。

（6）排水管要根据所处位置做防结露保温。

（7）排水管不得穿越饮用水池上方，不得布置在滴水可引燃引爆的产品和设备上方。

（8）排水管不得布置在主副食操作台上方。

（9）暗设排水管必须便于安装和检修，严防“绝后活”。

（10）塑管穿越楼层应加阻火圈，塑管还须加伸缩节。

（11）排水立管底部的排水支管连接方式有讲究。

具体见表1-8。

表1-8　排水立管穿越楼层数AB间最小距离数据表

排水立管穿越楼层数	≤4	5~6	7~12	13~19	≥20
AB最小距离/m	0.45	0.75	1.20	3.0	6.0

排水立管穿越楼层数对应着各层的AB间距。见图1-2。

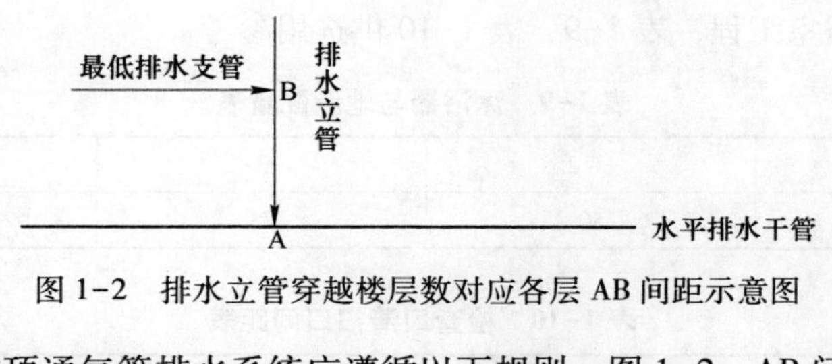

图1-2　排水立管穿越楼层数对应各层AB间距示意图

1）只设伸顶通气管排水系统应遵循以下规则。图1-2，AB间距按表1-8决定；穿越20层楼层立管要求AB间距6m以上（只有理论意义），不易实操，要用加大立管或干管直径解决。图1-3排水支管与排水干管连接，要求AB间距3m以上，不得小于1.5m。图1-4，水平干管竖直转弯后再接支管，支管要离转弯处一段距离，AB间距不得小于0.6m。

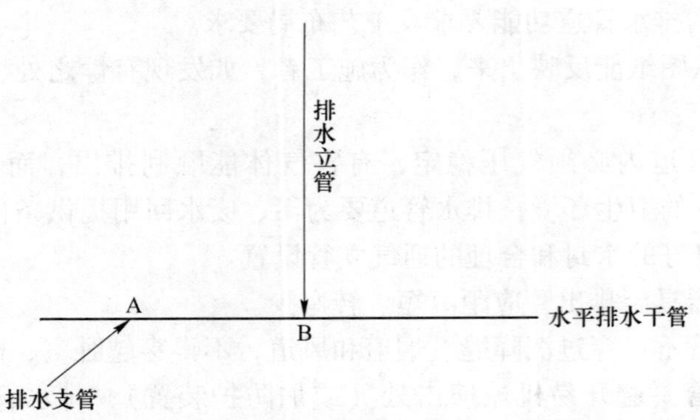

图 1-3　排水立管和水平排水干管、支管示意图

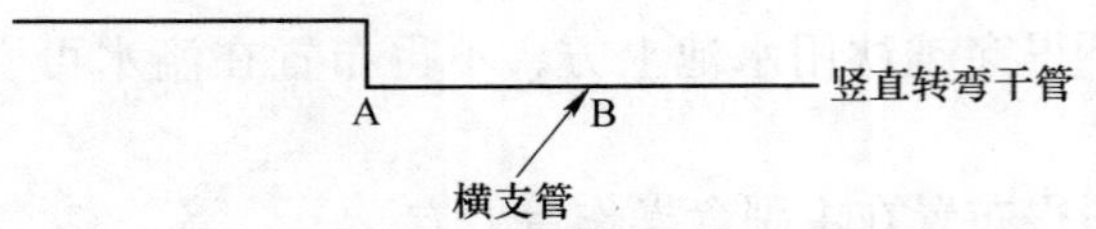

图 1-4　水平干管竖直转弯与横支管距离示意图

以上工艺要求称为“防反压措施”。

2）有些设备必须与污废水管道分开。储水箱内的生活水会产生溢流现象，但这些溢流的水绝不可通过溢流管流入污水管道，这样做造成污水反流入储水箱形成“反污染”或交叉污染。必须单独排放。单独排放设备开列如下：

开水器、热水器；灭菌设备的排水；空调设备的冷凝水；食品冷库的地面排水。

3）排水管道上的检查口和清扫口，执行图纸即可；重点说一下地漏，这也是质检站特别关注的。无论何种形式地漏，水封深度必须 50mm 以上。

当用排水沟排水时，8 个淋浴器可设置一只直径 100mm 的地漏。

如果是沐浴室工程，表 1-9、表 1-10 供选用参考。

表 1-9　沐浴器与地漏配置表

沐浴器个数/个	1~2	3	4~5
地漏直径/mm	50	75	100

表 1-10　检查口清扫口间距表

管道直径/mm	设备名称	距离/m	
		生活废水	生活污水
50~75	检查口	15	12
	清扫口	10	8

续表 1-10

管道直径/mm	设备名称	距离/m	
		生活废水	生活污水
100~150	检查口	20	15
	清扫口	15	10
200	检查口	20	20

1.7 名称与概念

生活污水：日常生活中人们排出的粪便污水；

生活废水：人们排出的洗涤水；

清扫口：装在排水横管上，用于清扫排水管的管道配件；铸管清扫口为铜质；硬聚氯乙烯管清扫口与管道同质；

检查口：装在排水立管及横管上的管道清通检查配件，特点是有一个开启盖，可随时打开；

排出管：室内至室外检查井的排水管段；

通气管：使排水能与大气联通又能保持水封稳定的管道；

埋深：埋地管道顶至地表面的垂直距离；

充满度：在管道内水深与管径（应为内径）之比；渠道内，水深与设计最大水深之比；

排水当量：一个排水当量为 0.33L/s。

1.8 排水系统中的通气工艺

通气管决定了排水立管的排水能力，一般情况下伸顶通气管足以满足要求。

伸顶通气管管径宜和排水立管同径，如果当地冬季气温低（-10℃以下）可在管道出屋前放径一号。

一般情况下，通气立管管径小于排水立管管径，但也不可小于排水立管管径的 50%。见表 1-11。

表 1-11 排水通气管管径

排水管径/mm	50	75	100	125	150
通气管管径/mm	40	50	75	100	100

通气管出屋面要 0.3m 以上，要加风帽；如通气管口周围 4m 内有门窗，应

将气口安在无窗侧，且高出窗顶0.6m以上。

平面屋顶气口要高出层面2m，加防雷装置。

仅设伸顶通气管，铸铁下水管排水能力见表1-12。

表1-12 铸铁下水管排水能力表

管径/mm	50	75	100	125	150
排水能力/$L \cdot s^{-1}$	1.0	2.5	4.5	7.0	10

表1-12说明DN50/铸管排水能力为1.0L/s排水量超出此值须设置专用通气管。其他管径类推。当排水立管为塑管时，排水能力增大20%。

一般情况下，高标准建筑物，10层以上的高层建筑宜设置专用通气立管，见图1-5。

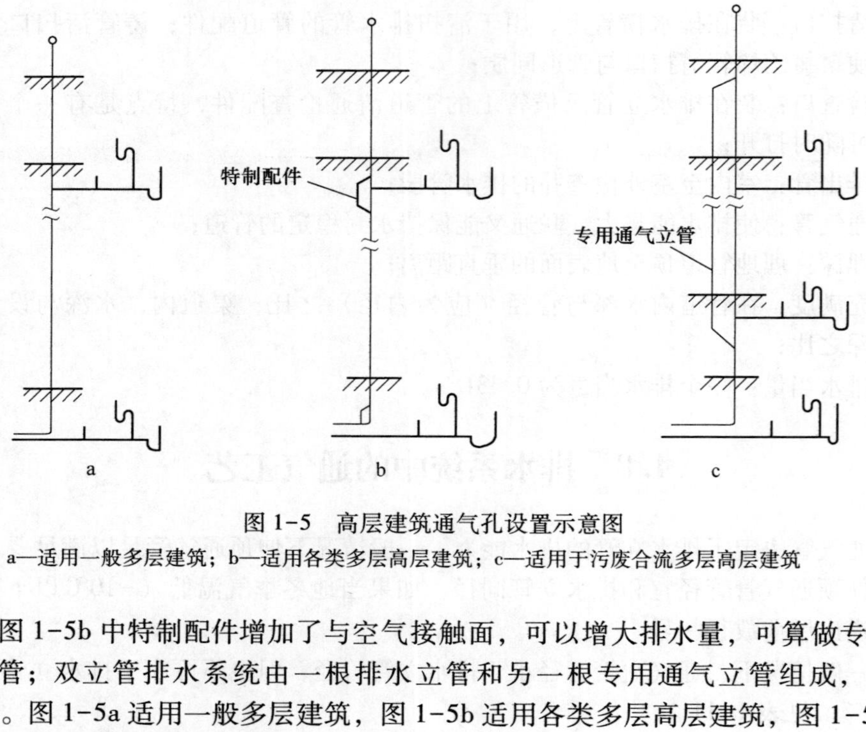

图1-5 高层建筑通气孔设置示意图

a—适用一般多层建筑；b—适用各类多层高层建筑；c—适用于污废合流多层高层建筑

图1-5b中特制配件增加了与空气接触面，可以增大排水量，可算做专用通气立管；双立管排水系统由一根排水立管和另一根专用通气立管组成，见图1-5c。图1-5a适用一般多层建筑，图1-5b适用各类多层高层建筑，图1-5c适用于污废合流多层高层建筑。

1.9 建筑物内排水管道坡度和最大充满度

（1）铸铁管最小坡度和最大设计充满度。见表1-13。

表 1-13 铸铁管通用、最小和最大设计充满度表

管径/mm	通用坡度	最小坡度	最大充满度
50	0.035	0.025	0.5
75	0.025	0.015	0.5
100	0.020	0.012	0.5
125	0.015	0.010	0.5
150	0.010	0.007	0.5
200	0.008	0.005	0.6

（2）塑管最小坡度和最大充满度。见表 1-14。

表 1-14 塑管最小坡度和最大充满度表

管径/mm	最小坡度	最大设计充满度
110	0.004	0.5
125	0.0035	0.5
160	0.003	0.6
200	0.003	0.6

排水管坡度是个十分重要的问题。有时，两点间距有限或障碍物影响施工，难度较大，须认真调整。

排水管材、管径、坡度三大问题，是管道工程设计、施工者必须重视的问题。见表 1-15。

表 1-15 部分用水器具排水量和管径

名　称	排水量/L·s^{-1}	当量	排水管径/mm
双格洗涤盆	1.00	3.00	50
洗脸盆	0.25	0.75	32~50
冲落式大便器	1.50	4.50	100
四蹲位以上大便槽	3.00	9.00	150
感应冲水小便器	0.10	0.30	40~50
净身器	0.10	0.30	40~50
家用洗衣机	0.50	1.50	30

1.10 污水坑（池）污水泵排污管

集水坑首要问题是不能渗水，因为是负标高，外界的水向坑内渗，一旦发现

渗水必须立即认真处理，否则会产生危及土建的后果。

污水泵流量应根据承担范围内小时生活污水量而定。

应关注的问题是：配电柜应按规范安装；自控部分灵敏准确，高低水位停启自如；潜水泵安装、拆除方便。

试车时，必须对备用泵也要试运转。在排污泵出口处要装单向阀。

在水泵流量、扬程与污水坑（池）容积良好匹配条件下，小时启动次数不宜超过6次。频繁启停对电机，尤其接触器是很不利的。

1.11 室内排水管道充水试验

将底层地面上各接口处堵严，以一层楼高度为准，向内灌水（高度在8m之内），观察被注水管外观，无渗漏为合格。楼层管道检漏，打开排水立管上的检查口，用充气球胆堵住，尔后灌水，分层操作，不渗、不漏为合格。

1.12 室外排水管道、管井问题

（1）室内排出管的标高必须高于外线接户管标高（均指管顶）连接处在户外检查管井内。检查井不宜设在室内。

（2）检查井。井深小于等于1m时，内径0.7m；井深大于1m时内径应大于1m。方井以内边长为定型尺寸。生活排水管道检查井要做导流槽，易损件（更换件）均应装在井内。

（3）污水检查井间距见表1-16。

表1-16 污水检查井间距

管径/mm	≤150	≥200	<700	700~1500	>1500
检查井间距/m	20	30	50	75	120

1.13 雨水问题

这是一个介于土建和排水两个专业的事儿，执行图纸即可。然而，施工现场千变万化，有些事要合理处置。

（1）天沟外排水用于工业厂房（多跨不超100m长的厂房）以各型缝为分水岭（伸缩缝、变形缝、沉降缝）在两侧设置天沟。

天沟长50m以内为宜，天沟坡度3‰~5‰为宜。天沟断面为矩形或反梯形。

普通外排水形式用于普通住宅、公共建筑及单跨厂房。

内排水形式：屋面外形特殊，做天沟有困难；立面美学要求高的建筑；在墙外装立管难度大的建筑。

（2）楼房阳台雨水排放系统应单独设置；楼房裙房层面雨水应单独排放。

（3）雨水斗：重力流者为平箅式，压力流者为虹吸式。

（4）寒冷地区雨水立管应设置在室内；雨水管必须固定在建筑物承重结构上；安装在室内的雨水管必须做灌水试验，从雨水斗灌水，满水后 1h 不渗不漏为合格。室内雨水管若渗漏，会殃及周围且修补困难，因此，此项工作必须认真做好。

（5）雨水检查井间距见表 1-17。

表 1-17　雨水检查井间距

管径/mm（括号内为塑管）	150（60）	200~300（200~315）	400（400）	≥500（500）	<700	700~1500	>1500
间距/m	20	30	40	50	75	125	300

1.14　室外排水管道（雨、污）满水试验

这种管道允许有一定的泄漏量。

（1）混凝土管泄漏量在国标 GB 50242—2002 第 3.3.16 和第 5.2.1 中查找。

（2）当前室外排水工程多用塑管，泄漏量 $q=0.0046D$，D 为管径，单位 mm；q 为每千米 24 小时泄漏量，单位为立方米。

DN200 管 24 小时千米长度泄漏量：

$$q=0.0046D=0.0046\times 200=0.92\text{m}^3/(24\text{h}\cdot\text{km})$$

这 0.92m³ 是允许量，如果实测不超标即为合格。一般情况多为合格。

计算时选一定长度进行折算。

1.15　隔油池、化粪池

隔油池是定型产品，设计图纸和标准图集上均有做法。施工现场有几个问题值得注意。

含食用油的污水在池内停留时间长些为宜，不超过 10min 是有益的。纸流速便于除油，存油沉积占总容积四分之一为宜。隔油池要加活动盖板。出水管的管口距池底至少 0.5m。

化粪池位置要便于停车清掏操作；化粪池壁距离建筑物外墙至少 5m，这是必须保障的。

规范上称“条件受限制设在室内亦可，要有通气、防臭防爆措施”。

笔者认为要想尽一切办法，将化粪池设在室外。

我们强调一点，化粪池底池壁不得渗漏，顶板要设人孔。

1.16 中水问题

利用中水是节水措施之一。

前面提及，排水管道要为废水回用提供条件。城市污水处理厂出水达标后，小区方可和中水管道系统连接。

不同类型中水执行不同规范，不符规范者不可用。

城市杂用水水质标准执行《城市再生水利用 城市杂用水水质》（GB/T 18920—2002）规范。举例，冲厕中水大肠杆菌群要求小于 3 个/L；

景观环境用水的再生水水质执行《城市再生水利用 景观环境用水水质》（GB/T 1892—2002）规范。此规范规定在娱乐性景观环境用水中要求不得含有大肠杆菌；

农田灌溉水质标准执行农田灌溉水质标准 GB 5084—2005 的要求。对大肠杆菌数要求低，小于 10000 个/L 即合格。

做为设计者，用中水要认真谨慎；作为施工者，千万不可接错了接口。

冲厕可用合格中水，但如果卫生间接入洁身器，就只能用自来冲洗洁身，万万不能再用中水冲洗洁身。

作者认为，中水用来绿化浇灌花草树木是节水的好措施；引入居室冲厕的方案值得探讨，尽管不违规，但无法保障中水品质绝对达标。

高档住宅，不引入中水。据作者了解，在发达国家，中水只用作浇灌绿地和清洗车辆。

1.17 排水标准和生活污水处理设施安装要求

这方面问题，掌握下面内容足以掌控相关工程施工质量。

工业废水和生活污水，如果打算排入城市排水系统必须达标，否则将会受到惩罚。应符合《污水排入城市下水道标准》（CJ 3052—1999）之规定，如果今后有新标准，执行最新标准。举例，本规定要求苯系物 2. 5mg/L 以下；

氰化物 0. 5mg/L 以下。至于用什么工艺流程达到标准不要求施工人员通晓此道，当然精于此道更好。

如果要做生活污水处理设施（站）应满足下面几项要求。

靠近污水排放点；处理站应设在小区下风口，最好有绿化带与建筑物隔开；

处理站应与生活给水泵站至少相距 10m；处理站小时换气次数不少于 15 次；站内应设排臭系统；运行噪声执行《城市区域环境噪声标准》(GB 3096—1993) 和《民用建筑隔声设计规范》(GBJ 118—1988)。

如果做医院工程，应关注排放事宜。如果排入城市下水道应做一级处理，排入地表水体应做二级处理。一级二级处理各有独立流程。

医院消毒处理后的污水不可随意排放；生活饮用水取水点上游 1000m、下游 100m 范围内不可排放。排入其他水体要遵循相关标准要求。

消毒原理多为氯和臭氧消毒法。

2 建筑采暖工程

2.1 采暖管材及设备（零部件）

具体有：

（1）管材。钢管塑管要求必须有国家级检验机构出具的检测报告，对塑管要求有 8760h 和冷热水 5000 次实验报告。如果是饮用水塑管还要求出具卫生检疫报告，同时出具生产厂家合格证。钢塑复合管要观测内衬塑料厚度需 3mm 以上。外观情况凭检查人员经验可做判断。

（2）各类阀门应出具检测报告和出厂合格证；规格型号强度和严密性符合要求，铸件无裂纹，阀门开关自如。

（3）附属品。减压器、疏水器、过滤器、补偿器法兰要符合设计要求，有检测报告和出厂合格证。

（4）选用成品散热器，按散热要求选取散热面积；同时向相应厂家索取实验报告（如今不再自行组对）。

（5）太阳能热水器要求型号符合设计要求，要求有国家检测报告和厂家出厂合格证。要求其“性能适应性强”热性能良好；管材应为钢材或不锈钢；板材为铝合金或不锈钢板，保温材料保温和阻燃性能必须达标。

（6）压力表和温度计及计量设施按设计要求选用厂家和精度等级。

（7）保温材料除保温性能几何尺寸符合要求外，必须阻燃等级合格，须有检测报告。

（8）塑料焊接热熔机须有温度显示。

2.2 采暖与土建工程的配合

2.2.1 室外工程

室外工程的具体要求：

（1）在土建立体结构施工中做好预埋件和预留洞，预埋件必须合格，预留洞必须坐标准确。地下穿墙管要预留 B 型刚性防水套管。

（2）地下积水坑必须无渗漏现象。

（3）地沟工程：沟底找平夯实，对沟宽、沟底标高坡度进行核实；管沟砌完，安装好托吊卡后进行安装管道。

架空干管。管架支墩施工完成，达到设计要求后再进行安装。

太阳能热水器安装。在屋面保护层完工后安装；阳台上安装太阳能热水器待阳台栏板完工后进行。

2.2.2 室内工程

室内工程的具体要求：

（1）干管跟着结构层走，滞后 2~3 层进行安装。

（2）立管安装在确定各层标高后进行（50~100mm）。

（3）支管须在墙抹灰后进行。

（4）室内暗管，土建预留沟槽，试压保温后抹平。

（5）穿楼板或墙壁要在浇注前预留洞口。（天然气管路施工有例外，但要求打孔时，决不允许伤及其他地埋管线）。

2.3 室外供热管道及配件安装

执行国标 GB 50242—2002 规定，见表 2-1。要求管道标高准确，管道平直，坡度符合规定，托吊卡子松紧适度，焊后的管保平直。

表 2-1 室外供热管道及配件安装要求

项目			质量要求
主控项目	1	平衡阀及调节阀安装位置及调试	第 11.2.1 条
	2	直埋无补偿供热管道预热伸长及三通加固	第 11.2.2 条
	3	补偿器位置和预拉伸、支架位置和构造	第 11.2.3 条
	4	检查井、入口管道布置方便操作维修	第 11.2.4 条
	5	直埋管道及接口现场发泡保温处理	第 11.2.5 条
	6	管道系统的水压试验	第 11.3.1 条、第 11.3.4 条
	7	管道冲洗	第 11.3.2 条
	8	通热试运行调试	第 11.3.3 条
一般项目	1	管道的坡度	第 11.3.1 条、第 11.3.4 条
	2	除污器构造、安装位置	第 11.2.7 条
	3	管道的焊接	第 11.2.9、第 11.2.10 条
	4	管道安装对应尺寸位置	第 11.2.11~11.2.13 条
	5	管道防腐	第 11.2.14 条

续表 2-1

<table>
<tr><th colspan="6">项　目</th><th>质量要求</th></tr>
<tr><td rowspan="15">一般项目</td><td rowspan="12">6</td><td rowspan="12">管道安装允许偏差</td><td rowspan="2">坐标/mm</td><td colspan="2">敷设在沟槽内或架空</td><td>20</td></tr>
<tr><td colspan="2">埋地</td><td>50</td></tr>
<tr><td rowspan="2">标高/mm</td><td colspan="2">敷设在沟槽内或架空</td><td>±10</td></tr>
<tr><td colspan="2">埋地</td><td>±15</td></tr>
<tr><td rowspan="4">水平管纵、横向弯曲/mm</td><td rowspan="2">每 1mm</td><td>管径≤100mm</td><td>1</td></tr>
<tr><td>管径>100mm</td><td>1.5</td></tr>
<tr><td rowspan="2">全长（25m 以上）</td><td>管径≤100mm</td><td>13</td></tr>
<tr><td>管径>100mm</td><td>25</td></tr>
<tr><td rowspan="4">弯管（后面章节细讲）</td><td rowspan="2">椭圆率</td><td>管径≤100mm</td><td>8%</td></tr>
<tr><td>管径>100mm</td><td>5%</td></tr>
<tr><td rowspan="2">折皱不平度/mm</td><td>管径 125~200mm</td><td>5</td></tr>
<tr><td>管径 250~400mm</td><td>7</td></tr>
<tr><td rowspan="3">7</td><td colspan="2" rowspan="3">管道保温层允许偏差</td><td>厚度</td><td colspan="2">+0.1δ　-0.05δ</td></tr>
<tr><td rowspan="2">表面平整度/mm</td><td>卷材</td><td>5mm</td></tr>
<tr><td>涂材</td><td>10mm</td></tr>
</table>

直埋管架空管必须执行规范。

直埋管回填夯实是百年大计，因沉陷不均造成管子弯曲损坏的例子有许多。焊管时分段施工为好，每段 25~30m。要做隐检记录。温度补偿，除污器安装等另有章节。

太阳能热水器属室外工程。集热器方位和倾角照设计施工。或按以下原则：在北半球应朝向正南，偏角±15°。春、夏、秋使用倾角小于当地纬度 10°即可。全年使用倾角比当地纬度大 10°为宜。

2.4 采暖室内工程

2.4.1 管路问题

管路安装具体要求：

（1）热水管坡度 0.003，但不得小于 0.02；连接散热器的支管可增大到 0.01；

（2）安装前要清理内部污物；

（3）散热器支管若用铝塑管，打弯时务必内撑弹簧。

（4）保证流动散热功能的同时必须美观，便于维修，管路经窗户上下沿时要事先做好尺寸预估，拽、拉、压产生预应力，也影响外观。

2.4.2 散热器安装

散热器安装具体要求：

（1）系统打压时观察散热器情况，压力值应为1.5倍工作压力，但不得低于0.6MPa，3min内无压降即合格。

（2）散热器托钩和卡子按规范制作安装，跑风应齐全。

（3）有冻结可能的场合，单设立管不得装阀门。

（4）装饰罩内的恒温阀，必须用外置传感器。

2.4.3 给出两张表

分别为表2-2（室内采暖管道及配件安装工程，质量要求符合《建筑给水排水及采暖工程施工质量验收规范》（GB 50242—2002）规定）和表2-3（室内采暖辅助设备、散热器及金属辐射板安装工程，质量要求符合《建筑给水排水及采暖工程施工质量验收规范》（GB 50242—2002）规定）。要求中的有关细节后面的篇章中有详细描述。

表2-2 室内采暖管道及配件安装工程质量要求

项目						质量要求
主控项目	1	管道安装坡度				第8.2.1条
主控项目	2	采暖系统水压试验				第8.6.1条
主控项目	3	采暖系统冲洗、试运行和调试				第8.6.2条、第8.6.3条
主控项目	4	补偿器的制作、安装及预拉伸				第8.2.2条、第8.2.5条、第8.2.6条
主控项目	5	平衡阀、调节阀、减压阀安装				第8.2.3条、第8.2.5条
一般项目	1	热量表、疏水器除污器等安装				第8.2.7条
一般项目	2	钢管焊接				第8.2.8条
一般项目	3	采暖入口及分户装置安装				第8.2.9条
一般项目	4	管道连接及散热器支管安装				第8.2.10-11-12-13-14-15条
一般项目	5	管道及金属支架防腐				第8.2.16条
一般项目	6	管道安装允许偏差	横管道纵、横方向弯曲/mm	每m	管径≤100mm	1
一般项目	6	管道安装允许偏差	横管道纵、横方向弯曲/mm	每m	管径>100mm	1.5
一般项目	6	管道安装允许偏差	横管道纵、横方向弯曲/mm	全长（25m以上）	管径≤100mm	≤13
一般项目	6	管道安装允许偏差	横管道纵、横方向弯曲/mm	全长（25m以上）	管径>100mm	≤25
一般项目	6	管道安装允许偏差	立管垂直度/mm	每m		2
一般项目	6	管道安装允许偏差	立管垂直度/mm	全长（5m以上）		≤10
一般项目	6	管道安装允许偏差	弯管（后面章节细讲）	椭圆率	管径≤100mm	10%
一般项目	6	管道安装允许偏差	弯管（后面章节细讲）	椭圆率	管径>100mm	8%
一般项目	6	管道安装允许偏差	弯管（后面章节细讲）	折皱不平度/mm	管径≤100mm	4
一般项目	6	管道安装允许偏差	弯管（后面章节细讲）	折皱不平度/mm	管径>100mm	5
一般项目	7	管道保温层允许偏差		厚度		$+0.1\delta$ -0.05δ
一般项目	7	管道保温层允许偏差		表面平整度/mm	卷材	5mm
一般项目	7	管道保温层允许偏差		表面平整度/mm	涂抹	10mm

表 2-3 室内采暖辅助设备、散热设备及金属辐射板安装工程质量要求

项　目			质量要求
主控项目	1	散热器水压试验	第 8.3.1 条
	2	金属辐射板水压试验	第 8.4.1 条
	3	金属辐射板安装	第 8.4.2 条、第 8.4.3 条
	4	水泵、水箱安装	第 8.3.2 条
一般项目	1	散热器的组对	第 8.3.3 条、第 8.3.4 条
	2	散热器的安装	第 8.3.5 条、第 8.3.6 条
	3	散热器表面防腐涂漆	第 8.3.8 条
	散热器安装允许偏差	散热器背面与墙内表面距离	5mm
		与窗中心线或设计定位尺寸	20mm
		散热器垂直度	3mm

2.5 风机盘管安装及试车

要求执行国家建筑标准 GB/T 19232—2003 及风机盘管安装规范 01K403。风盘冷凝水要接入下水管。

不同规格风盘均为合格部件，安装后必须系统打压；按卫生要求封罩前要用氮气或压缩空气吹除污物杂质。

风盘中的风机噪声必须达标。

低静压机组出风口静压值为 12Pa，盘管试压要求 1.6MPa。

安装前对照图纸检查以下内容：

(1) 机组型号（实物）与图纸所标是否一致；

(2) 供回水方向必须在图纸上明确规定，核对现场已安装的管线是否与规定符合；

(3) 了解轴承类型（含油，不含油）分别处置；

(4) 保护好高位水管上的排气阀；

(5) 试车水温不得超 60℃；

(6) 进出水管必须保温；

(7) 凝水盘要求水平安装凝水管不得有变形，凝水通过有坡度的总管流入下水道；

(8) A 档机组噪声值要小于 45dB;

(9) 要了解控温方式以便调节温度（三档控温另加自动控制供水阀）;

(10) 安装完毕，彻底吹除外表面（氮气或压缩空气）。

2.6 地板采暖

地板采暖的具体要求：

(1) 执行《低温热水辐射供暖应用技术规范》(DBJ/T 01-49-2000)。

(2) 严控塑管热熔焊接质量（熔瘤均匀，外形周正）。

(3) 蛇管未与集（分）水器连接时，保障异物不进入管内。

(4) 蛇管地面甩出段与集（分）水器连接时，不得强力拉伸塑管。

(5) 对蛇管打压试漏，做垫层时一直保持充压状态；当发现压力“保不住”时，要重新施工。

(6) 地面放置重物区，相应垫层下不设塑料蛇管；重物经常通过区域，此处地下蛇管要设保护物。

(7) 地暖工程必须有土建方支援，保护蛇管是做垫层人员的任务之一。

(8) 目前地暖蛇管材料：交联铝塑复合管；PE-RT 管（即耐热聚乙烯）；PB 管（聚丁烯）；PP-R 管（无规其聚聚丙烯）；PEX 管（交联聚乙烯）无论采用何种材料，均须有生产厂家检测报告，到现场后要见证取样。要索取管材 8760 小时和 5000 次冷热循环测试报告。

(9) 绝热聚苯板，要保证氧指数大于等于 32；密度 20kg/m^3 或以上；吸水率不大于 6%；导热系数 0.05W/(m·K) 或以下；板厚 30mm 或以上。

(10) 总供水管须加除污器；分集水器材质须工业黄铜或不锈钢。

(11) 蛇管跨越土建伸缩缝时应设 100mm 柔性套管；铺管面积超 30m^2（或地面长边超 6m）时每隔 5~6m 留 5~10mm 宽伸缩缝。

(12) 蛇管水压实验压力应为底层静压再加 0.3MPa，但不得低于 0.6MPa。建议取值 0.8MPa。地面混凝土用 C_{15}（可加入防龟裂添加剂），其试块做抗压试验。允许每平米地面裂缝总长度不超过 2m，缝宽不可超过 2mm。

(13) 地面养护后可进行调试。管内通水须缓慢升温。

(14) 提供一幅地板采暖地面做法示意图供施工参用。见图 2-1。

用比环境温度高出 10℃（最多不得高出 30℃）的水连续加热 48h，每隔 24h 递升 3℃，到达设计水温为止。水温调定后，调整各组集分水器，达到平衡为止。

评价采暖效果，在房间中央离地 1.5m 高度处测温度。

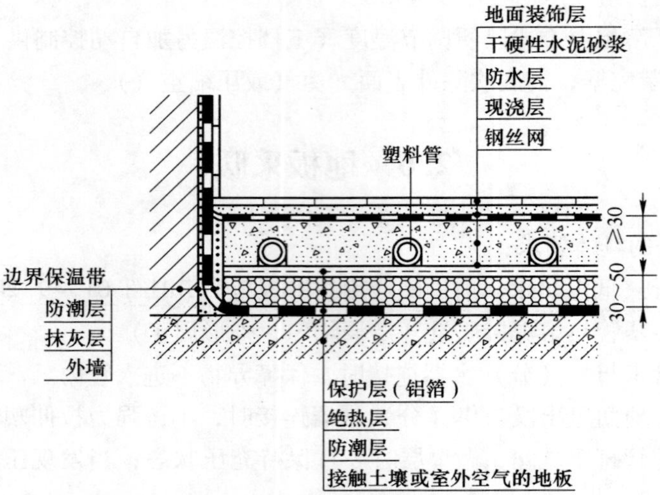

图 2-1 地板采暖地面做法施工示意图

2.7 金属辐射板采暖

具体要求：

（1）安装前做水压试验，可按工作压力 1.5 倍计；不得小于 0.6MPa。

（2）辐射板应有千分之五坡度，坡向回水管。

（3）辐射板与支管连接用法兰连接。要做到不因支管热膨胀而使辐射板受“顶”。

（4）辐射板主要依靠辐射放出热量。块状辐射板是一块金属板状结构，热媒通过后辐射出热量，外表涂无光漆可增加黑度，增强辐射能力。涂各种颜色有光漆时则辐射能力要打 95 折；如涂银粉，辐射能力只有涂无光漆的 0.6 左右。

将单块辐射板按长度方向串联即成为带状辐射板。带状辐射板大多水平吊装在房屋长边或体育馆等高大建筑物顶棚下方。

辐射板有三种安装方式。

（1）水平安装。板背面可加保温层，减少热损失，使热量集中向下辐射。

（2）倾斜安装，倾斜安装在墙上或柱间，热量倾斜向下方辐射。安装时要使板中心法线通过工作区。

（3）垂直安装，单面板装在墙上单边放热；双面板可装在两个柱子中间，双侧放热。

（4）安装高度过高，热损失太大；过低，使人感到烤得难受。

安装高度最好在3~5m之间，因为目前辐射板多装于工业厂房内部。

表2-4给出了辐射板中心高度值。

表2-4 辐射板中心高度值表

安装方式		板中心高度/m
水平安装		3.2~4.5
倾斜安装与水平夹角/(°)	30	3.2~4.0
	45	2.9~3.6
	60	2.6~3.3
垂直安装		2.3~3.0

钢制辐射板特点是薄钢板，小口径管，小间距的组合体。钢板厚度0.5~1mm；加热管为水煤气管D_g15、D_g20、D_g25；保温材料为矿棉珍珠岩等。

辐射板规格形式，供气压力，安装再度决定了出力能力。

2.8 热风采暖

热风采暖适用于各种类型车间。个别情况民用住宅中采用，优点是开停方便。风机盘管有些和热风供暖相似。我们在这里不讨论风盘问题。

2.8.1 暖风机相关问题

风机和加热器组合体称之为暖风机。机组自身有不同规格的过滤器。加热器可以是电热器，亦可热水或蒸汽通过散热器释放热量。

如果是电热式，电热器必须3C证件齐备，检测报告齐全，与风机自锁（风机不动作，电热加不上去）。如果以热水或蒸汽为热媒要求给水（给汽）回水（凝水）顺畅，且在进口处设除污装置。要求每台暖风机都有独立的进出口阀门（或疏水器）。

风机是热风机，要有对应的检测报告。

热风机可以独立送风亦可作为辅助送风。热风机开或停可自由操作。

小型暖风机在车间里布局应以气流组织合理为原则。安装高度，当出风口风速5m/s以内出风口中心标高度2.5~3.5m为宜；当出风口风速大于5m/s时安装高度4~5m为宜。风口气流速度一般在设计资料或风机资料中会给出。送风温度在35~70℃之间。

大型暖风机，应沿车间长度方向布置。出风口离侧墙不小于4m。气流射程路上不应有大型设备。厂房宽度小于8m时。气流射程路上不应有大型设备。厂房宽度小于8m时，出风口中心标高应在3~6m；宽度大于8m时，出风口标高应在5~7m之间。大型暖风机吸风口标高应在0.3~1m之间（指风口底部标高）。

大型与小型如何界定，4号半或5号风机为分界线。其实这不很重要，用多大风机是由热负荷决定的，设计者早已选定，施工者更多的注意力要集中在安装工艺上。调试过程中风速是个重要参数，工作区不应有明显“风吹感”。

提供几个数据供参考，工作地区最小回风速度一般不应超过0.5m/s。工作地带平均回流风速对民房而言要在0.3m/s以内，工业厂房风速在0.3~0.5m/s范围内。

热风采暖，是室内风被加热后将热量散给工作人员或有关设备，应该说风是热媒，可周而复始地循环运行。但运行过程要补充外界新风，否则室内空气会污浊。

室内在生产过程中有难闻气味产生或有害物质增加；有可燃气体产生，有粉尘产生，有的粉尘遇到水后会自燃或爆炸；产生有害气体的车间（如喷漆车间）。存在上述情况场合不得采用空气再循环热风采暖。

2.8.2 空气幕

条形风口吹出有一定速度和温度的幕状气流被称之为空气幕。空气幕可把室内外分成两区，能隔热也能隔冷。空气幕可阻挡外界冷风进入，可阻挡灰尘进入。

空气幕由多个单元综合而成。空气处理设备，通风机、风管、条缝部件组合在一起才会有风幕产品。风幕用符号FM表示，是系列产品。

风幕是气流流动形式。通过计算，一定风压和风量的风通过某一形式的窄缝形成风幕，不同情况从窄缝流出不同风速的风形成风幕。

图2-2~图2-4说明风幕产生（形成）过程，均为示意图。

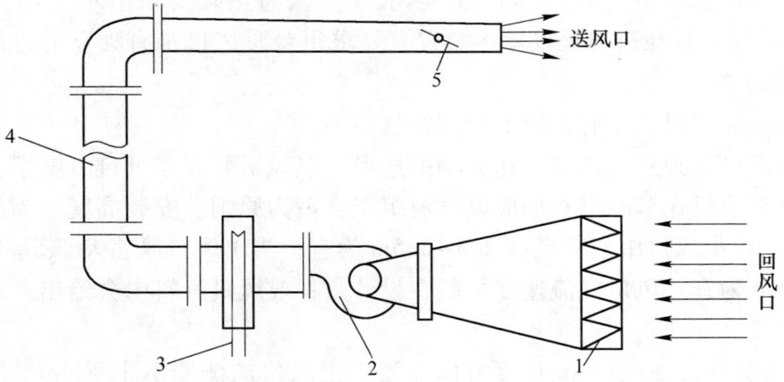

图2-2 暖风流程示意图

1—过滤器；2—离心风机；3—电加热器；4—风管；5—风阀

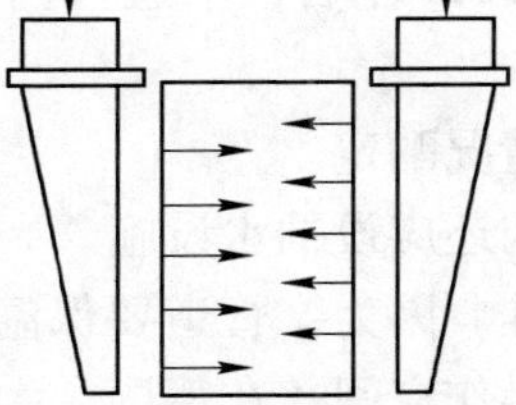

图 2-3 双侧送风风幕

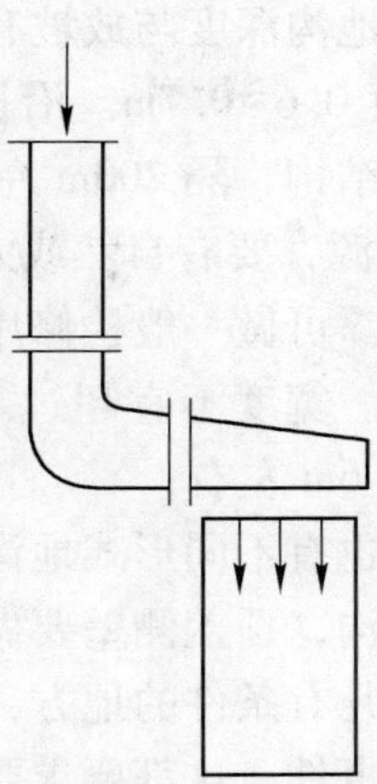

图 2-4 顶送风风幕

作为施工者要注意两点，一要选型准确；二要核对现场空间与实物尺寸的一致性，不可“闭门造车”。

图 2-2 中如果把电加热器换成制冷系统里的蒸发器则会流出一定流量和速度的冷风。

图 2-3 示意送风口送出的风通过不同造型风道，可以顶送风，底送风，单双侧送风。其实，风未进入窄缝前就是暖风机制造的热风。

图 2-4 示意顶送风，上方为吹风口，下方为回风口。回风经过地下空气处理系统循环使用，风速控制在 4~6m/s 范围内。

下送风风口在地面下，风口中易堵，灰尘易扬起还会扬起路人衣裙，目前已很少用。

单侧送风适用于宽度 4m 以内的门洞；门洞宽度超 4m 则宜采用双侧送风。

常见形式多为顶送风。

空气过滤器分初效、中效、高效三种，有的资料称初效为粗效。实际应用中为初、中效过滤器，高要求场合才用高效过滤器。安装过滤器要留有更换空间。

出风口前所有管道均应加阻燃型保温层。

2.9 室外采暖管道与管沟新理念

采暖室外干管还是采用地沟形式为好。当前许多采暖工程用直埋管，直埋管的结构是：通水（汽）金属管外包保温材料（要求其气指数大于等于 32），保温材料外面的保护层或金属或工程塑料。此种做法要特别保障管子接口处的保温材料不得触水（保温材料吸水后，将失去保温作用）。

地沟形式有通行沟、半通行沟、不通行沟。

通行沟。地沟深度与放坡有关，要求有 3‰坡度坡向集水坑。要求净高不低于 1. 8m、宽度 0. 6~0. 7m。沿长度每 100m 设一检查口，需设上下所用爬梯。为了承重用现浇结构，隔 200m 左右，预制 5×0. 8m 设备孔一个。永久型通行沟应设 36V 照明电源，要有自然或人工通风设备。

半通行沟。可做一般检修用，高度 1. 4m 左右，宽 0. 7m 左右；

不通行沟。宽度不宜超过 1. 5m，高度 0. 7m 左右；不通行沟宽度不宜超过 1. 5m，高度 0. 6m 左右；

室内有时也有不同形式地沟，可据现场情况酌定。

无论何种沟，顶盖侧壁要做防水，通行沟还应设抽水设施。

我们认为凡有条件的地方，做通行沟为佳。因为，管道要保温，要更新，有时会发生突发事件，这都要求要保障有一定操作空间。在德国，大通行沟可以行走汽车，我们不一定机械模仿，但应该承认，这是有远见之举。

我们不反对直埋管工程，但纵观全局这是一时的短平快的做法，它给更新、维修已留下隐患。

做管道工程，从设计开始就要忌浮躁，要有百年大计的思想。

2. 10 热媒种类与水温的讨论

100℃的热水算做低温水；高于 100℃的水方能算做高温水。设计过程中采用标准 95℃/70℃ （85℃/60℃）。在高温水系统中，设计标准是 120 ~ 130℃/70~80℃。

仅就采暖而言，锅炉生产出高温水（一次水），通过换热器可生产出大量的低温水（二次水）送给用户。就北京地区而言，二次水在用户中形成了一个循环。用户进水 75℃散热后回水 60℃，这是目前的实际状况。

随着节能事业的开展，房屋加内外保温后，原规范中单位面积热负荷，可减少。在民用建筑节能设计标准（JGJ 26—1995）中，推荐办公室 65 ~ 90W/m^2，幼儿园、托儿所 75~120W/m^2。

建议尽快出符合实践状况的新规范。

2. 11 采暖系统中几个重要阀件（器件）的应用

减压阀、安全阀、疏水阀、平衡阀、除污器的应用。

有些器件用途不广，但应该知道如何用它，以备不时之需。阀件的使用要特别关注其温度压力条件，冷水能使用的阀门同样压力下就不能用在热水场合。

（1）减压阀。活塞式用于温度≤300℃的蒸汽管路上；波纹式用于温度小于

200℃蒸汽管路上，薄膜式减压范围小，体积大，用于低压蒸汽管路。减压前后压差是选型依据。

活塞式：0.15MPa≤Δp<0.45MPa

波纹管式：0.05MPa≤Δp<0.6MPa

可以用两级降压方式减压。减压阀有方向性，要垂直安装在水平管段上。

（2）安全阀。当工作压力不大于300kPa时，开启压力应为工作压力加上30kPa。

弹簧式安全阀适用压力不大于1600kPa，t不大于350℃场合。

重锤式安全阀适用于温度压力更高场合，安全阀进出口直径一样大。

（3）疏水器。功能是平稳地把蒸汽变成的冷凝水疏通到回水装置中去。走水而不跑汽，但能排除不凝性气体。用图2-5分析一下疏水原理。

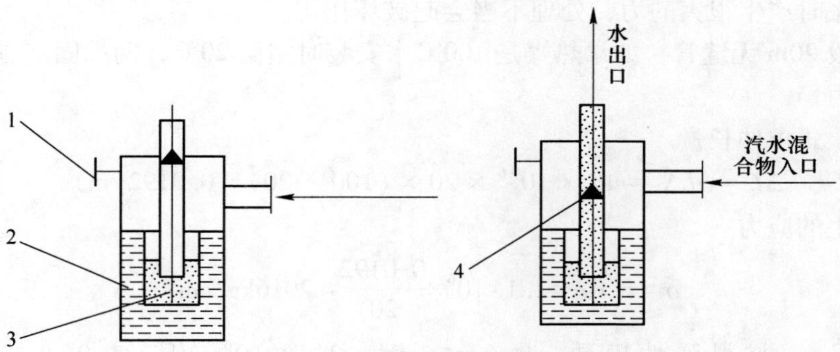

图2-5　浮筒式疏水器动作原理示意图

1—不凝气体排出阀；2—外筒；3—内筒（浮筒）；4—顶针

浮筒与顶针一体，当以水为主的蒸汽混合物进入外筒，随流入量的增加，内筒的水增加，重量加大，再加上蒸汽压力，内筒下沉，慢慢打开针阀，水流出疏水器进入收集装置。由于内桶水减少，内筒再次浮起又将针阀关闭，如此反复。整个过程水能封住蒸汽，蒸汽无处可逃，不凝气体用阀1排出。

（4）平衡阀。是调节阀，改变开度（阀芯与阀座间隙）改变流动阻力实现调节流量。它是一个改变局部阻力的阀件。

平衡阀要装在回水管路上，且在直管段上；调定后的平衡阀不可随意变动开度。

当系统变动时，重新调节，直至平衡。

（5）除污器。清除系统内杂质，保障水质，减少阻力，防止堵塞的部件。装在系统入口、水泵入口，调压器前，换热器前。

除污器有立、卧、角式，其型号依据接管的管径选定。除污器中水速很慢0.05m/s左右。

2.12 管道冷热补偿计算及工艺

管道伸长按下式计算。

$$\Delta L = \alpha(t_1 - t_2)L_1$$

式中 α——线胀系数，m/(m·℃)，钢：12×10^{-6}，铜：16.5×10^{-6}，铝：24×10^{-6}；

L_1——原来长度，mm；

t_1——热媒温度，℃；

t_2——安装时温度，一般按－5℃计，比如架空管道按室外温度计算值取值。

热胀时产生很大的力，处理不当会起破坏作用。

一段20m无缝管，如果热媒是100℃水安装时室温20℃，两端固定看看会产生多大力。

用上式求伸长量

$$\Delta L = \alpha L\Delta t = 12 \times 10^{-6} \times 20 \times (100 - 20) = 0.0192(\text{m})$$

产生的应力

$$\sigma = E \cdot \varepsilon = 2.1\times10^6\times\frac{0.0192}{20} = 2016\text{kg/cm}^2$$

其中 E——材料弹性模数，kg/cm^2，钢：2.1×10^6，铜：1.05×10^6，铝：0.72×10^6；

ε——相对伸长$\dfrac{\Delta L}{L}$（无单位）。

(1) 自然补偿。

管道安装过程中会有自然弯曲（L型、Z型），这些弯曲会起自然补偿作用，不用外加补偿器。当自然补偿不能满足要求时，则需要外加不同形式的补偿器。

自然补偿的缺点是因某一管段伸长（收缩）推动（拉）了另一管段，造成位移，尽管因变形会吸收变形能量，但仍会留下预应力。因此，自然补偿管段不宜太长。一般说法，自然补偿不超过20~30m。作者认为，当一段臂长超20m就要用补偿器。

(2) 方形补偿器。

方形补偿器应用广泛，补偿能力强，固定支架轴向力较小，制作简单，适用各种压力和温度的热力管道，不需要经常维修，不必为补偿器设置检查井。

其缺点是尺寸较大，占地面积大，通过图2-6加以说明。

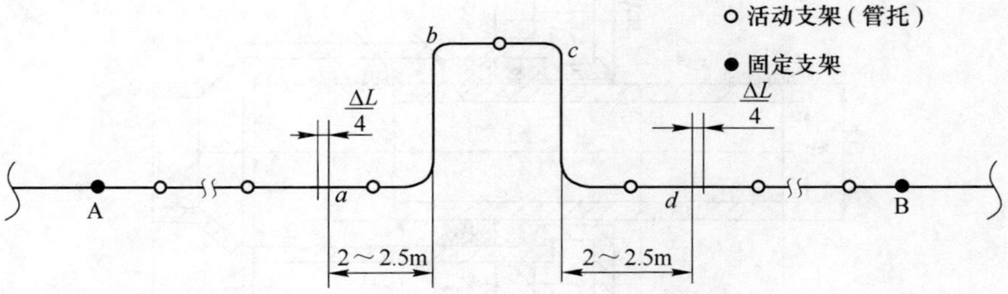

图 2-6 补偿器安装示意图

A 和 B 之间一段管路用了方形补偿器。A，B 为固定支架，AB 之间长度为 L，用公式求出在一定温差情况下膨胀量 ΔL

$$\Delta L=\alpha(t_1-t_2)L$$

我们把符号统一起来，ΔL 就是有些书或资料中的 ΔX。

方形补偿器自然状态是 $abcd$；焊接时将 a 向左拉$\frac{\Delta L}{4}$；将 d 向右拉$\frac{\Delta L}{4}$实现预拉长度$\frac{\Delta L}{2}$。

实际操作过程是：制做完自然状态下的 $abcd$ 后，放置在管线上，使 a 点 d 点距未焊管端各为$\frac{\Delta L}{4}$，尔后用专用撑开器撑开补偿器，使 a 和 d 与各端"碰头"，等于方形补偿器被预拉伸$\frac{\Delta L}{2}$。撑开工具，要等焊缝充分冷却后方可去掉。

方形补偿器补偿能力是有限的，表 2-5 给出固定支架最大间距。在此间距内补偿器胜任 A、B 间最大距离按表 2-5 实施。

表 2-5 A、B 间最大间距

管径/mm	25	32	40	50	65	80	100	125	150	200	250	300
最大间距/m	30	35	45	50	55	60	65	70	80	90	100	115

大口径管材，补偿能力强。

（3）填料式补偿器。

如图 2-7 所示，其中摩擦部分应涂上机油，非摩擦部分涂防锈漆。压盖压入深度 5mm 左右为宜，补偿器应沿着管道中心线安装，靠近补偿器两侧应装导向支架，使管道伸（缩）时不至偏离中心线。

这种补偿器补偿能力强，占地面积小，液体阻力小；缺点是轴向推力大，要定期检修、更换填料。

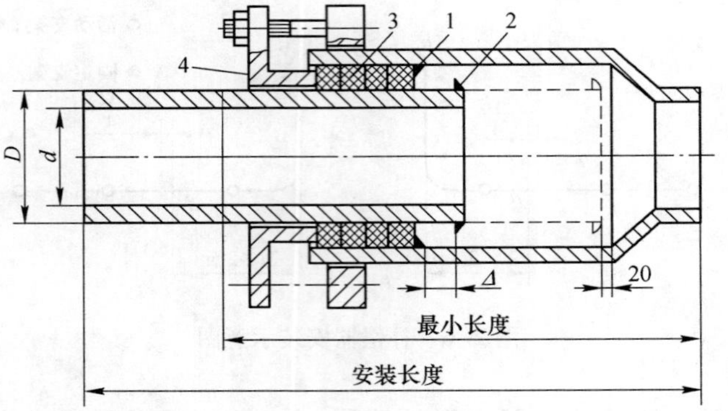

图 2-7 填料式补偿器

1—外壳支撑环；2—导管支撑环；3—填料；4—压盖

（4）波纹管补偿器。

此种补偿器选用时应知道加工要求，D_g>1000mm，补偿器口部周长允许偏差±6mm；D_g<1000mm 时允许偏差±4mm。波顶直径允许偏差±5mm。见图 2-8。

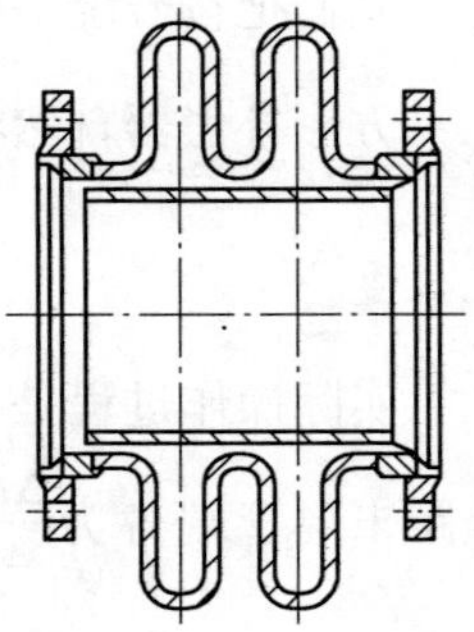

图 2-8 波纹管补偿器

焊内部套管前，对其他焊缝要做煤油渗透试验。

时下，此补偿器多用不锈钢材。一般情况下压力不要超 0.7MPa，安装时要注意方向。

此种补偿器耐腐蚀、流体阻力小、体积小，但造价较高。安装时拉、压量应根据补偿零点而定。所谓补偿零点就是使用过程中最高温度与最低温度平均值。

对波纹管“拉”或“压”，按计算尺寸预操作，定型后再往管线上装。

一般情况下，各型波纹管技术资料中均给出不同使用场合“拉”、“压”数值。

表 2-6 给出安装波纹管补偿器时的“拉”、“压”数值。

表 2-6 安装波纹管补偿器时的“拉”、“压”数值表

安装时环境温度与补偿零点温度之差/℃	拉伸量/mm	压缩量/mm
-40	0.5ΔL	
-30	0.375ΔL	
-20	0.25ΔL	
-10	0.125ΔL	
0	0	0
10		0.125ΔL

续表 2-6

安装时环境温度与补偿零点温度之差/℃	拉伸量/mm	压缩量/mm
20		0.25ΔL
30		0.375ΔL
40		0.5ΔL

现举“拉”、“压”各一例加以说明。

风机盘管供水管道热水 70℃，冷水 20℃，安装时环境温度 20℃，决定“拉”的数值。

补偿零点：$\frac{70℃+20℃}{2}=45℃$

环境温度：20℃

环境温度与补偿零点温度之差：20℃-45℃=-25℃

环境温度低于补偿零点应拉伸 0.375ΔL(0.25ΔL 亦可，因为温差在-20℃与-30℃之间) $\Delta L=\alpha\Delta tL$。其中，L 为两个固定卡子之间的距离，Δt 为冷热水温差即 50℃，α 为钢材线胀系数，这些数均可知。因此，伸长量 ΔL 可以求出。

如果是空分装置配管，管内-40℃，要用铜管，如果环境温度仍 20℃则补偿零点

$$\frac{20℃+(-40)℃}{2}=-10℃$$

环境温度 20℃

环境温度与补偿零点温度之差

$$20℃-(-10)℃=30℃$$

环境温度高于补偿零点（高出 30℃）先压缩 0.375ΔL。

$$\Delta L=\alpha\Delta tL$$

其中，α=0.0165mm/(m·℃)（钢材）；Δt 为-40℃与 20℃之差即 Δt=60℃；L 为两个固定卡子之间距。

这里的 ΔL 为原长 L 的收缩量。

（5）球形补偿器。

这种补偿器补偿能力很大适用于架空敷设，但制造精度要求高。

用再屈折来适应热膨胀变形，变形能量小，可减少隐患。

此种补偿适用热胀场合。安装见图 2-9。

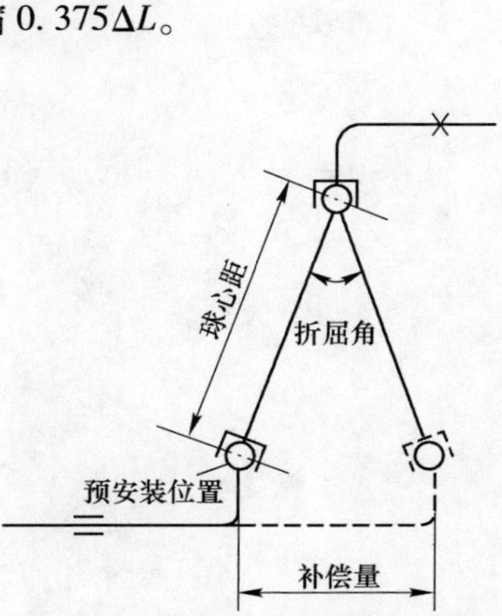

图 2-9 球形补偿器安装示意图

2.13 检 查 井

不通行沟、半通行沟或无沟管线要安装阀门、放气设备补偿器等，都要设检查井，其轮廓尺寸要依附件大小、管径大小而定。

一般情况净高不小于 1.7~1.8m；通道宽度不小于 0.5m；顶部设入口扶梯，入口处直径不小于 0.6m，底部应有积水坑。

检查井，在满足运行及检修前提下应尽量减少且要避开车辆人行频繁之处。

2.14 采暖系统试压（适用热水系统）

先明确一个问题，什么是顶点工作压力。顶点工作压力就是热水到了建筑物顶层，水还有多少能量。顶点工作压力应该是水泵扬程克服各种阻力（沿程和局部）及提升高度后所剩余的压力，顶点工作压力是可知的（可测）。

系统安装完毕后，如果是蒸汽、热水采暖系统试验压力应该是顶点工作压力加上 0.1MPa 且不得小于 0.3MPa。

高温热水采暖系统试验压力应为顶点工作压力加 0.4MPa；塑管及复合管热水采暖系统，试验压力应为顶点压力加上 0.2MPa，且不得小于 0.4MPa。

具体要求：(1) 钢管、复合管。在试验压力下，10min 内压降 $\Delta p \leqslant 0.02$MPa 降至工作压力后不渗不漏；

(2) 塑管。在试验压力下，1h 内压降不大于 0.05MPa；然后降至工作压力的 1.15 倍稳压 2h，压降不大于 0.03MPa，各连接处不渗不漏。

以上程序和要求适用于热水供应系统。

3 热水供应系统

3.1 热水系统综合要点

如何把制造好的合格热水送到用户而且要保证安全、稳定运行这是设计施工者必须考虑和实施的工作。

热水的水源是冷水，因此给水系统和热水系统必须靠近，二者在建筑分区上应属同区。

冷、热水均宜上行下给，水平总管通过多条立管由高位逐步向低位供水，立管逐步缩径，水压逐步加大，运行状态稳定。

当然，流程模式多种多样，要根据当时当地具体情况分析后再定。

为加热设备提供汽水的管段，不应有分支，这样做可防止压力、流量波动以保障热水系统稳定。

水加热设备应安装在负荷中心位置，尽量避免热水管线过长。

对水硬度偏高地区，可采取磁化器处理水，但水温宜控制在15~60℃，避开70℃结垢点。

水加热设备属受压容器，要出具检测报告。

由于热水立管下部压力大，上部压力渐小，有不凝性气体析出，造成“气塞”，热水龙头出水不畅。解决的办法是由水加热器引一条膨胀管到本楼非饮用水箱顶部，可使热膨胀时多余的水和气溢出到水箱中。膨胀管应设防倒流阀。

3.2 加热设备选择

加热设备应为节能型，应安全可靠维修方便，占地面积尽量小。

加热设备的热源模式有两种，一种是燃气燃油直接烧热水；要求燃料燃烧安全，消烟除尘必须达标，自动控温，自动功能完善。

另外一种是自带换热器的热水机组。这种机组是两组循环，高温热源在换热器里放热，将热水机组里的水加热。

电源供应充足的地方可用电加热。要求在电系统里安全设施齐备，符合3C要求。

医院热水供应必须要有连续性，要有备用设备。其他场合宜应有连续性。

医院建筑不可选用容积式水加热器，因为在内部易积存含菌水体。

在太阳能资源充足的地方，可用太阳能和电能结合型热水器，这种方式节能效果明显，但流程复杂些。

热水器所处环境必须空气流通（流动）无障碍，远离腐蚀源，绝对不可直排燃烧废气。选加热设备第一要务是安全、节能；然后根据当时当地具体情况综合分析后再决策。

3.3 热水机组在车间布局要求

加热罐应内衬不锈钢内套，涂防腐漆的做法不可取，早已过时。

水加热器两侧应留不小于0.7m的通道，前端留有抽出加热管空间；加热器高位零件离屋面至少80cm。房间净高要在2.20m以上。

热水机组应有单独机房；如安装在建筑物中，要求上、下层为非人员密集区；要设置安全出口。

与机组配套的油箱、储油罐、供油（气）管的安装必须符合消防、安全要求。机房必须便于排水，要有良好的通风照明设施。

3.4 热水机组对水质的要求

水质应符合《生活饮用水卫生标准》(GB 5749—1985）热水机组所生产的水，对其硬度要求较高。经软化处理后，以碳酸钙计的总硬度，洗衣房用水总硬度应为50~100mg/L，其他场合应在75~150mg/L范围内为合格。有时候热水流程中对水质提出较高要求是因为用水点有工艺要求。

如果仅仅是以饮用为目的的热水流程，只要当地自来水水质符合国标，可以不做软化处理。因为，人体需要适量的钙、镁离子；为了增加换热器、加热器寿命，减少氧化腐蚀，对水要做除氧处理。

3.5 压力表温度计水位计安全阀安装位置

水加热器进出口要装温度计压力表；储存热水的罐，混水器上要装温度计压力表；热水循环进水管上要装温度计和控制循环泵停启的温度传感器；热水箱应装温度计、水位计；压力容器装安全阀，安全阀泄水管上不得装阀门，泄水管应将水导流到安全地带。

3.6 出口温度和用水点温度

一般情况，水加热器设备出口温度与用水点最低温相差15℃左右，特殊工艺要求，另做温度设定，表3-1给出一些用水点温度要求。

表3-1 各用水点温度的要求

用水对象	用水温度/℃	用水对象	用水温度/℃
一般洗涤	50	洗人造纤维织物	30~35
洗棉麻织物	50~60	洗碗	60
洗丝绸织物	35~45	餐具净化	70~80
洗车料织物	35~40	餐具消毒	80~100

3.7 热水供应中的几个计算问题

本节内容属拓宽内容，供选用。

3.7.1 燃气热水器产热能力和燃气耗量

G千克水从t_1升温到t_r所需能量。

冷水温度t_1,℃（北京地区地表水4℃，地下水5~10℃，按当地最冷月份平均水温计）。

热水温度t_r,℃。

水的比热C，$C=4.187$kJ/(kg·℃)，取4.18即可。

燃具热效率$\eta=0.7\sim0.75$。

K安全系数1.28~1.40（G千克水由t_1升温到t_r所需能量的保险系数）。

冷水变成热水需要得到能量：

$$KGC(t_r - t_1)$$

冷水变热水，能量由燃气提供。燃具效率η，烧了T小时，每小时燃气产热Q。传给水的总热量为$Q\eta T$，此值和烧水所需热量应相等。

$$Q\eta T = KGC(t_r - t_1)$$

$$Q = \frac{KGC(t_r - t_1)}{\eta T} \tag{3-1}$$

Q的单位若是kW将分母乘以3600再进行计算；若Q的单位是W将分母乘以3.6再进行计算。这是因为比热用的是kJ（千焦耳）1kW·h=3600kJ。

燃气耗量计算

V 为燃气耗量 m^3/h（俗称走几个字）；

Q 为燃具热负荷 kW 或 W（燃具应该产出的热量）；

Q_d 为燃烧值 kJ/m^3（资料会给出）。

Q 单位是 kW 时，按下式求耗汽量。

$$V = \frac{3600Q(kJ/h)}{Q_d(kJ/m^3)} \quad [m^3/h] \tag{3-2}$$

Q 的单位是 W 时，按下式求耗汽量。

$$V = \frac{\frac{Q}{1000} \times 3600(kJ/h)}{Q_d(kJ/m^3)} = 3.6\frac{Q}{Q_d} \quad [m^3/h] \tag{3-3}$$

方括号是终结单位。

3.7.2 电热水器耗电量计算

电热水器一小时产热水 G 千克，水的比热 C，水的温度从 t_1 升到 t_r，烧水过程中热量有损失加保险 K，取 $K=1.1\sim1.2$，生产热水所需能量：

$$(1.1\sim1.2)G(kg/h)\cdot(t_r-t_1)(℃)\cdot C(kJ/(kg\cdot℃)) \tag{3-4}$$

此式单位是 kJ/h。

在单位关系上 1kW · h=3600kJ，1kW=3600kJ/h。

式（3-4）除以 3600kJ/h 后终结单位是 kW。

$$\frac{(1.1\sim1.2)\cdot G(kg/h)\cdot(t_r-t_1)(℃)C(kJ/(kg\cdot℃))}{3600kJ/h}[kW] \tag{3-5}$$

将式（3-5）化简后有如下结果（分子分母间单位约分）

$$\frac{(1.1\sim1.2)\cdot G(t_r-t_1)\cdot C}{3600} \tag{3-6}$$

此式只要 G 为小时重量流量，C 为 4.18kJ/(kg · ℃）得出来的结果的单位就是 kW，烧热水所需的能量由电能提供，耗电量为 N(kW)，电热效率较高取 $\eta=0.95\sim0.98$，ηN 之值与式（3-6）应该相等。

$$\eta N = \frac{(1.1\sim1.2)G(t_r-t_1)\cdot C}{3600}$$

$$N = \frac{(1.1\sim1.2)G(t_r-t_1)\cdot C}{3600\eta}[kW]$$

如果给出容积流量 L/s，m^3/h（L/s 乘以 3600 变为小时容积流量），不同温度时，同样容积流量，重量是不同的。见表 3-2。

$$G=\rho V \tag{3-7}$$

式中 G——重量流量，kg/h；

ρ——水密度，kg/m^3；

V——容积流量，m^3/h。

表 3-2 不同温度水密度

温度/℃	10	20	40	60	80	100
密度 $\rho/kg \cdot m^{-3}$	999.7	998.2	992.2	983.2	971.8	958.4

3.7.3 混水器内冷热水比例计算

$$K_r = \frac{t_n - t_1}{t_r - t_1} \times 100\%$$

式中 K_r——热水占混合水的百分数；

t_n——混合水温度,℃；

t_1——冷水温度,℃；

t_r——热水温度,℃。

4 消防管道工程

4.1 防火等级

《高层民用建筑防火规范》（GB 50045—95）中规定了不同类型建筑有不同防火等级。见表 4-1。

表 4-1 高层民用建筑防火等级

名称	一 类	二 类
住宅建筑	高级住宅 19 层及 19 层以上住宅	10~18 层普通住宅
其他建筑	1. 医院； 2. 高级宾馆； 3. 建筑高度超过 50m 或每层建筑面积超过 $1000m^2$ 的商业楼、综合楼、电信楼、财贸楼； 4. 建筑高度超过 50m 或每层建筑面积超过 $1500m^2$ 的商住楼； 5. 中央级或省级（含计划单列市）广播电视楼； 6. 局级或省级（含计划单列市）电力调度楼； 7. 省级（含计划单列市）邮政楼、防灾指挥调度楼； 8. 藏书超过 100 万册的图书馆、书库； 9. 重要的办公楼、科研楼、档案楼； 10. 建筑高度超过 50m 的教学楼和普通宾馆、办公楼、档案楼	1. 除一类建筑以外的商业楼、展览楼、综合楼、电信楼、财贸楼、商住楼、图书馆、书库； 2. 省级以下的邮政楼、防灾指挥调度楼、广播电视楼、电力调度楼； 3. 建筑高度不超过 50m 的教学楼和普通宾馆、办公楼、科研楼、档案楼等

表 4-1 分类，体现在设计中就是消防系统设备配置有所不同。作为施工者，没必要花过多心思去推敲它，因为设计资料或图纸都已经给“在施”项目的防火做了定位。

4.2 消防给水原则和供水模式

不论什么建筑，一旦发生火灾，消防泵启动后应能提供给消火栓或喷淋系统压力足够、流量足够的水。在压力问题上应满足以下三点要求：

（1）消火栓栓口静压不应超过1.0MPa；

（2）自动喷水灭火系统报警阀处工作压力不得超过1.2MPa；

（3）消防给水系统任何时间和地点都应保持压力不超过2.4MPa。

原因是压力必须有“度”，否则系统自身会不安全，系统很难保障正常工作。其供水模式见图4-1、图4-2。

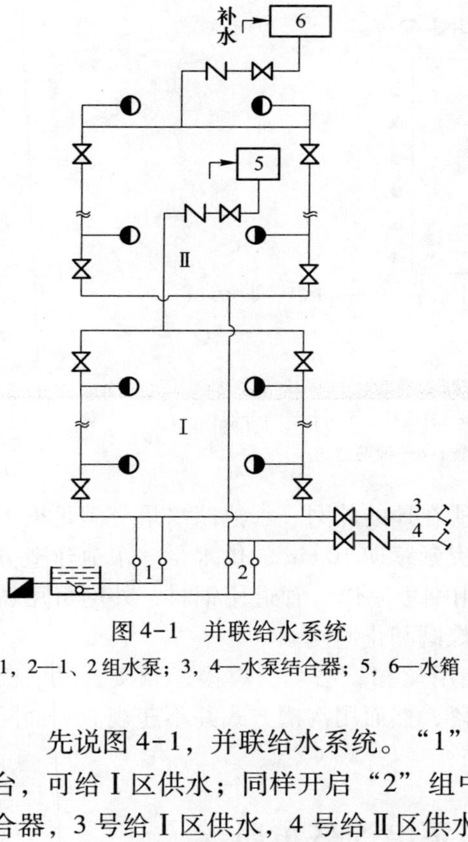

图4-1　并联给水系统

1，2—1、2组水泵；3，4—水泵结合器；5，6—水箱

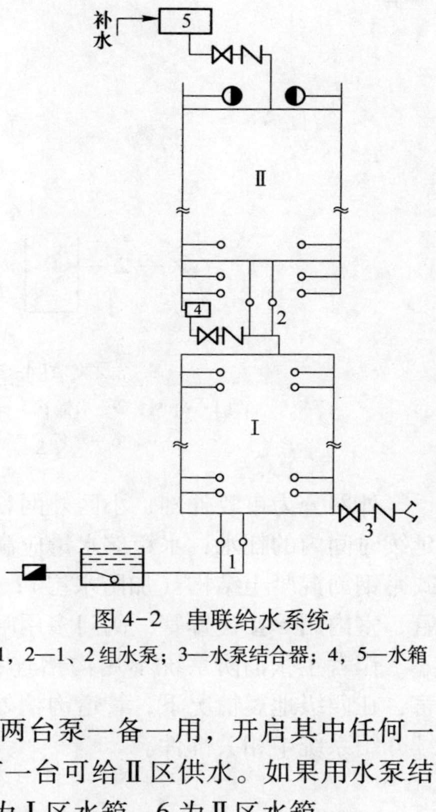

图4-2　串联给水系统

1，2—1、2组水泵；3—水泵结合器；4，5—水箱

先说图4-1，并联给水系统。“1”组有两台泵一备一用，开启其中任何一台，可给Ⅰ区供水；同样开启“2”组中任何一台可给Ⅱ区供水。如果用水泵结合器，3号给Ⅰ区供水，4号给Ⅱ区供水。5为Ⅰ区水箱，6为Ⅱ区水箱。

图4-2是串联给水系统。“1”组水泵，启动任意一台给Ⅰ区供水，同时顶部出口为“2”组水泵中任何一台提供水源，“2”组中任意一台水泵给Ⅱ区供水。水泵结合器3，为Ⅰ区供水，而后通过“2”组水泵中任何一台提升压力后为Ⅱ区供水，4是Ⅰ区水箱，5是Ⅱ区水箱。

有了系统图就能清楚地知道水泵、水箱、水池、消火栓之间是如何“联络”在一起成为系统的。

实际物件安置：水箱水泵水池设在消防泵房内；消火栓设在诸多灭火点上。管道像脉络一样将设备连在一起。

4.3 完整消火栓系统的组成

图4-3是一幅示意图。完整的消火栓系统由水源（外网、水池、水箱）消防给水管（横干管、立管、支管）水泵、消火栓设备、稳压设备、水泵结合器组成。

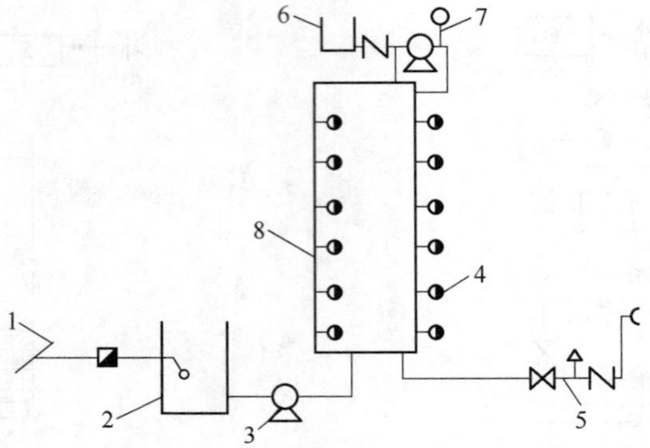

图4-3 消火栓系统图

1—外网；2—水池；3—水泵；4—消火栓；5—水泵结合器；6—水箱；7—稳压装置；8—消防管道

外网分为市政外网、小区外网和系统所在地的外网。水池储水量应满足火灾延续时间内的耗水；水箱储水量应满足火灾延续期10min的供水量。水池建造方式是钢筋混凝土结构（加防水层）；水箱用钢板制作。管道用钢材，外网可用铸管，室内用焊接镀锌管，阀门多用闸阀、蝶阀和止回阀。

作者主张消防系统不用沟槽连接，宜用丝扣、法兰、焊接、连接。可以断言：在四级地震情况下，管道沟槽处会脱落，然而用沟槽方式并不违规。下面陆续介绍系统中相关部件。

4.4 消防泵房与泵房管路布局

消防系统中除消火栓和干管立管布置在管控区域内，其余主要设备均布置在泵房内，对泵房除设计要求外，在面积上要有预留量。当今做工程，不少单位只顾眼前，很被动。所属单位增加了消防面积，但泵房增添（扩大）设备却没地方了。泵房既是操作间又是维修场所，所以操作场地必须宽敞明亮；要有独立进出口。

4.4.1 对消防泵房的要求

（1）耐火等级。表4-1只给出了一些建筑物的档次，高级宾馆就是一类建筑；普通宾馆就是二类建筑，孤立的讨论此表没什么意义；但从消火栓配水量上却能反映出区别。规范规定：一类建筑高度高于50m 的教学楼，室内消火栓配水每秒 40L；二类建筑高度小于 50m 的教学楼，室内消火栓配水每秒 30L。

从土建方面讲，泵房土建质量按一类建筑去做为好，按二类建筑标准亦可。

如果消防泵房附设在其他房间内，要求与其他房间隔开，隔段墙能耐火 1h 不垮塌。

（2）泵房上下四周应安静；如有噪声源振动源要采取防噪防振措施。

（3）泵房内自身消防设施，采暖、通风、水泵基础应符合消防规范。

（4）泵房必须有明显标识和独立通信设施。

4.4.2　消防泵房内管路布局要求

（1）泵组吸水和排出水均应双管制，以防某台设备发生故障，造成系统无法工作。图 4-4 中 1 为自动喷水系统，两台泵轮流为自动喷水灭火系统供水。2 为消火栓系统的两台泵。

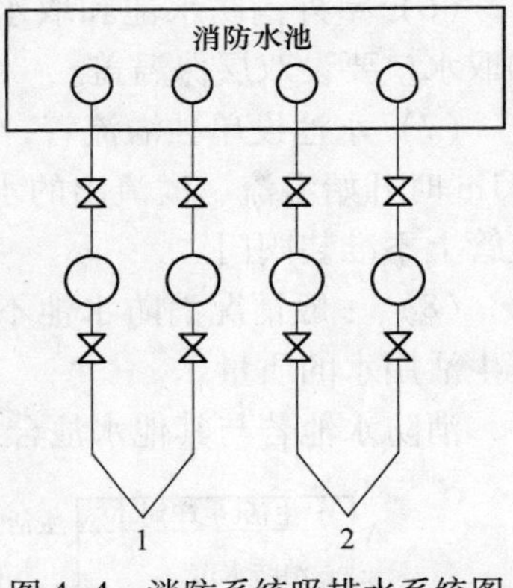

图 4-4　消防系统吸排水系统图

在图 4-1 并联给水系统中，四台泵两备两用，从水池出口仍是两个。总之消火栓和自动喷淋系统各自独立从水池引水，又各自有自己的备用泵。

（2）消防泵能自灌吸水，当水池水位为设计水位 30%时，水泵照常上水，吸水口应装倒封水阀。

（3）出水管上应装止回阀。

（4）吸水管管内流速可采用 1.0～1.2m/s（DN<250mm）或 1.2～1.6m/s（DN≥250mm）；出水流速为 1.5～2.0m/s。

（5）水泵出口处决不可用沟槽连接。建议出口水流流经两个弯头后再进沟槽连接管。

（6）积水坑内的潜水泵应一备一用，自动控制设施灵敏可靠。要给积水坑更换设备留有空间。

（7）监控屏应设在便于观察的空间内。

（8）对干管的纵横布局要考虑周全，不得影响设备（水泵，配电框）吊运安装。

4.5　消防水池

消防水池是灭火之本，建造初期必须认真对待。

（1）消防水池一般有两根补水管，补水时按小口径管计算，水流速按 1m/s 计算，补水不能太快，过快会影响生活、生产用水，但也不能超过 48h。

（2）消防水池总容量超过 $1000m^3$ 要建两座水池。

（3）为室外消防供水的水池，要设取水井，又称取水口。取水井水面要保障消防车吸水方便。取水口是个井状设施，其容量可供消防车上最大泵的 3min 抽水量（$3m^3$ 以上）。取水井离被保护建筑物至少 5m；离有腐蚀性液体储罐的距离不小于 40m；离液化石油储罐距离不得小于 60m。

（4）为消防车供水的室内消防水池保护半径约 150m，当需要更大保护半径时应增设室外消防水池。

（5）利用游泳池、循环冷却水池等作消防水池除满足上面各条要求外，还要保障全年有水。

（6）室外消防水池和取水井必须设保温设施，保温盖上再培土保暖；人孔和取水口要设双层保温盖。

（7）水池设单独溢流管，溢流管管径比进水管大 2 号；当水位超过设计水位 0.1m 时开始溢流。溢流出的水只能散落流入下水道，不得与任何管道相连，溢流管上不准装阀门。

（8）一般情况消防水池不与其他水池合用，尤其和生活水池合用时必须保证生活用水的质量。

消防水池若与其他水池合用时，消防水位必保。见图 4-5。

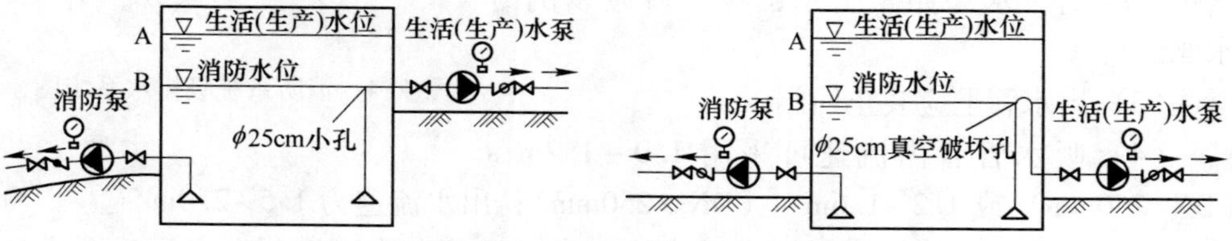

图 4-5 合用水池保证消防水位措施图

生活（生产）水泵只能吸 AB 间隔的水，水面低于 B 面后 ϕ2.5mm 小孔打开，水泵吸入空气，生活（生产）水泵抽不上水，保证了消防水位。

（9）消防水池容量要依据管控面积（容积）的配水量而定，不是定数。但最小容积应满足 15~30min 消防用水量。

4.6 消防水箱

任何消防系统都要设高位水箱，在图 4-1、图 4-2 中也有所体现。

建筑防火规范规定，消防水箱储量应满足火灾初期 10min 室内消防用水量。储量不可过大，为减少建筑物载荷有如下规定：一类建筑不小于 $18m^3$；二类建筑不小于 12m³；二类建筑的住宅不应小于 6m³。

消防水箱内的水只流向消防系统，不可反向。图 4-1 中止回阀起了这个作用，实际上此阀起到水泵给水不可进水箱之作用。水箱的水用完或缺水，另有补水管，止回阀俗称单流门，要水平安装，注意安装方向。

图 4-3 中件号 7 被称为稳压装置。稳压装置由水泵、囊式气压水罐（隔膜式气压罐亦可）、管阀和电控组成。安装在水箱间。消防规范规定了水箱安装高度。

民用建筑，高度 100m 以内，最不利点消火栓静水压不可低于 0.07MPa；建筑高度超过 100m，不利点静水压不可低于 0.15MPa。不利点水压不可过低，不利点水压的高低取决于水箱的位置，当屋顶水箱不能满足要求时，要用气压稳压装置。

工业建筑和多层民用建筑宜在建筑物最高处设“重力流”水箱。

对自动喷水灭火系统，水箱的最低设计水位与最高位喷头间的压差达不到 0.1MPa 时，同样要设气压罐供水。

下面我们用几幅图说明稳压装置机理。

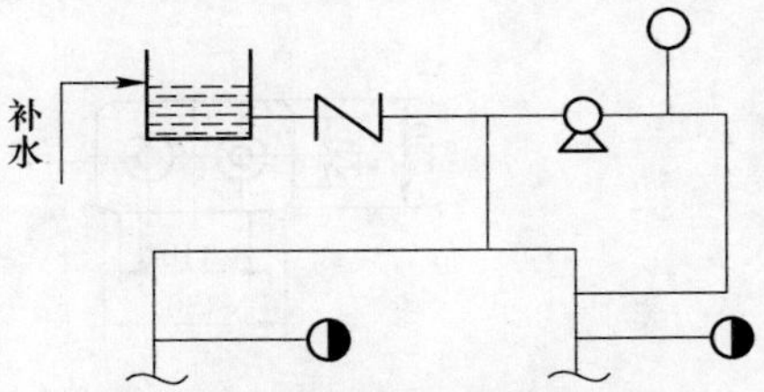

图 4-6 水箱内压力工作示意图

从图 4-3 右上角所表示的稳压部分见图 4-6，如不动用水泵，水箱内的水可以靠重力直接注入系统；但如果压力不足，就要启动后面的泵和气压罐了。

图 4-7 为图 4-3 右上角部分放大图。用图 4-7 说明消防主泵与稳压泵联动关系。补气嘴功能是一旦气囊中气量不足了，由此处补气。另一个重要部件是压力继电器，稳压泵启动后气压罐充水，使得气囊与罐之间空间发生变化，压力自然发生变化，此压力变化造成压力继电器

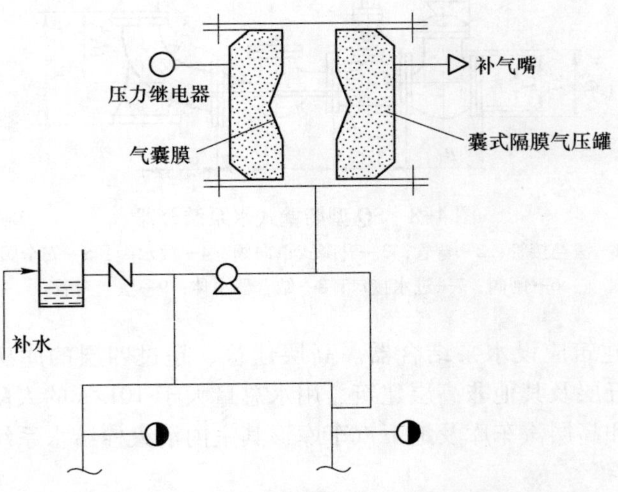

图 4-7 消防主泵与稳压泵联动关系图

实施各种动作，控制主泵与稳压泵的开停。稳压泵与主泵间的协调开停保障了系统的稳定压力。消火栓和自动喷淋系统要求提供压力稳定的水。

4.7 水泵结合器

图 4-8 给出了某一型号水泵结合器。见了实物就会“一目了然”。结合器型号有 SQ 型地上式；SQ 型地下式；SQ 型墙壁式。如何设置水泵结合器，方法和要求要注意以下几个方面。

（1）图 4-8 为墙壁式水泵结合器，其中心高度距室外地坪为 0.7m；其上部墙面不宜设玻璃窗或玻璃幕墙等易碎材料设施。如果必须设置，其上部须有有效遮挡。

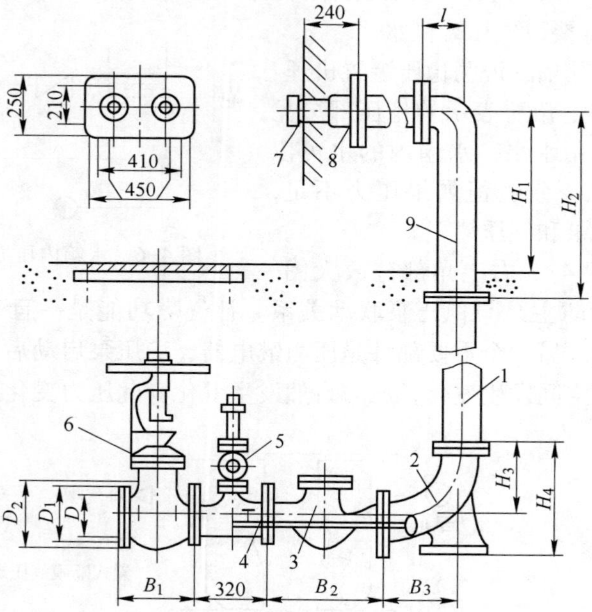

图 4-8 SQ 型墙壁式水泵结合器

1—法兰接管；2—弯管；3—升降式单向阀；4—放水阀；5—安全阀；6—闸阀；7—进水接口；8—结合器主体；9—法兰弯管

（2）下列建筑应设水泵结合器。高层建筑、超过四层的库房、设消防管网的住宅、超过五层及其他非高层建筑、用水总量大于 10L/s 的人防工程、四层以上多层汽车库和高层汽车库及地下汽车库，其室内消火栓给水系统均应设消防水泵结合器。

（3）自动喷水灭火系统也要设置消防水泵结合器。

（4）DN100 水泵结合器通水能力 10L/s；DN150 通水能力为 15L/s。

（5）消防水泵结合器设置数量，依室内消防用水量计算后决定。

（6）水泵结合器位置地点要依消防车连接方便、快捷为准，其左、右、前三个空间不得堵塞。

结合器距人防工程出入口距离不得小于 5m；距室外消火栓或消防水池距离 15~40m 均可。当采用地下水泵结合器时应有明显标志。

（7）不同消防分区的水泵结合器集中布置时，要标清每个结合器的服务对象。

（8）消防水泵结合器必须受到完善保护 GB 50016—2006 以国标等级提出保护要求。

4.8 消防水泵

4.8.1 流量与扬程

水泵的扬程和流量是根据消防用水需要决定的。一座新建筑，由于配套设计，压力和流量都是能满足要求的；实践证明，消防管控面积增加了，所用水泵没更换这就容易出问题了；管控面积增量不大，原来的水泵又有余量，尚且可匹配。凡遇此种情况要特别慎重，没有精准计算万万不可拍板。作者曾遇见过一家国企单位，有几处分控区其供水管比泵房出水总管口径还大，原因是只增管控面积，泵房不扩大，水泵不扩容造成此后果。

当消防、生活生产同用一池水时，在生活、生产用水量最大时刻，也要保证消防水泵的吸水量。见图 4-9。

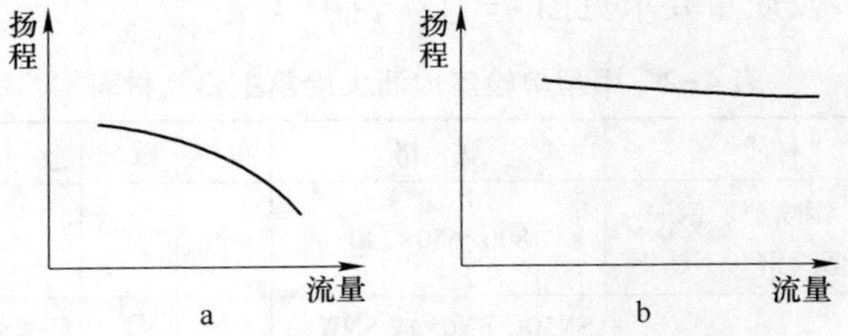

图 4-9 水泵工作曲线

a—普通泵；b—消防泵

4.8.2 消防泵特性曲线

我们希望水泵在流量增大时扬程（压力）衰减很慢，这才符合消防要求。水泵叶片多为后弯式，这样利于节省电能。如果改变为前弯型压力提升快，随着流量增大，压力衰减也慢，目前市场已有近乎直叶片的叶轮。因此，购消防泵先审查一下水泵特性曲线。见图 4-10。

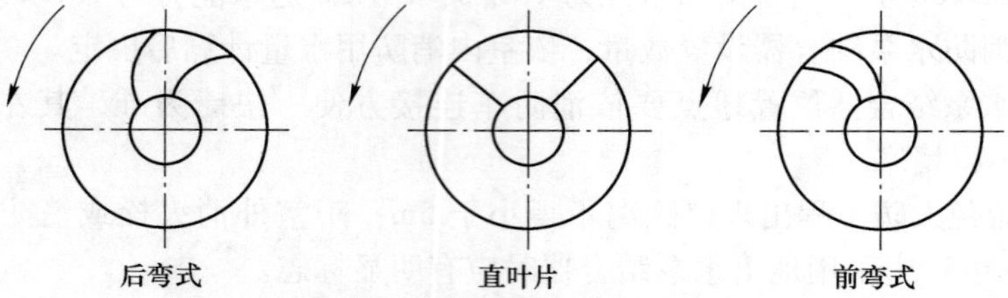

图 4-10 水泵叶轮叶片型式

按消防规范消防水泵应满足下面数字要求，水泵流量为额定值的 15%时，其压力（扬程）不得低于额定值的 65%；水泵电机的轴功率要适应曲线上任何一点的功率要求，通俗说“电机出力足够用才行”。

采购水泵，要以检测报告为依据。检测报告必须有上述内容。

4.8.3 备用泵问题

作者认为：一备一用是目前常规，但不够经济；多用一备也不精准，比如十用一备显然备份太少；不备是绝对不行的，两用一备比较经济实用。备份泵与运行泵要同一型号。

消防水泵是“养兵千日用兵一时的事”，正因如此这是重视消防的理由，决不可以“对消防口头重视，实践中忽视”。

4.9 消火栓箱安装要求及质量要求

消火栓箱安装及质量要求见图 4-11、表 4-2。

表 4-2 甲型单栓室内消火栓箱主要器材表

编号	名称	材质	规 格	单位	数量	备 注
1	消火栓箱	钢、钢喷塑、钢—铝合金、钢—不锈钢	800×650×240	个	1	
2	消火栓		SN50、SN65 或 SNW65	个	1	具体型号、规格由设计确定
3	水枪	铝合金	QZ16/ϕ16 QZ19/ϕ19 或 QWKT-E QWKT-F	支	1	具体型号、规格由设计确定
4	水带	衬胶	DN50 或 DN65	条	1	长度 25m 或 20m
5	水带卷盘	钢	P380	个	1	
6	消防按钮		成品	个	1	

图 4-11 给出甲型单栓室内消火栓箱图。消火栓型式很多，甲乙丙丁等类。图 4-11 是国家建筑标准设计图集 04S202 中选取的一种消火栓箱图；如果要了解室外栓箱可从 04S201 中选取。

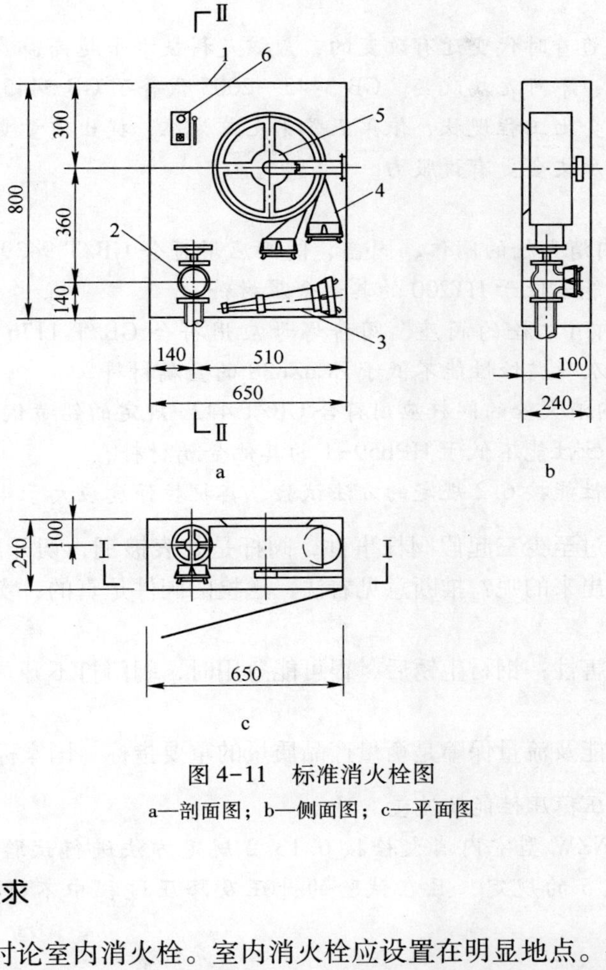

图 4-11　标准消火栓图

a—剖面图；b—侧面图；c—平面图

4.9.1　安装要求

本书重点讨论室内消火栓。室内消火栓应设置在明显地点。要易取用，四周不得放杂物。栓口中心距地坪为 1.10m，允许误差±20mm，垂直度误差允许±3mm。

4.9.2　质量要求（贯彻 GB 3445—2005 国家标准）

国标 GB 3445—2005 要求：

图中 S 表示“栓”；N 表示“室内”；W 表示“减压稳压型” ZW 表示“旋转减压稳压型”。箱体白铁皮（或铝皮）厚度 1.2mm 以上。

SN65 型配 ϕ19mm 或 ϕ16mm 水枪，配 ϕ65mm 衬胶水龙带；

SN50 型配 ϕ16mm 或 ϕ13mm 水枪，配 ϕ50mm 衬胶水龙带；

箱内均设消防泵启动按钮，控制方式由设计人员定。质量要求必须执行 GB 3445—2005 国家标准。本标准共九章，第五第七章是强制性，其余章节为推荐性。

国家标准是随着时代变迁有改变的，应该是科技水平越高，要求也越高越严格。标准是法规，不可无端改变。GB 3445—2005 代替了 GB 3445—1993。

根据目前社会上工程现状，依第五章第七章为准，提出质量要求。

节选标准中原文会更有说服力。

5.2 材料

5.2.1 室内消火栓的阀体、阀盖、阀瓣应用符合 GB/T 9439 规定的灰铸铁 HT200 或机械性能不低于 HT200 的其他金属材料。

5.2.2 室内消火栓的阀座、阀杆螺母应用符合 GB/T 1176 规定的铜合金 ZCuZn38 或强度及耐腐蚀性能不低于 ZCuZn38 的金属材料。

5.2.3 室内消火栓的阀杆应用符合 GB/T 4423 规定的铅黄铜棒 HPb59-1 或力学性能、耐腐蚀性能不低于 HPb59-1 的其他金属材料。

阀杆的力学性能按 6.2 规定的方法试验，其抗拉强度应大于 420N/mm^2。

作者曾处理过至少三起假阀杆事件，阀杆是外表镀铜，切开后内部是钢材。检测报告是怎么出来的呢？推断意见看法：送检的阀件是真的；卖给用户的产品是假的。

这样做的危害性：钢材生锈后，很可能急用时，阀门打不开。这样做是对国家对人民的犯罪。

减压稳压性能及流量保障是衡量产品质量的重要指标，国家标准原文：

5.14.2 减压稳压性能及流量

SNW 型、SNZW 型室内消火栓按 6.13.2 规定方法进行试验，其稳压性能及流量应符合表 5 的规定，且在试验的升压及降压过程中不得出现压力震荡现象。

表 5 减压稳压性能及流量

减压稳压类别	进水口压力 P_1/MPa	出水口压力 P_2/MPa	流量 Q/L·s^{-1}
Ⅰ	0.4~0.8	0.25~0.35	$Q \geq 5.0$
Ⅱ	0.4~1.2		
Ⅲ	0.4~1.6		

有一家军工转产厂家产品质量就很好，检测报告如下：

			进口压力/MPa	出口压力/MPa	流量/L · s^{-1}		
12	减压稳压性能及流量	进水口压力范围为0.4~1.6MPa时，出水口压力应为0.25~0.35MPa，流量应不小于5.0L/s。(5.14.2)	0.4	0.25	0.92	合格	
			0.5	0.27	6.18		
			0.6	0.28	6.29		
			0.7	0.30	6.43		
			0.8	0.30	6.51		
			0.9	0.31	6.59		
			1.0	0.32	6.69		
			1.1	0.33	6.75		
			1.2	0.33	6.82		
			1.3	0.34	6.88		
			1.4	0.34	6.94		
			1.5	0.35	7.01		
			1.6	0.35	7.06		

消火栓是灭火执行工具，安装人员或用户应该知道检验规则，消防工作涉及国家财产和人身之安危，决不可轻视，更何况此项工作终身责任制。

我们把强制执行的第七章有关内容介绍出来，供施工或设计时参照。

给出的内容是原文节选。见“7 检验规则”。

7 检验规则

7.1 检验分类与项目

7.1.1 型式检验

7.1.1.1 有下列情况之一时，应进行型式检验。

a) 新产品试制定型鉴定时；

b) 正式投产后，如产品结构、材料、工艺、关键工序的加工方法有重大改变时；

c) 发生重大质量事故时；

d) 产品停产1年以上，恢复生产时；

e) 质量监督机构提出要求时；

f) 正常生产满3年时。

7.1.1.2 产品型式检验项目应按表3的规定进行。

7.1.2 出厂检验

产品出厂检验项目应按表6的规定进行。

表6 型式检验项目、出厂检验项目及不合格类型

检验项目及内容		型式检验项目	出厂检验项目		不合格类型		
			全检	抽检	A类	B类	C类
外观质量	铸件质量	★	★	—	—	—	★
	涂层颜色	★	★	—	—	—	★
	涂层质量	★	★	—	—	—	★
材料	阀杆、阀座和阀杆螺母	★	—	★	★	—	—
	阀体、阀盖和阀瓣	★	—	★	—	★	—
	阀杆的抗拉强度	★	—	★	—	★	—
基本尺寸与公差	基本参数	★	—	★	★	—	—
	进水口螺纹	★	—	★	—	★	—
	基本尺寸	★	—	★	—	—	★
密封件		★	★	—	—	—	★
固定接口	规格型式	★	★	—	—	—	★
	密封性能	★	—	★	—	—	★
	水压强度	★	—	★	★	—	—
手轮	型式和尺寸	★	—	★	—	—	★
	开关方向	★	—	★	★	—	—
阀杆升降性能		★	—	★	—	★	—
旋转性能		★	—	★	—	★	—
开启高度		★	—	★	—	—	★
强度		★	★	—	★	—	—
密封性能	阀瓣与阀座间	★	★	—	★	—	—
	旋转型的底座与栓体间	★	★	—	★	—	—
	其他各密封部位间	★	★	—	—	★	—
压力损失		★	—	★	★	—	—
减压、减压稳压性能与流量	减压性能	★	—	★	★	—	—
	减压稳压性能	★	—	★	★	—	—
	流量	★	—	★	★	—	—
耐腐蚀性能		★	—	★	★	—	—
标志	无标志	★	—	★	★	—	—
	其他	★	—	★	—	★	—

7.2 抽样方法

7.2.1 型式检验采用随机抽样，样品数量为每种型号3台。

7.2.2 出厂检验以每50台为一批，每批随机抽取样品数为每种型号3台。

7.3 检验结果判定

7.3.1 型式检验

室内消火栓产品的型式检验若出现下列情况之一时则判该产品为不合格。

——出现A类项目不合格；

——出现B类项目不合格数大于等于2；

——出现C类项目不合格数大于等于4；

——若已有一项B类项目不合格时，C类项目不合格数大于等于2。

7.3.2 出厂检验

室内消火栓的出厂检验项目全部合格，该批室内消火栓为合格。

有一项A类项目不合格，则该批室内消火栓为不合格。若有B类项目或C类项目不合格，允许加倍抽样检验，仍有不合格项，即判该批室内消火栓不合格。

用户或施工人员如何解读GB 3445—2005这一国家标准，关注第五章和第七章相关内容就能判断出产品之优劣。

原表5，消火栓进水口中压力 P_1 因各地情况不同，不是固定某一数值。0.4~0.8MPa为Ⅰ类；0.4~1.2MPa为Ⅱ类；0.4~1.6MPa为Ⅲ类。

总之进口水压在0.4~1.6MPa范围内都可采用；出口压力 P_2 在0.25~0.35MPa范围内均为合格，但流量必须保证5L/s以上。不要求一定像军工转产厂家做16个点位的实验。点位多少与 P_1 有关。

用户要以型式检验为依据，报告有效期为三年（曾有一段时间四年为一周期）。

表6给出判定产品合格与否的依据。举例说明之。固定接口水压强度不合格属A类不合格，产品为不合格；又如阀杆抗拉强度418N/mm^2（低于420N/mm^2）此项不合格，其余项均合格判定产品合格。旋转性能不合格（B类）；开启高度不合格（C类）；铸件质量不合格（C类）；涂层颜色不合格（C类）；某产品一项B类不合格，C类不合格大于2，判定该产品不合格。

4.10 室外消火栓选用与配置

4.10.1 室外消火栓选用布局

（1）室外消火栓多为地上式，若用地下式须有明显标识。建筑物在市政消火栓保护半径（150m）内，消防水量达到15L/s时可不设室外消火栓。

（2）室外消火栓应设置在消防车使用方便、车行方便之处。

（3）塞外消火栓保护半径为150m，消火栓间距不应超过120m。

（4）室外消火栓宜沿路布置，路宽超过60m，应在道路双边配置，设在十字路口更相宜。消火栓距路边别超过2m，距房屋外墙不宜小于2m也别大于40m。

（5）停车场的室外消火栓宜沿车场周边布局，距最近一排车不宜小于7m；距加油站（油库）距离不宜小于15m。

（6）室外配多少消火栓，依消防用水量而定；室外地上式消火栓栓口配置：一个150mm（或100mm）和两个65mm栓口搭配；室外地下式消火栓宜100mm栓口和65mm栓口各一个搭配；就是说有了火情，想用多大栓口，有选择余地。

4.10.2 室外消火栓地下管网布局

室外地上有了消火栓，但水源在地下，地下管网布局应符合下列要求。

（1）室外消火栓地下管网应做成环状，进水口不少于两个，引入市政水。将环状管道用阀门分成若干独立段，每段控制5个左右数量消火栓。这是“以防不测”之举。

（2）消火栓供水管道直径不应小于100mm。

（3）树枝状供水管网也有，但较少。

（4）凡有阀门处均应设检查维修井。管网最高点设排气阀。

4.11 室内消火栓选用与布局

4.11.1 室内消火栓选用布局

（1）设计用水量小于10L/s用SN50消火栓；设计用水量超过10L/s宜用SN65室内消火栓。

（2）同一个建筑用统一规格栓、带，水套长度25m。

（3）高层建筑避难层，应设置消火栓。

（4）屋顶有停机坪的建筑，在机坪出入口设消火栓，离停机坪距离要5m以上。

（5）消防电梯前室应设消火栓。

（6）冷库内消火栓应设在缓冲间内（常温穿堂）。

（7）在建筑屋顶或水箱间设消火箱并配压力显示装置以便了解消防水压情况。

（8）人防工程或库房要保证相邻两只水枪水柱各自能喷射到所有部位；高层建筑裙房内消火栓间距不得超过50m距离。

（9）车库内消火栓控制能力，半径不超 25m。

4.11.2　室内消火栓供水管网布局

（1）高层建筑、人防工程、多层建筑室内消火栓 10 个以上，消防用水 15L/s 以上时，应采取环状竖管网，双路给环网供水。

（2）高层建筑消防竖管布置；相邻两只消火栓水枪各自都可覆盖被保护区所有部位；每根竖管管径应在 100mm 以上。

（3）民用建筑应为消火栓独立供水。

（4）消火栓系统与自动喷水灭火系统的供水设施各自独立分开设置，二者互不影响。

（5）如果室内竖管两根以上，可两两相联构成小环状供水。

（6）室内消火栓数量少于 10 个，耗水量小于 15L/s 可用枝状管网。

（7）严寒地区非采暖库房设置消火栓，可采用干式系统（管内不存水），进水管要设快速启闭装置，高点位设快速排气阀。

（8）消火栓立管最高点要设自动排气阀。

4.12　自动喷水灭火系统的构建

4.12.1　自动喷水灭火必须精准

有了火情，喷头感温后喷出水，系统联动启动了系统中各个部件投入灭火工作。所谓自动就是应急产生声光效应告知用户火情信息并同时喷水灭火。

能否精准灭火，必须具备两个条件：

（1）设计合理，施工认真；

（2）零部件性能良好。

某大城市一个歌厅开业，歌者们兴高采烈，吹呼雀跃，突然“天降小雨”，在场人乱作一团险些造成人身伤亡……原来灯光的热量使消防喷头启动，造成一场虚惊。喷头没毛病，只是选择不对。

4.12.2　自动喷水灭火系统实例（湿式自喷灭火）

作者通过一个实例说明自动喷水灭火系统的构建，然后再就系统中各个部件做详细分析。见图 4-12。

该系统管网中平时充满有压力的水。发生火灾时，闭式洒水喷头 13 被烤到开启温度时，喷出水。有压水喷出，系统压力降低，带动了水流指示器 9 和湿式报警阀组 7 的水力警铃和压力开关。这些触动将压力信号转成电信号。件 7 处理信号后，发出报警信号并启动水泵开始灭火。该系统称之为“湿式”是因为整个系统在准工作状态时总是充满水。

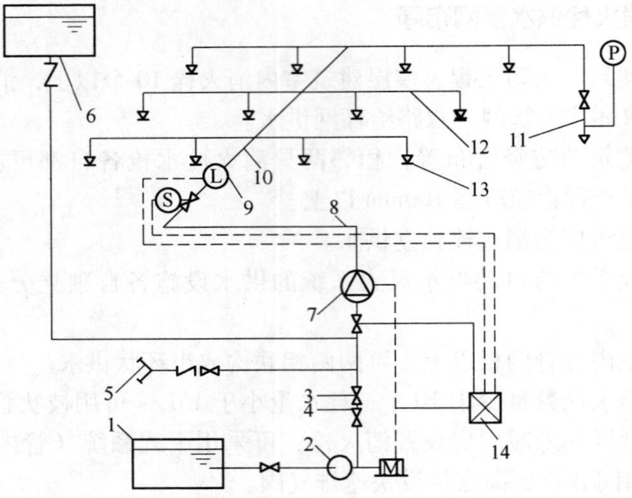

图 4-12 湿式自动喷水灭火系统

1—水池；2—水泵；3—闸阀；4—单向阀；5—水泵结合器；6—消防水箱；
7—湿式报警阀组；8—配水干管；9—水流指示器；10—配水管；11—末端试水装置；
12—配水支管；13—闭式洒水喷头；14—报警控制器
P—压力表；M—电动机；S—信号阀

4.13 水流指示器、湿式报警阀

图 4-12 中水流指示前面控制阀 S，能控制水流量；同时 S 和报警控制器 14 相连，如因误操作管路发生断水现象了，S 可以通知件 14 做调整，因此说 S 又是个信号阀。件 7 是湿式报警阀组，它比本节将要讲的湿式报警阀多了电控接线。

比如某处失火了，喷头喷水，管路中水流动起来。图 4-13 水流指示器就是图 4-12 中的件 9，它装在配水管 10 上，要求其前后各有至少 5 倍管径的直管段。水流指示器可供选用的公称直径很多。比如：DN50，DN65，DN80，DN100，DN125，DN150，DN200。

由于水流动，水流指示器的叶片 1 向水流方向偏移，件 1 带动动作杆压住一个超小型电气开关，延时电路接通，延时的时间到了（人为设定时间）如果叶片不回原位（说明管子里的水仍然在流动）水流指示器给图 4-12 中的件 14 发出指令：发出报警信号水泵启动。

当水流停止流动时，件 1 复位，延时电路断开，电接点信号消除。

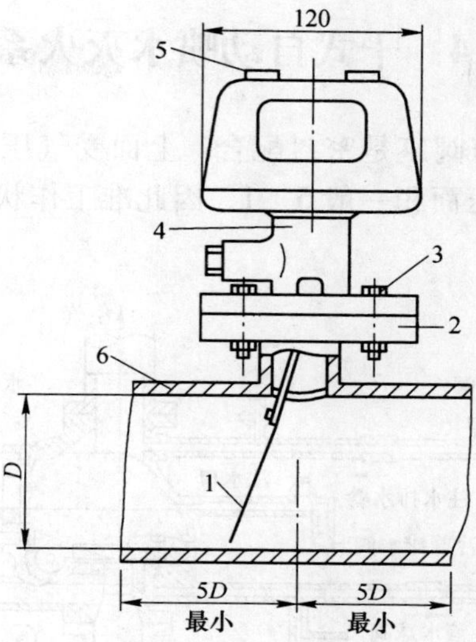

图 4-13 水流指示器

1—叶片；2—法兰；3—穿钉；4—主体；5—接线孔；6—通水管道

延时发出报警信号是为防止瞬间启动，水压波动引起的误报。

湿式报警阀如图 4-14 所示。平时阀瓣上下均充满水，从图中可以看出上部面积大于下部面积，加上阀瓣自重，整体处于静止状态。此处只是一只阀，它在图 4-12 中是件 7 不只是一只阀，是加了“电控”的阀组。当喷头喷水时，上面压力减小，阀瓣开启通水。

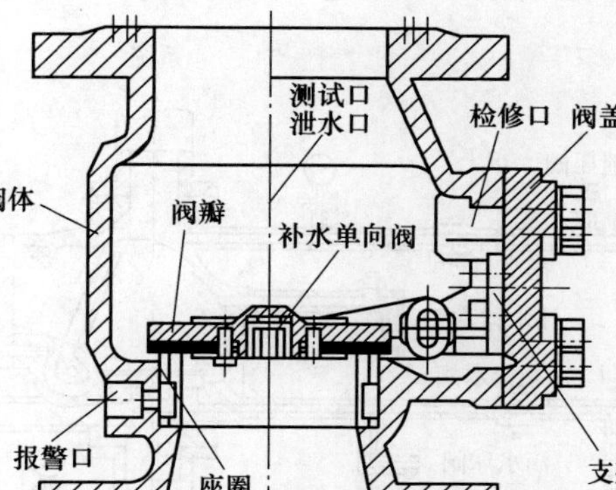

图 4-14 湿式报警阀

湿式报警阀可供选用的规格有：DN50、DN65、DN80、DN125、DN150、DN200、DN250。

4.14 干式自动喷水灭火系统

图 4-15 阀瓣组件与阀座是密封配合。上面受气压，下面受“上顶”的水压。气压面积与阀瓣水压面积一般 5∶1，因此准工作状态时阀瓣静静地压在阀座上。

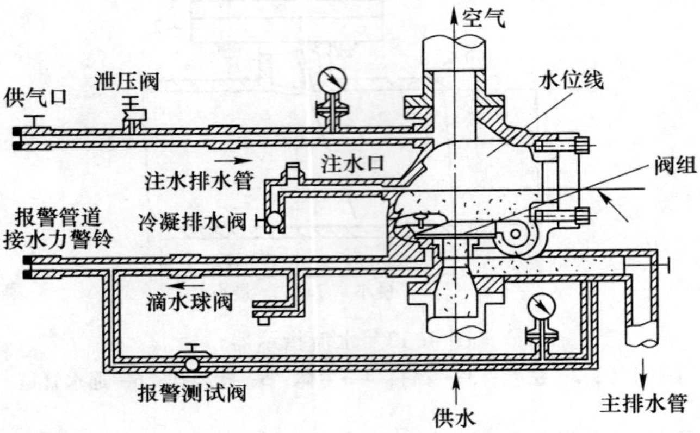

图 4-15 干式报警阀准工作状态

图 4-17 中，干式报警阀组是件 7，在系统里件 7 是报警阀又加上了电控，因此称为干式报警阀组。要特别注意的是件 7 后，管道内全是气体。一旦着火了，闭式喷头 12 受热，开始排气，气体压力降低，干式报警阀阀瓣组件下面的水进入系统，报警阀呈现出图 4-16 状态。此时充水、灭火报警开始。

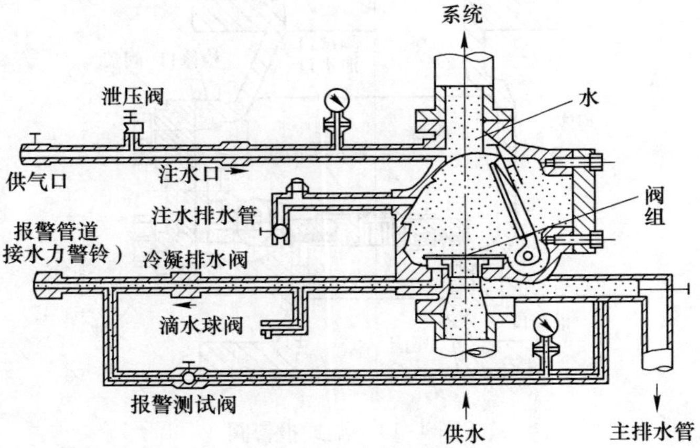

图 4-16 干式报警阀工作状态

在图 4-17 中，件 9 是水流指示器，原理与作用和前面讲的内容一致。

图4-17中的件14，名称叫快速排气阀。阀14和阀15是一个组合，阀15电动快速，阀14密封。一旦发生火灾，急需排掉气体，引水过来。用报警控制器（件16）将电动阀15打开即时排气。件14也是一只阀，能保障准工作状态时系统能密封。火灾后系统要恢复原状态，用小型空气压缩机再充气，气压值在压力表上显示。压缩出气口有一只止回阀，起到“气体不可能返回压缩机”的作用。件16控制着干式报警阀组、快速排气阀、充气设备等。

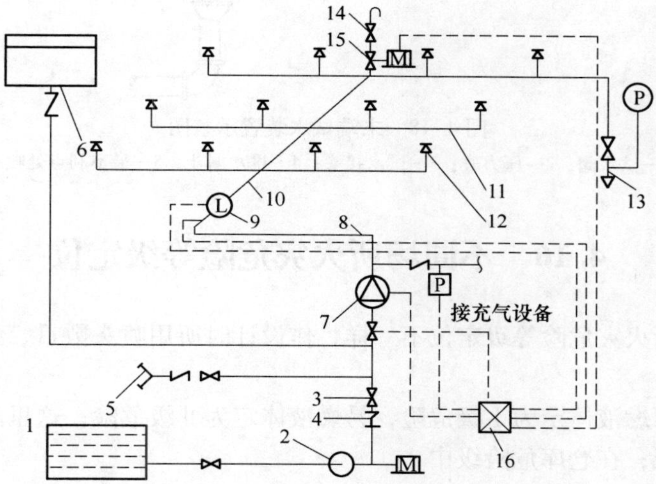

图4-17 干式自动喷水喷火系统图

1—水池；2—水泵；3—闸阀；4—止回阀；5—水泵结合器；6—消防水箱；7—干式报警阀组；8—配水干管；9—水流指示器；10—配水管；11—配水支管；12—闭式喷头；13—末端配水装置；14—快速排气阀；15—电动阀；16—报警控制器

P—压力表；M—电动机

4.15 自动喷水灭火系统水池水箱容积与末端试水装置

这里讲一讲自动喷水灭火系统头尾两件事。单独设立自喷灭火系统，水池储量应满足系统1h耗水量；水箱储水量应满足10min用水量。

这些水量要求必须按规范满足。具体储水量与系统规模有关与系统喷水模式有关。

末端试水装置由试水阀、压力表、试水接头等件组成。见图4-18。

试水接头为一阻尼元件，其流量系数和同一层楼最小喷头的流量系数相同。

装置出水流入排水管道。

试水阀接口为25mm。用试水接头的出水量、水压检验最不利点的运行状态。

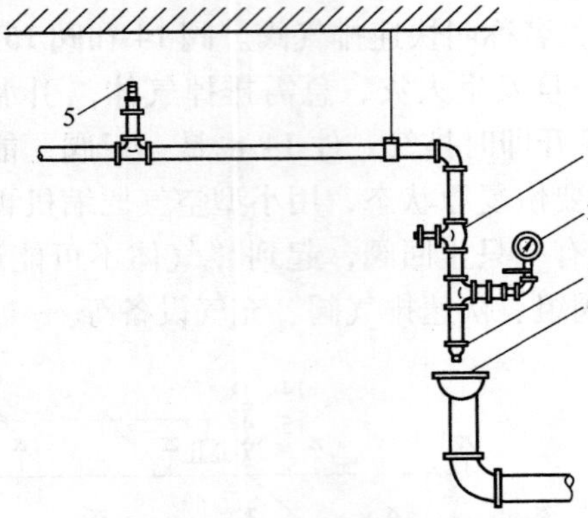

图 4-18 末端试水装置示意图

1—试水阀；2—压力表；3—试水接头；4—排水漏斗；5—最不利点处喷头

4.16 不同场所火灾危险等级定位

不同场所火灾危险等级定位不一样，作设计时所用喷头数目、种类、参数等都不一样。

举例，可燃液体定为Ⅰ级危险，易燃液体定为Ⅱ级危险；这里的Ⅰ或Ⅱ都属于严重危险级；在仓库危险级中：

(1) 食品等属Ⅰ级；

(2) 木材和纸等属于Ⅱ级；

(3) 橡胶、沥青等属于Ⅲ级；

(4) 对于Ⅰ级要求喷水强度每平米每分钟 10L；

(5) 对于Ⅱ级要求喷水强度每平米每分钟 16L；

(6) 对于Ⅲ级要求喷水强度每平米每分钟 20L。

下面通过表 4-3 给出各种被保护对象属于何种危险等级。

表 4-3 不同场所危险等级定位实例表

火灾危险等级		设置场所举例
轻危险级		建筑高度为 24m 以下的旅馆、办公楼
中危险级	Ⅰ级	(1) 高层民用建筑：旅馆、办公楼、综合楼、邮政楼、金融电信楼、指挥调度楼、广播电视楼（塔等） (2) 公共建筑（含单、多高层）：医院、疗养院；图书馆（书库除外）、档案馆、展览馆（厅）；影剧院、音乐厅和礼堂（舞台除外）及其他娱乐场所；火车站和新机场及码头的建筑；总建筑面积小于 5000m^2 的商场、总建筑面积小于 1000m^2 的地下商场等 (3) 文化遗产建筑：木结构古建筑、国家文物保护单位等 (4) 工业建筑：食品、家用电器、玻璃制品等工厂的备料与生产车间等；冷藏库、钢屋架等建筑构件

续表 4-3

火灾危险等级		设置场所举例
中危险级	Ⅱ级	（1）民用建筑：书库、舞台（葡萄架除外）、汽车停车场、总建筑面积 5000m² 及以上的商场、总建筑面积 1000m² 及以上的地下商场等 （2）工业建筑：棉毛麻丝及化纤的纺织、织物及制品、木材木器及胶合板、谷物加工、烟草及制品、饮用酒（啤酒除外）、皮革及制品、造纸及纸制品、制药等工厂的备料与生产车间
严重危险级	Ⅰ级	印刷厂、酒精制品、可燃液体制品等工厂的备料与车间等
	Ⅱ级	易燃液体喷雾操作区域、固体易燃物品、可燃的气制品、溶剂、油漆、沥青制品等工厂备料及生产车间、摄影棚、舞台“葡萄架”下部
仓库危险级	Ⅰ级	食品、烟酒；木箱、纸箱包装的不燃、仓储式商场的货架区等
	Ⅱ级	木材、纸、皮革、谷物及制品、棉毛麻丝化纤及制品、家用电器、电缆、B 组塑料与橡胶及其制品、钢塑混合材料制品、各种塑料瓶盒包装的不燃物品及各类物品混杂储存的仓库
	Ⅲ级	A 组塑料与橡胶及其制品；沥青制品等

注：A 组：丙烯腈-丁二烯-苯乙烯共聚物（ABS）、缩醛（聚甲醛）、聚甲基丙烯酸甲酯、玻璃纤维增强聚酯（FRP）、热塑性聚酯（PET）、聚丁二烯、聚碳酸酯、聚乙烯、聚苯乙烯、聚氨基甲酸酯、高增塑聚氯乙烯（PVC，如人造革、胶牌等）、苯乙烯腈（SAN）等。

丁基橡胶、乙丙橡胶（EPDM）、发泡类天然橡胶、腈橡胶（丁腈橡胶）、聚酯合成橡胶、丁苯橡胶（SBR）等。

B 组：醋酸纤维素、乙基纤维素、氟塑料、锦纶（锦纶 6、锦纶 66）、三聚氰胺甲醛塑料、硬聚氯乙烯（PVC，如管道、管件等）、聚偏二氟乙烯（PVDC）、聚偏氟乙烯（PVDF）、聚氟乙烯（PVF）、脲甲醛等。

氯丁橡胶、不发泡类天然橡胶、硅橡胶等。

表 4-3 内容是国家认定的规范，是设计自动喷水灭火系统的原始资料。危险级别定位后，用什么型号喷头，喷头在管线上如何布局就有了依据。

4.17 喷头种类及应用场合

喷头是自动喷水灭火的执行元件。总的分类有开式喷头和闭式喷头；开式喷头中又分为：开式洒水喷头、水幕喷头和喷雾喷头。

4.17.1 闭式喷头

用闭式喷头构成的闭式自动喷头灭火系统应用范围很广。见图 4-19。

（1）棉花、皮革、火柴香烟仓库；

（2）藏书书库；
（3）体育馆、观众厅；
（4）大百货商场；
（5）文物仓库；
（6）地下停车库（机械立体）；
（7）可燃物仓库；
（8）人防工程等等。

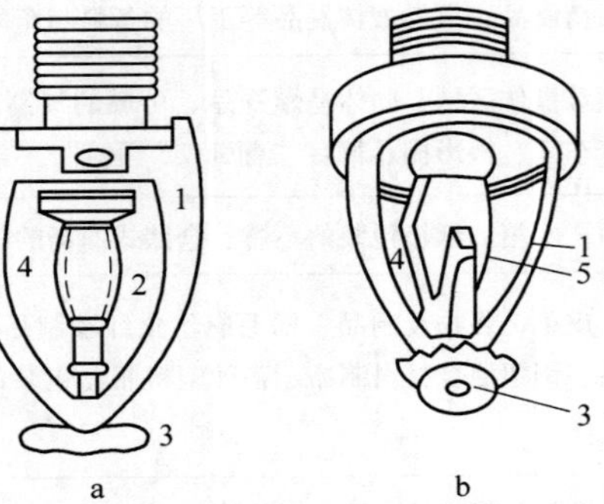

图 4-19 闭式喷头

a—玻璃球喷头；b—易熔元件喷头

1—支架；2—玻璃球；3—溅水盘；4—喷水口；5—易熔件

通过玻璃球和易熔元件感温后喷水，表 4-4 列出了闭式喷头的主要性能指标。

表 4-4 闭式喷头主要性能指标

喷头公称直径/mm	动作温度和色标	
	玻璃球喷头	易熔元件喷头
10，15，20	57℃ 橙	57~77℃ 本色
	68℃ 红	80~107℃ 白色
	70℃ 黄	121~149℃ 蓝色
	93℃ 绿	165~191℃ 红
	141℃ 蓝	204~246℃ 绿
	182℃ 紫红	260~302℃ 橙

玻璃球喷头的易碎球由耐热玻璃制成，内装特殊液体并残留一个小空气泡，球受热后，液体膨胀气体泡被压缩进而吸收，当气泡完全被吸收后液体产生很大压力，胀碎玻璃球；易熔元件由铅、锡、镉、铋组成的低熔点合金，成分比例不一样，熔点不一样。

喷头动作温度不高，一般要求比环境温度高出 30℃ 为宜。购置闭式喷头必须索取认证机关出具的检测报告。

4.17.2 开式洒水喷头、水幕喷头、喷雾喷头

在灭火过程中，有时要用灭火分割水幕。水幕的作用是控制火势不扩展。水幕的形成要靠喷头功能。这种场合宜用开式洒水喷头和水幕喷头或二者联用。如何施工，图纸会给出。洒水喷头应用较广。见图 4-20。

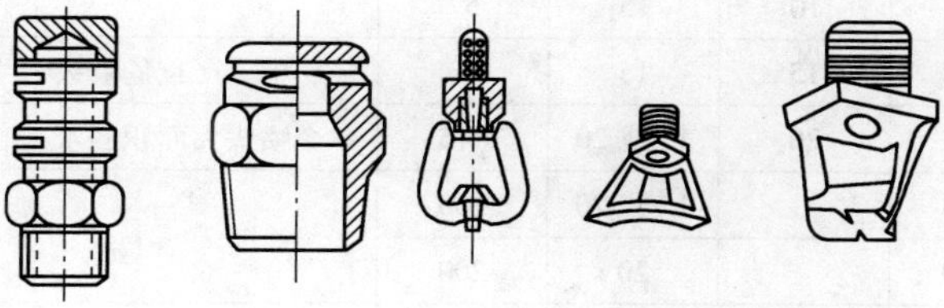

a b c d

图 4-20 水幕喷头

a—双隙式；b—单隙式；c—窗口式；d—檐口式

玻璃幕墙最怕火烤，可单独设计防护冷却水幕，可用闭式喷头、水幕喷头或专用喷头组成水幕。喷雾喷头可以把水细化，喷射在燃烧物表面上，把表面冷却与火焰隔开。这种喷头要求进口水压力高。见图 4-21。

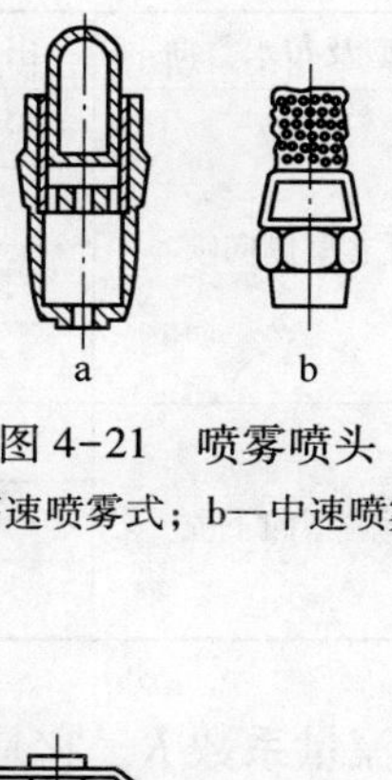

a b

图 4-21 喷雾喷头

a—高速喷雾式；b—中速喷雾式

根据功能要求，可组成联用系统。

泡沫—湿式系统（闭式喷头）泡沫—干式系统（闭式喷头）泡沫—水喷雾系统（开式喷头）见图 4-22。

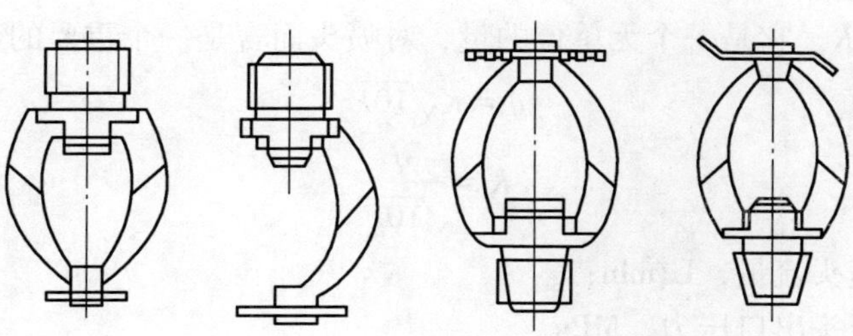

a b c d

图 4-22 开式洒水喷头

a—双臂下垂型；b—单臂下垂型；c—双臂直立型；d—双臂边墙型

锅炉房、燃油库、发电机房等适合用水雾灭火系统。

表 4-5、表 4-6 给出洒水喷头和水幕喷头基本参数，可供选用。

表 4-5 洒水喷头参数

口径分类	出水口径/mm	公称直径/mm	螺纹尺寸/mm	流量系数 K	适用场合	喷头种类
小口径	6.4		15	20	轻危险级	
	7.9		15	27		
	9.5		15	40		
	11.1	10	15	57		
标准口径	12.7	15	15	80	轻、中、严重危险级	下垂、直立型边墙型
大口径	13.5	20	15 或 20	115	单个喷头大面积洒水	下垂直立型
超大口径	15.9		15 或 20	160		下垂型
	19.0		20	200		
	23.6（大水滴）		25	360.5	水滴穿过货架	直立型

表 4-6 水幕喷头技术参数

类型及布水方向	出水口径/mm	流量系数 K	喷射角度/(°)	适用场合
直立型侧向喷	6	22	161	冷却防火分割
	8	28	166	
	10	40	171	
	12	52	172	
下垂型向下喷	8	28	100	防火分割
	10	40		
	12	52		

流量系数 K，它是一个无单位的量，对喷头而言是一个重要的数。

$$q = K\sqrt{10P}$$

$$K = \frac{q}{\sqrt{10P}}$$

式中 q——喷头流量，L/min；

P——喷头出口压力，MPa。

K 反映出因压力变化流量变化率的规律。流量系数相同的喷头一起合用运行平稳。标准喷头流量系数 80，要记住这个数。

4.17.3 几种特殊喷头

（1）大水滴喷头，溅水盘要特殊设计，水容量较大，形成的大水滴可穿透高强度火灾上升气流（又称羽流）。

（2）快速反应喷头，感温动作快，约为普通喷头反应时间的1/5，可火速工作；但不能用于严重危险级，因其出水强度低。

（3）侧装式喷头，向某一侧喷大部分水，根据需要事先定好方向和距离。

（4）耐腐蚀喷头，敏感元件也涂防腐料，但不得影响灵敏度。

（5）隐式喷头、火灾时顶棚脱落，喷头露出并喷水。

4.18 自动喷水灭火系统管道与设备之匹配

4.18.1 管材与连接方式

（1）报警阀出口后的配水管应是内外镀锌管，变径不得用补芯。

（2）连接方式沟槽、法兰、焊接均可，本人不主张用沟槽方式，100mm 以上口径管，应分段法兰连接，水平管每段不宜超 20m；立管不应跨越 3 个楼层，净高超 8m 场合，立管要加法兰。

（3）防止报警阀被污染，阀前加过滤器为宜。

（4）干式自动喷水灭火系统压缩机供气管，钢管管径不应小于 15mm；铜管不应小于 10mm。

（5）接喷头的短立管，管径不应小于 25mm。

（6）消防水箱或增压稳压设施的出水管，报警阀入口管，在轻、中危险级管径不小于 80mm；严重危险级不小于 100mm。

（7）报警阀出口后的配水管工作压不应大于 1.2MPa。如果压力大于 1.2MPa了，可分区设减压阀，减压阀要装在报警阀组前。有的系统安装孔板或节流管，这两个设备只能减动压，只对平衡管系压力有效果。这两个部件要装就装在水流指示器之后。仔细看一下图 4-12 和图 4-17 就可以了解上面几样设备的相互位置和关系。顺便说一下孔板和节流管。

孔板就是装在管子内部有孔的不锈钢板，一般装 DN50 以上管子水平段上，前后的直管段长度要大于 5 倍管径，孔口相当于管段直径的三分之一且不得小于 20mm。

节流管就是在原管上装一段缩径 50%的细管，长度 1m 左右。第（7）为不一定每个系统都做，遇上了，就要会处理。

4.18.2 报警阀和配水管的控制能力

（1）每个报警阀所控的喷头高低位差不得大于 50m。

（2）湿式系统每个报警阀可控喷头 800 个；干式系统可控喷头 500 个。报警阀安装标高距地面 1.2m 为宜。

（3）配水支管控制喷头数按表 4-7 执行。

表 4-7 配水支管控制喷头数

支管公称直径/mm	控制标准喷头只数	
	轻危险级	中危险级
25	1	1
32	3	3
40	5	4
50	10	8
65	18	12

1）图 4-12 中件 12；图 4-17 中件 11 均为配水支管。

2）表 4-7 中列出标准喷头参数。

4.19 利用图和表格厘清自动喷水灭火系统

本书宗旨是安装技术，不是讲如何设计。下面的分析中定性内容多于定量内容。

图 4-23 是湿式自动喷水灭火系统图变通图，件 13 是闭式洒水喷头；表 4-8 中洒水喷头是开式洒水喷头。二者安装要求是一致的，部件的布局图和表是一致的。

从图 4-23 中各件相互关系做定性分析。

件 6 是水箱，标高较高。报警阀 7 除了控制图面件 13 等喷头还能控制其他喷头，高差不超 50m 均可以控制。湿式报警阀可控制 800 个喷头。件 12 是支管，在表 4-7 中给出支管控制力，支管直径 DN40 如果在轻危险级场所可控制 5 只喷头，在中危险级可控制 4 只喷头。件 8 是配水干管，干管连接要用法兰（水平或垂直连接均应用法兰），图中件 7 前未画过滤

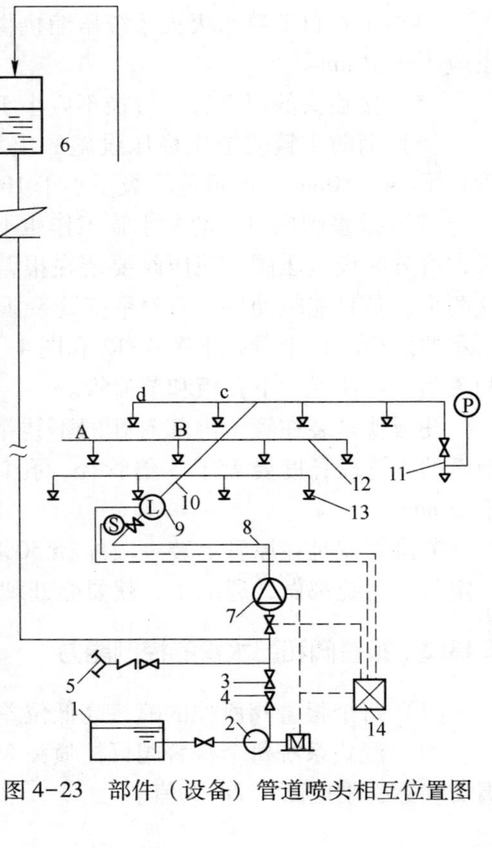

图 4-23 部件（设备）管道喷头相互位置图

器。消防水箱件6出水管在轻、中危险级系统中管径不得小于80mm；在严重危险级系统中管径不得小于100mm。表4-8标出了不同危险等级直立型下垂型喷头在配水管上布局。

表4-8 不同危险等级直立型下垂型喷头在配水管上布局

危险等级		最小工作压力/MPa	出水量/L·min^{-1}	出水强度/L·(min·m^2)$^{-1}$	正方形间距/m	矩形、平行四边形		与墙距离/m	一只喷头最大保护面积/m^2	喷头种类	流量系数K
						长边/m	短边/m				
轻度危险		0.1 0.05	80 56	4	4.4 3.7	4.6 4.0	4.3 3.4	2.2	20.00 14.00	标准	80
中度危险	Ⅰ级	0.1 0.05	80 56	6	3.6 3.0	4.0 3.2	2.3 2.7	1.8	12.50 9.0	标准	80
	Ⅱ级	0.1 0.05	80 56	8	3.4 2.6	3.8 2.9	3.0 2.4	1.7	11.5 6.7	标准	80
重度危险	Ⅰ级	0.088 0.1	115 80	12	3.1 2.6	3.4 2.9	2.8 2.4	1.5	9.0 6.7	大口径 标准	115 80
	Ⅱ级	0.15 0.20	141 80	16	3.0 2.6	3.2 2.9	2.8 2.4	1.5	9.0 6.7	大口径 标准	115 80
严重危险	Ⅰ级	0.088 0.1	115 80	12	3.4 2.8	3.8 3.1	3.0 2.6	1.5	9.0 7.8	大口径 标准	115 80
	Ⅱ级	0.15 0.20	141 80	16	3.0 2.6	3.2 2.9	2.8 2.4	1.5	9.0 6.7	大口径 标准	115 80
	Ⅲ级	0.15 0.30	190 80	20	3.0 2.6	3.2 2.9	2.8 2.4	1.5	9.0 7.8	大口径 标准	155 80

在图4-23中，我们标出ABcd四只喷头，四只喷头在两根支管上。A，B，c，d变换一下位置可以组成正方形、矩形和平行四边形。

转向表4-8。设定一种工况，仓库危险Ⅲ级自动喷水灭火系统，如何布局喷头？选用标准头，流量系数$K=80$，最小工作压力0.30MPa，出水量80L/min，出水强度20L/(min·m^2)，如正方形位置安装则两根支管相距2.6m；同一根管上两只喷头相距2.6m；如果摆成矩形或平行四边形则长边2.9m，短边2.4m，一只喷头保护面积7.8m^2。

消防工程应由专业施工队承办。必须严格执行规范，然而也有不尽如人意之处，如报警阀出口后的配水管必须内壁外壁都镀锌，有的工程就没做到。

自动喷水灭火系统设计思路是先定出危险级别，以危险级别为依据构建出消防模式，认定模式后要灵活巧妙准确的运用设备、阀门、管件喷头等，在这一

“运用”中灵感重要，实践经验更重要。

作为施工者，认真分析图纸，可以提出不同意见。更关键的是用真材实料和良好的手艺把工程做好。

4.20 打压试验

4.20.1 消火栓系统管道试压

（1）上水和防冻。因为用水做压力试验，要求环境温度5℃以上，如果是在冬季试验必须做好防冻工作。

可分层或分段上水。在最高点设排气装置和装压力表，上满水后，检漏一次，万一某接头渗水，用扳手紧一下即可。当然，真的有大漏点也要妥善处理。

（2）强度试验压力测试点在管网最低点。

满水排气完毕后，慢慢升压至1.4MPa稳压30min，目测管网无变形无渗漏处，压力降小于0.05MPa，该系统水压强度试验合格。

这里对压力值说明一下。很多资料介绍说，当系统设计工作压力小于等于1.0MPa时，水压强度试验压力为设计工作压力的1.5倍，不得低于1.4MPa；设计工作压力大于1.0MPa时，水压强度试验压力应为该工作压力加0.4MPa。实际情况大多设计压力为1.0MPa，用1.4MPa作为试验压力已足够用来测试系统强度。

（3）水压强度试验合格后放掉水清洗一下，尔后将系统重新注水打压，升至设计压力（1.0MPa）稳压24h无渗漏。满足这一指标该系统水压密封试验合格。

4.20.2 自动喷水灭火系统试压

（1）流程和要求与消火栓系统相同。

（2）有两点说明。

1）用0.28MPa压力的空气或氮气做气密性试验，24h压力降不大于0.01MPa算气密性合格。这一指标的实现并非易事，不比1.0MPa水压保压24h容易。

2）试压过程不卸喷头。

5 天然气管道工程

5.1 天然气性质及管内经济流速

天然气指的是以甲烷为主要成分的地下可燃气体。以陕西省天然气为例，了解一下天然气的组成。见表 5-1。

表 5-1 中国陕西省天然气组成

名　称	化学式	百分比/%	名　称	化学式	百分比/%
甲烷	CH_4	95.9494	硫化氢	H_2S	0.0002
乙烷	C_2H_6	0.9075	二氧化硫	SO_2	3.00
丙烷	C_3H_8	0.1367	水	H_2O	0.062

天然气标准热值 $H_C = 35.005 MJ/m^3$，相当于人们熟悉的 8360.8 大卡$/m^3$。爆炸极限上限 5.1%，下限 15.36%，指的空气中容积比。通常所说的天然气热值 $9\sim11 kW/Nm^3$（符号 Nm^3 为标准立方米，只写 m^3 亦可）。

气体在管内流速决定了流量，也决定了阻力损失（沿程阻力损失，局部阻力损失）。在不同管径管道里流动的天然气有一个经济流速，经济流速是个“范围值”不能理解为某一固定值。见表 5-2。

表 5-2 天然气经济流速

管径/mm	流速/$m \cdot s^{-1}$	管径/mm	流速/$m \cdot s^{-1}$
≥800	12~18	200	7
500~700	10~16	100	6
400	9	<80	4
300	8		

塑管取高数值；金属管取低值。

长距离输送天然气，用活塞式或离心式压缩机增压。人们为了安全、经济地使用天然气，建立了调压站，调压站不只是增压也可以减压。

天然气按压力分为 3 个级别。压力小于 5kPa 为低压天然气；5～150kPa 中压天然气；0.3～0.8MPa 为高压天然气。还有一种分级法，0.005MPa 为低压天然气；0.005～0.1MPa 为中压天然气；0.1MPa 以上为高压天然气。

5.2　天然气管道工程中几个共性问题

本章主要讨论一下室内天然气管道问题。然而室内天然气管道不是孤立的，因此我们先对外围问题做讨论，尔后切入主题。做有燃爆危险的管道工程是要担风险的。

5.2.1　对施工人员的要求

从事燃气工程及配套工程施工单位必须有消防主管部门颁发的资质证书；钎焊作业属于特种作业焊工的作业范围，有上岗证书方可上岗。

5.2.2　对材料设备的要求

下面一些要求为强制要求。家用燃气灶具、家用燃气快速热水器、燃气调压器（箱）、防爆电气、电线电缆、电焊条、铜合金器材、压力仪表、燃气表、易燃易爆气体检测（报警）仪等产品，其质量好坏直接涉及人民生命和财产安全。因此，国家规定对这些产品实行生产许可证或计量器具许可证制度。施工单位在安装前必须对生产许可证或计量器具许可证进行核查，属于建设单位采购的设备，施工单位应向建设单位索取相应的资料。

文件与实物对照检验核实，对进口产品要有中文说明书和商检报告。

5.2.3　执行标准

本章所讲的内容执行规范 CJJ 94—2009，此规范由建筑工业出版社发行。废止了 CJJ 94—2003 规范。“废止”二字不是说前规范有多少错处，而是后者进一步完善；社会在进步科学在发展，新规范更能贴近现实。一些新的技术要求将会体现在以后的章节中。

5.3　室外天然气工程安全规范

调压站的建造必须保证安全，规范中给出了调压站与其他建筑物（构筑物）最小距离，是不可随意改变的。极特殊情况下要有权威技术部门和安全机构出具文字依据方可改变。见表 5-3～表 5-5。

表 5-3 天然气高压站周边安全距离

调压站建造形式	天然气入口压力级别	最小距离/m			
		距建筑物构筑物	距主要公共建筑物	距铁道电车轨道	公路边
地上独立建筑	高压 A	10	25	15	8
	高压 B	8	25	12.5	6.5
	中压 A	8	25	10	5.0
	中压 B	6	25	10	5.0
地下独立建筑	中压 A	6	25	10	
	中压 B	5	25	10	

注：高压 A 0.6~0.8MPa，中压 A 78~150kPa；高压 B 0.3~0.5MPa，中压 B 5~77kPa。

建议：调压站不要建在地下。

表 5-4 天然气管道与建筑物或相邻管道平面间距 (m)

项目		低压天然气管道	中压天然气管道		高压天然气管道	
			A	B	A	B
建筑物基础		0.7	1.5	1.0	6.0	4.0
给水管		0.5	0.5	0.5	1.5	1.0
排水管		1.0	1.2	1.2	2.0	1.5
电力电缆		0.5	0.5	0.5	1.5	1.0
通讯缆	直埋	0.5	0.5	0.5	1.5	1.0
	导管内	1.0	1.0	1.0	1.5	1.0
其他燃气管	$D_g \leqslant 300$	0.4	0.4	0.4	0.4	0.4
	$D_g > 300$	0.5	0.5	0.5	0.5	0.5
热力管	直埋	1.0	1.0	1.0	2.0	2.0
	沟内	1.0	1.5	1.5	4.0	2.0
电杆基础	≤35kV	1.0	1.0	1.0	1.0	1.0
	>35kV	5.0	5.0	5.0	5.0	5.0
照明电杆		1.0	1.0	1.0	1.0	1.0
铁轨		5.0	5.0	5.0	5.0	5.0
有轨电车		2.0	2.0	2.0	2.0	2.0
街、树		1.2	1.2	1.2	1.2	1.2

表 5-5 天然气管道与建筑物（构筑物）及其他管道的垂直间距 (m)

<table>
<tr><th>项 目</th><th>与天然气管垂直距离</th><th colspan="2">项 目</th><th>与天然气管垂直距离</th></tr>
<tr><td rowspan="2">给排水管及其他燃气管</td><td rowspan="2">0.15</td><td rowspan="2">电缆</td><td>直埋</td><td>0.5</td></tr>
<tr><td>导管内</td><td>0.15</td></tr>
<tr><td rowspan="2">热力管沟顶部或底部</td><td rowspan="2">0.15</td><td colspan="2">铁道轨底</td><td>1.2</td></tr>
<tr><td colspan="2">电车轨道底</td><td>1.0</td></tr>
</table>

天然气管道有套管时，以套管外壁计算距离。

天然气管道压力不是很高，但不允许泄漏。天然气与空气相比渗透能力还是比较强的，因此对接头焊缝的密封性要求是比较高的。下面讲室内工程的要求，同样适于外网。

5.4 室内燃气管道安装与检验

拿到图纸后要研究细节，天然气管道问题多出在细节上。有些工地，天然气管道这一环节没有预留预埋，施工者遇到第一个现实问题就是准确打洞穿孔，楼板被穿孔，必须小心不可伤及其他管道。作者就遇见过打破电线管和地暖蛇管的事，天然气管道施工者必须做好天然气管与套管的工艺处理，还要做好套管与楼板孔的工艺处理。

5.4.1 管材

低压天然气管径小于等于 50mm，用镀锌管材管件；管径大于 50mm 时用焊接管或无缝管；铜管材管件材质为 TP2 铜，机械加工性能和焊接性能好；不锈钢管，需用专用砂轮片切割；铝塑复合管，用剪刀（专用）切割。

5.4.2 弯管、套管

弯管、套管的相关数据见表 5-6 和表 5-7。

表 5-6 弯曲半径与管直径关系

管子种类	钢管	铜管	不锈钢管	铝塑复合管
最小弯曲半径	$3.5D$	$3.5D$	$3.5D$	$5D$

表 5-7 燃气管与套管配套表

燃气管	10	15	20	25	32	40	50	65	80	100	150
套管	25	32	40	50	65	65	80	100	125	150	200

5.4.3 各种功能管道安装工艺

5.4.3.1 一般规定

（1）执行 CJJ 94—2009 规范（备案号 J 264—2009）。

（2）施工方案必须经过主管部门批准后方可施工。

（3）不得在梁、柱上开孔。

（4）燃气管道穿墙必须设套管，套管内不得有接头（大管道螺旋焊缝除外）。套管与管道之间用防水材料填实。套管穿墙两侧齐平；穿楼板时上端高于地面 5cm，下端齐平。

（5）对阀门，安装前 10%试压，输送湿燃气（含水量高）的阀门要保温。引入管户外部分均保温，阀门应设开关标识。

5.4.3.2 引入管

这是一项主控项目。引入管道应使用 10 号、20 号钢制成的无缝管或具有同等或以上性能的金属管材。管道连接用焊接方式，按 GB 50236 标准评定，Ⅲ级焊缝为合格。

图 5-1 是一幅示意图。1 为外线干管，埋深宜在各地冻土层以下。2 为引入管。为操作方便连接处即图 5-1 中 A 处（法兰连接处）距建筑物基础 B 不宜小于 0.5m。对法兰及紧固件要用防腐胶泥填充，而后与地下管道统一做防腐。3 为建筑物外墙。

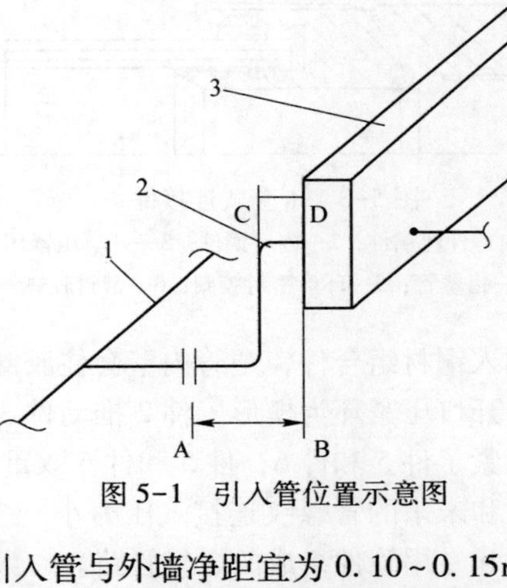

图 5-1 引入管位置示意图

为便于安装维修引入管与外墙净距宜为 0.10~0.15m 即 CD 长度。引入管进户后距地面 0.15m 为宜。引入管的保温层要平整、凹凸偏差±2mm 之内为合格。

目前，有不少工程外线干管用 PE 管材，那就要用转换接头把引入管和外线干管连起来。转换接头是把加工好的内丝件（金属）在铸塑机内与塑料结成一体，铸塑成镶嵌式转换接头。转换接头的塑料部分与 PE 主管的三通支管热熔焊接起来；另一端金属内丝件与管螺纹件拧紧。见图 5-2。

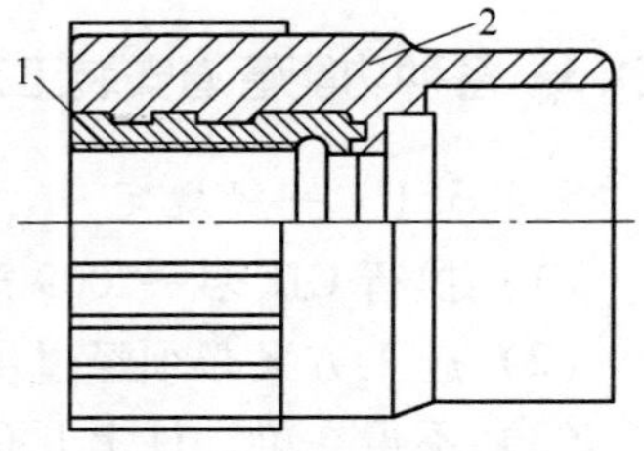

图 5-2 镶嵌式转换接头

1—金属内丝件；2—塑料铸塑件

引入管地上水平段应坡向户外坡度≥0.01；入户燃气管要进行等电位联结。如果用转换接头，位置应在图 5-1 中 A 处为宜。

5.4.3.3 各种材质燃气管的连接及要求

（1）管径 50mm 以上的钢管宜采用法兰连接。法兰位置应便于检修；法兰面与管子轴线应垂直；法兰垫宜用聚四氟乙烯材料；不锈钢法兰应使用非金属垫；紧固螺栓拧紧后外露 1~3 扣并做防腐处理。

（2）丝接管。套丝前下料切管要正，焊接管有开裂现象禁用；螺纹连接用生料带（聚四氟乙烯）做密封材料；不同管径管材套制的螺纹数（扣数）不同。d_N<20(9~11 扣)，20<d_N≤50(10~12 扣)，50<d_N≤65(11~13 扣)，65<d_N≤100(12~14 扣）丝接方式适合公称直径小于 50 的镀锌钢管。

（3）焊接管。铜管用承插方式焊接，不锈钢管（壁厚不应小于 0.6mm）承插氩弧焊，焊接工艺执行 GB 50235 和 GB 50236，开孔接支管，孔边应离开环焊缝 100mm 以上，对焊缝按规范 GB 50236 标准探伤。

（4）铝塑管连接，用卡套式铜管连接件连接。见图 5-3。

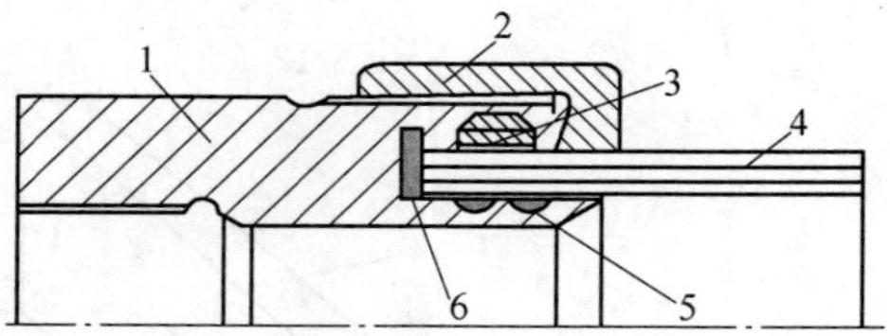

图 5-3 卡套式连接件

1—内、外丝铜件；2—内丝铜件；3—开口压紧环；
4—铝塑管；5—环形密封胶圈；6—密封胶垫

将塑管切头整圆后插入铜材组合件，塑管内壁套住胶圈 5，端面顶住胶垫 6。旋转件 2 向左移动，件 3 开口压紧环为楔形，件 2 推动件 3 向左移动过程中步步压紧铝塑管外壁，也就压紧了件 5 和件 6，件 5 和件 6 双重密封确保了密封不漏。

铜件 1 左端的内螺纹和未来的管螺纹连接。压力小于 10kPa，环境温度小于 60℃时适合使用铝塑管材和专用管件组成的燃气管路。

5.4.3.4 避雷与接地

室内燃气管不得布置在屋檐等处；燃气管布置在避雷区内时每隔 25m 也要与避雷网上 8mm 以上圆钢连接。管道上任何一处接地电阻不得大于 10Ω。

户外燃气管与其他金属管道平行间距小于 100mm 时，每 30m 长用 $6mm^2$ 铜绞线跨接；燃气管道法兰、螺纹连接均应用 $6mm^2$ 金属导线跨接。

5.4.3.5 功能管定位规范及支架安装规范

（1）燃气管与墙距离。

明设或暗封形式敷设的燃气管与装饰后墙面净距应符合表 5-8。

表 5-8 燃气管与后墙净距 （mm）

管子公称尺寸	<DN25	DN25～DN40	DN50	>DN50
与墙净距	≥30	≥50	≥70	≥90

（2）竖井内的燃气管。

1）土建和其他管道工程完工后再敷设燃气管道。

2）燃气管穿越隔断板要加套管，管道与套管间留 10mm 间隙。

3）燃气管涂为黄色；与其他管间距要满足安装维修需要。

4）各立管接头应置于各层地面以上 1.0～1.2m 处。

（3）暗埋形式燃气管。

1）放燃气管的管槽，宽度为被埋管管径加 20mm；槽深要保障未来封面覆盖厚度 10mm 以上。

2）不得在梁、柱、承重墙上开槽。

3）被埋管不得与任何金属结构接触，无法避让时用绝缘材料隔开。

4）被埋管不允许有机械接头。

5）暗埋管适当部位加一处金属保护装置，装置板材厚度 1.2mm 为宜。

（4）铝塑复合管安装。

1）校直后安装。DN25 以上管子先在平台上校直。

2）管道远离热源。

3）与灶具净距不得小于 0.5m，严禁在灶台上方。

4）阀门固定和操作力矩均不得传递给铝塑管。

（5）软管与立管。

1）软管与管道连接处必须严密、牢固，既密封又有强度，不得脱落。

2）软管长度不得超 2m，不得有接头。

3）软管与移动式用气设备连接时，总长度不得超过 30m，中间允许两个接口。

4）软管在灶具下 30mm 为宜。

5）软管不得穿墙、楼板、顶棚、门和窗。

6）非金属管不得有分支管。

7）立管安装应垂直，每层偏差不大于 3mm/m，全长偏差应小于 20mm。因土建原因无法保障垂直，可用“乙”字弯工艺解决（俗称灯叉弯）。

（6）不同管材支架间距问题。

1）每层楼立管至少有一处支架。

2）水平管上装阀门，在阀门进气口一侧 1m 范围内设支架。

3）不锈钢波纹管、铝塑管与阀门连接，要给阀门做支架。

4）水平管转弯处要在两侧做托架，钢管跨度不大于 1m；不锈钢波纹管、铜管、薄壁不锈钢每侧不大于 0.5m；铝塑管每侧不大于 0.3m。

（7）提供以下表格供使用。具体见表 5-9~表 5-13。

表 5-9 燃气管道与电气设备、相邻管道最小净距 （cm）

名称		平行敷设	交叉敷设
电气设备	明装绝缘电线或电缆	25	10
	暗装绝缘电线或电缆	5（从管外或槽边算起）	1
	电插座、电源开关	15	不发生
	电压小于 1000V 的裸线	100	100
	配电盘、配电箱电表	30	不发生
相邻管道		应保证燃气管道、相邻管道的安装、检查和维修	2
燃具		主立管与燃具水平净距不得小于 30cm；灶前管与燃具水平净距不得小于 20cm。燃气管在燃具上方时，如果有抽油烟机，管子要在抽油烟机上方；无抽油烟机，燃气管与燃具垂直距离在 100cm 以上	

表 5-10 铜管支架最大间距

外径/mm	15	18	22	28	35	42	54	67	85
垂直敷设/m	1.8	1.8	2.4	2.4	3.0	3.0	3.0	3.5	3.5
水平敷设/m	1.2	1.2	1.8	1.8	2.4	2.4	2.4	3.0	3.0

表 5-11 薄壁不锈钢管支架最大间距

外径/mm	15	20	25	32	40	50	65	80	100
垂直敷设/m	2.0	2.0	2.5	2.5	3.0	3.0	3.0	3.0	3.5
水平敷设/m	1.8	2.0	2.5	2.5	3.0	3.0	3.0	3.0	3.5

表 5-12 钢管支架最大间距

公称直径 DN	最大间距/m	公称直径 DN	最大间距/m
15	2.5	32	4.0
20	3.0	40	4.5
25	3.5	50	5.0

续表 5-12

公称直径 DN	最大间距/m	公称直径 DN	最大间距/m
65	6.0	200	12.0
80	6.5	250	14.5
100	7.0	300	16.5
125	8.0	350	18.5
150	10.0	400	20.5

表 5-13　燃气用铝塑复合管支架最大间距

外径/mm	16	18	20	25
水平敷设/m	1.2	1.2	1.2	1.8
垂直敷设/m	1.5	1.5	1.5	2.5

5.4.3.6　燃气管安装允许偏差、管段阀门抽检数及保温刷漆要求

（1）纵横弯曲，每 30m 直管段查两段，不足 30mm 查一段，墙两侧各算一段。

（2）立管垂直度，一根立管为一段，两层及两层以上按楼层分段，抽样 5%，总数不少于 10 段。

（3）引入管阀门 100%检查。

（4）其他阀门 10%抽查，且不少于 5 只。

（5）管道保温每 20m 查一处且不少于 5 处。

（6）涂漆要求：非镀锌管，两道防锈漆，两道面漆；镀锌管两道面漆。燃气管道宜为黄色。

（7）安装允许误差见表 5-14。

表 5-14　室内燃气管道安装后检验允许偏差

<table>
<tr><th colspan="3">项　目</th><th>允许偏差</th></tr>
<tr><td colspan="3">标高</td><td>±10mm</td></tr>
<tr><td rowspan="3">水平管道纵横方向弯曲</td><td rowspan="2">钢管</td><td>管径小于等于 DN100</td><td>2mm/m 且≤13mm（管段总值）</td></tr>
<tr><td>管径大于 DN100</td><td>3mm/m 且≤25mm（管段总值）</td></tr>
<tr><td colspan="2">铝塑复合管</td><td>1.5mm/m 且≤25mm（管段总值）</td></tr>
<tr><td rowspan="2">立管垂直度</td><td colspan="2">钢管</td><td>3mm/m 且≤8mm（管段总值）</td></tr>
<tr><td colspan="2">铝塑复合管</td><td>2mm/m 且≤8mm（管段总值）</td></tr>
<tr><td>引入管阀门</td><td colspan="2">阀门中心距地</td><td>±15mm</td></tr>
<tr><td rowspan="3">管道保温</td><td colspan="2">厚度（δ）</td><td>$+0.1\delta$
-0.05δ</td></tr>
<tr><td rowspan="2">表面不整度</td><td>卷材或板材</td><td>±2mm</td></tr>
<tr><td>涂抹或其他</td><td>±2mm</td></tr>
</table>

5.5 燃气计量表安装及检验

5.5.1 许可证和特殊认证制度

（1）施工单位必须在安装前查验相关文件，不符合要求的产品不得使用。

（2）所用管材管件设备规格必须符合国家现行有关标准及设计文件规定。燃具、用气设备和计量装置等必须经国家主管部门认可的检测机构检测，出具有法律效应的检测报告可使用。

5.5.2 燃气计量表安装通用要求

（1）有出厂合格证、质量保证书，标牌上有 CMC 标志、最大流量、生产日期、编号和制造单位。“CMC”是国家对“制造计量器具许可证”的认定标记。

（2）计量表性能、规格、适用压力均符合设计文件要求。

（3）计量表使用时应在检验有效期内，检验有效期同时对倒放侧放的燃气计量表进行复检。

（4）按产品说明书要求安装，其位置便于检修和抄表。

（5）计量表前的过滤器，按说明书要求安装。

（6）100%目测计量表外观；20%抽查表支架牢固度、涂漆情况。

（7）富氧燃烧时（加鼓风）要 100%查验表后止回阀及泄压装置是否符合设计要求。

（8）计量表与燃具、电气设施最小水平净距见表 5-15。

表 5-15 计量表与燃具、电气设施最小水平净距

名 称	与燃气表最小水平距离/cm	名 称	与燃气表最小水平距离/cm
相邻燃气管道	便于安装检修	配电盘（箱）电表	50
家用燃气灶具	30（表在高位）	电源插座电源开关	20
热水器	30	燃气计量表	便于安装检修
小于 1000V 的裸线	100		

裸线是指不在线槽内的电线；导线自身有绝缘皮。

5.5.3 室外计量表和家用燃气表

（1）室外计量表要 100%装入防护箱内，防护箱有排水通风功能；安装在楼梯间的燃气计量表应有防火性能或放在防火表箱内。

（2）家用燃气表 20%抽查法兰、丝扣是否符合规范；商业、工业燃气计量

表100%检查法兰、丝扣是否符合规范。

(3) 家用计量表安装在厨柜内应满足抄表、检修、换表方便之要求，计量表所在空间可自然通风。

5.5.4 商业、工业企业燃气计量表

(1) 流量小于$65m^3/h$的计量表，高位安装时，距墙不宜小于30mm并要加固托架；低位安装时应装在高度不小于200mm的砖砌支墩或钢架上，表后距墙不小于30mm。100%目测尺量。

(2) 流量大于$65m^3/h$的计量表，平整地安装在200mm高度的砖支墩或钢架上，表后面距墙不小于150mm。100%目测尺量。

(3) 燃气计量表与某些设备水平距离见表5-16。

表5-16 计量表与水平设备间距 (cm)

主设备	金属烟囱	砖砌烟囱	炒菜灶	大锅灶	蒸箱	烤炉	沸水器	热水锅炉
燃气计量表	80	60	80	80	80	80	150	150

5.5.5 计量表安装允许误差

具体见表5-17。

表5-17 燃气计量表安装允许误差和检验方法

最大流量	项 目	允许偏差/mm	检验方法
$<25m^3/h$	表底距地面	±15	吊线尽量
	表后距墙面	5	
	中心线垂直度	1	
$\geq 25m^3/h$	表底距地面	±5	吊线尽量
	中心线垂直度	表高的0.4%	水平尺

5.6 用气设备的安装与检验

5.6.1 一般规定

(1) 查燃具和用气设备的合格证、质量保证书。

(2) 查铭牌、看出厂日期。

(3) 核对性能、规格、型号、数量是否符合设计文件要求。

（4）家用燃具，商业用气设备宜采用低压燃气设备。

（5）家用商用燃具和用气设备应符合《城镇燃气设计规范》(GB 50028）的各项规定。

（6）烟道应符合要求，校核烟道抽力。

5.6.2　家用燃具

（1）明确燃具所用气种及压力，燃具接气口，进出口压力及接口与说明书应一致。

（2）热水器和采暖炉应安装牢固无倾斜与支架接触良好，便于操作。

（3）燃具与水、气连接必须准确牢固，密封性好。

（4）排烟装置与室外相通，烟道应有 0.01 坡度，坡向燃具，有防倒风装置。100%目测尽量。

（5）燃气灶具，灶台高度不宜大于 80cm，灶具与墙净距不小于 10cm；与侧墙净距不得小于 15cm；与木门、窗、木质家具净距不得小于 20cm，抽查 10%，不少于 1 台。

（6）燃具与可燃墙壁、地板和家具之间应设防火隔热层，燃具与三者之间间隔应大于 10cm。

（7）嵌入式燃气灶具与灶台连接处应做防水密封。灶台下面的橱柜应根据气源性质在适当位置开不小于 80cm^2 的与大气连通孔。抽查 20%，不少于 1 台。将电源接入有漏保功能的系统，电源插座要防水，要有可靠接地。100%检查。

（8）燃气设备与电气设备相邻管道最小净距见表 5-18。

表 5-18　燃气设备与电气设备相邻管道最小净距

名　称	与灶具水平距离/cm	与燃气热水器距离/cm
明装的绝缘电线或电缆	30	30
暗装或管内绝缘电线	20	20
电插座电源开关	30	15
小于 1000V 裸线（导线自身有绝缘皮）	100	100
配电盘、配电箱、电表	100	100

5.6.3　商业用气设备

（1）用气设备之间留有操作、维修空间；用气设备前留 1.5m 通道。设备在地下、半地下等地方要严格执行设计文件。

（2）用气设备与可燃墙、地板和家具之间要加耐火隔热层，自身厚度不小于 1.5mm，用气设备要离隔热层 50mm 以上，有设计要求时，执行图纸要求。此项工作100%目测尽量。

（3）砖砌结构，燃烧器置于灶膛中心，燃烧器对准锅炉中心，保障火外焰对准锅底。灶具高度80cm为宜，炉膛与烟道间应装爆破门，爆破门按图纸加工。

（4）沸水器安装应符合下列规定：房间设通风装置；有单独烟道，如合用烟道应有“防串烟”机构；烟囱要高于屋顶1m以上；有防倒风装置。沸水器与墙净距不小于0.5m；沸水器顶部距屋顶净距不小于0.6m；两台或以上者间距不应小于0.5m。100%检查。

5.6.4 工业企业用气设备

（1）安装场所应符合国标《城镇燃气设计规范》(GB 50028）的规定；用气设备在地下室等处要严格执行设计要求。

（2）按设计文件核查用气设备与气源连接是否正确。

（3）用气设备为通用产品时，其燃气、自控、鼓风及排烟等系统应符合设计规定。用气设备为非通用设备时其他系统的检验应符合以下规定：

1）燃烧器的供气压力必须符合设计文件规定。

2）用气设备应符合现行国家标准《城镇燃气设计规范》(GB 50028）的相关规定。

对非通用设备（又称非标）更要严查设备铭牌、产品说明书及设计文件。

（4）燃烧装置除符合要求外还应符合下列规定：

1）使用鼓风机，在管道上装止回阀，加装泄爆装置。

2）燃气及空气管道上应装高低压报警阀和切断装置。

3）封闭炉膛及烟道要按设计文件施工。烟道泄爆装置的加工及安装位置应符合设计文件规定。

以上依设计文件为准100%检查。

（5）应做如下检查：

1）燃气管道车间进口、用气设备进口设独立阀门。

2）燃烧器进气口上的阀应有启闭标记。

3）鼓风风管上的阀应有启闭标记。

4）大型风机或互联风机其出口设阀门。

5）放散管、取样管、测压管前设置阀门。

5.6.5 烟道

5.6.5.1 烟道检验

（1）按设计要求加工烟道。水平烟道不宜超过5m，商用水平烟道也不可超过6米，要有坡向燃具的0.01坡度。要100%查验。

（2）烟道抽力应符合国家标准《城镇燃气设计规范》(GB 50028）的有关规定。100%进行测量、计算和检测。

（3）商用大锅灶、中餐炒菜灶、烤炉、西餐灶等等设施的烟道应按设计要求安装。查图集和设计文件，100%检查。

（4）镀锌板烟道，卷缝均匀严密，按流向插接。目测抽查 20%且不少于5处。

（5）用钢板制造的烟道，连接面要求平整牢固；保温材料要阻燃、厚度符合设计要求，出口处烟气温高于露点。目测手感检查，数量 100%。

（6）砌筑烟道，砌块黏合严密，表面平整，厚度以烟气出口不结露为准。目测手检，数量 100%。

（7）烟道支（吊）架结构和设置位置应符合设计文件，100%目测检查和查阅设计文件进行核实。

5.6.5.2 烟道抽力计算

可用下面公式计算烟囱抽力

$$P=(\gamma_{外}-\gamma_{内})\cdot H$$

式中 $\gamma_{外}$——外界空气密度，kg/m^3；

$\gamma_{内}$——烟囱内空气密度，kg/m^3；

H——烟囱高度，m；

P——抽力，kg/m^2。

烟囱里不完全是空气，有燃烧后产生的 CO_2 等气体，但量不是很大，对 $\gamma_{内}$ 影响不大。见表 5-19。

表 5-19 空气物理性质

温度 t/℃	密度 γ/kg · m^{-3}	温度 t/℃	密度 γ/kg · m^{-3}
-50	1.548	140	0.854
-30	1.453	180	0.779
-10	1.342	200	0.746
0	1.293	250	0.674
10	1.247	300	0.615
30	1.165	350	0.566
50	1.093	400	0.524
70	1.029	500	0.456
100	0.946		

烟囱出口气体温度较高，结露是不可能的，没必要担心。比重（密度）之差是抽力之源。举个符合实际的例子，看一下抽力有多大。

外温取0℃，烟囱出口取100℃，高度5m。

$$
\begin{aligned}
P &= (\gamma_{外} - \gamma_{内}) \times H \\
&= (1.293-0.946)\times 5 \\
&= 1.735\text{kg/m}^2
\end{aligned}
$$

换算成（1.735×9.8）$\text{N/m}^2 = 17\text{N/m}^2$ 即17Pa。

17Pa的抽力已不算小。

如果出口温度取为70℃，抽力13N/m^2 即13Pa，也能实现抽烟之目的。

5.7 强度试验和严密性试验

5.7.1 强度试验

5.7.1.1 试验范围

（1）明管敷设时引入管阀门至燃气计量装置前的阀门这一段落管道；暗埋或暗封敷设时，引入管阀门至燃具接入管（含阀门）这一段落管道。

（2）商业用户及工业企业用户，引入管至燃具接入管（含阀门）之间管道。

5.7.1.2 试验前用空气或氮气吹扫系统，不得用可燃气体吹除

5.7.1.3 试验压力及要求

试验压力应为设计压力的1.5倍且不得低于0.1MPa。

（1）低压燃气管道系统达到试验压力时，稳压0.5h，所有接头无渗漏，压力计无压降为合格。

（2）中压燃气管道系统，达到1h不渗漏无压降为合格。

（3）中压以上燃气管道系统达到试验压力50%时停止15min以上，检查所有接头，无渗漏，继续升压至试验压力，稳压1h后计量装置无压降为合格。

5.7.2 严密性试验

5.7.2.1 试验范围

引入管阀门至燃具前阀门之间的管段；通气前还应对燃具前阀门至燃具之间的管道进行检查。

5.7.2.2 严密性试验应在强度试验合格后进行

5.7.2.3 试验压力及要求

（1）低压管道系统试验压力为设计压力，不得低于5kPa。在试验压力下居民用户稳压不少于15min，商业和工业企业用户应稳压不少于30min，检查所有连接头无渗漏无压降为合格。

当系统中有不锈钢波纹软管、覆塑铜管、铝塑复合管、耐油胶管时，在试验

压力下稳压 1h，除对各密封点检查外，还应对包覆层端面是否渗漏进行检查。覆塑铜管就铜管外包一层塑料，是电绝缘又防腐。一旦锯管，再与其他管连接有可能渗漏。

（2）中压及以上压力管道系统。

试验压力为设计压力不得低于 0. 1MPa。在试验压力下稳压 2h 以上，检查全部连接点，无渗漏、无压降为合格。

低压燃气管道严密性试验的压力计量装置用 U 形压力计。俗称“挂表”。

6 工业管道及相关工艺

6.1 不锈钢管道

在钢中添加铬和镍到某种数量时，其内部结构发生变化，外表面也会形成一种致密的氧化膜，可防止金属被腐蚀。这种耐腐蚀的钢材称为不锈钢。

在不锈钢中，铬是有效元素，平均会是13%左右，为了使钢材能抵抗酸、碱、盐腐蚀，还要加进相当量的镍（含量在8%~25%范围内）和其他元素。

这种铬、镍不锈钢的金相组织多数是奥氏体，故称为奥氏体不锈钢。国内管材多为奥氏体不锈钢。奥氏体不锈钢无磁性，其他各类不锈钢有磁性（铁素体、马氏体等均有磁性）。

6.1.1 管材切割

不宜用气割，气割过程中产生的氧化铬熔点高于管材自身的熔点，很难处理。因此，多用机械方法切割。

（1）手工切割。用手锯切断管子，适用直径50mm以内的管材。

（2）锯床切割。用高速钢锯条加冷却液切断管子，直径200mm之内的管子均可用此法。

（3）高速砂轮切割。这种方法要特别注意安全；同时，切后要认真清理毛刺。

（4）机床切割。市场已有专用切割机可自动除毛刺，可成型焊接坡口。高速钢硬质合金刀具适宜切不锈钢材。

为了提高切口光洁度和延长刀具寿命，必须用冷却液如乳化液或用碱（4%）肥皂（1%）油酸（1.5%）配制的水溶液等。

由于奥氏体不锈钢加工性能差，切削速度应为加工碳钢切削速度的40%~60%。

管子侧面开孔应将麻花钻顶角再加大，从118°增大到130°乃至150°。

如用气割开孔，要留有余量，以便用砂轮机磨光和开坡口。

6.1.2 弯头、三通和冷弯工艺

施工现场多用压制弯头机制三通。当今施工现场很少自制此类零件；自制零

件费时费力，质量难以保障。

有时现场急需，可用电动弯管机，冷弯直径小于50mm的不锈钢管，制作弯头，要求曲率半径大于4倍管外径。

在大管外侧用电钻开孔，与不同口径小管焊接制作三通。

6.1.3 不锈钢管道焊接

不锈钢管道焊接工艺要求很高，焊工必须持证上岗。

焊接方式有自动气氩弧焊、埋弧自动焊及手工电弧焊。对壁厚小于2mm的不锈钢管道，可用氧乙炔焊，这种焊有碳化铬析出。

为了保护管子的不锈钢特质，焊工的敲渣小锤和钢刷宜用不锈钢材料。

焊前要认真清除坡口毛刺及管子内外污物，最好用酒精擦拭坡口附近内外壁。

为防止电火花飞溅落在管子外壁上，可用耐火布盖住焊口以外的其余部分。

被焊接头对齐对准后，沿圆周点焊，直径小于100mm的管材在圆周上点焊三处，每处长度不宜超过20mm；直径大于100mm的管材沿用圆周点焊四处每处长不超过20mm。

如有纵焊缝，建议每隔150~200mm焊一段，每段长10~20m。点焊后整形，再全面施焊。

6.1.4 不锈钢管道安装

对管材管件认真检查，用净布擦拭。由于不锈钢焊接难度较大，因此要尽量在工作台上预制，到现场定位后，固定焊口越少越好。

不锈钢管不得直接放在碳钢支架上，可用不锈钢片，塑料片等将管子和支架分开，用涂油漆的办法做隔离不可靠。

万不得已，碳素钢零部件要与不锈钢材进行焊接，要选用含铬镍成分高的焊条，以减少碳钢对不锈钢合金成分的稀释。

6.2 氢气管道

氢气易着火、易燃烧、易爆炸，氢气渗透性很强。氢气在空气中体积比在4%~75%范围内都有燃烧和爆炸的可能，化纤织物相互摩擦产生的一点能量都比氢气着火点所需能量大好几倍。

氢有很强的渗透性，溶于晶格中的氢原子与钢材微孔中的碳反应生成甲烷，随甲烷量的增加，孔隙可扩张成裂纹，使钢材破坏。容器中氢气压力越高，这种现象越明显。

因此，做氢气管道必须把安全放在首要位置；其次，对管材、阀件选用要有针对性。

通常，氢气用户，用一排承压钢瓶，提供给氢气用气点合格氢气（压力、流量、品质必须符合要求），称为汇流排供气。汇流排钢瓶里氢气来源于电解槽或空气分离装置。

6.2.1 氢气管道工艺布局及所用规范

（1）在车间内氢气管道应架空敷设；不允许走地沟或直埋。

（2）厂区的室外氢气管道可架空或直埋敷设，但不允许沿地沟敷设，防止管道或阀件年久后漏气，充满地沟或检查井发生燃爆。直埋管必须考虑冻土层厚度。

（3）氢气管道不应穿过生活间、办公室；尽量避免穿越非用氢设备的空间；凡氢氧管道通过的房间要求通风良好。管路不宜起伏太多，设法去掉盲管，直埋管地面负荷过大，要加套管保护。

（4）与其他管道相比，氢气管永远在最高位。

（5）氢气管道应有不小于千分之二的坡度。在管网最低位置设排水装置，可定期借路（其他设备排水出口）排水；室外管网 200~250m 设一排水装置。

（6）管网上应设置一定数量的吹扫口，在管网系统最高点设置供吹扫用的放散管。当需要除污时，在吹扫口处接上氮气，所吹的污物顺着某一通路，最终由放散管口排至外界。

通向室外的散放管要加装阻火器，防雷击回火。散放管口不得对着配电室或有明火房间。

（7）氢气管道必须设置良好接地设置，法兰处必须跨接完善。设备接地电阻不得大于 10Ω，管道上每 50m 做一处接地。

（8）穿墙做套管，填充料必须阻燃。

（9）管道必须脱脂处理；焊口按规范探伤。

（10）必须正、负压力试压。

（11）执行规范：

1）氧气及相关气体安全技术规范 GB 16912—1997；

2）氢氧站设计规范 GB 50177—2005；

3）工业金属管道工程施工及验收规范 GB 50235—1997；

4）现场设备工业管道焊接工程施工验收规范 GB 50236—1998。

6.2.2 氢气管道管材与阀件选用

氢气管道上的阀门。对阀体而言，当压力 $P<0.2$MPa 时，阀体材质可用可锻铸铁或球墨铸铁；当压力 0.2~3MPa 时，用铸钢材料；当压力 $P>3$MPa 时，用不锈钢材料。填料密封垫用聚四氟乙烯材料，按表6-1来选管材。

表6-1 挑选管材指标

管材 \ 气体种类和压力/MPa	氢氧气压力				氮气空气压力			
	<0.6	0.6~1.6	1.6~3.0	15	<0.6	0.6~1.6	1.6~3.0	15
水煤气钢管	√				√			
无缝钢管	√	√	√	√	√	√	√	√
不锈钢管	√	√	√					
黄铜管	√	√	√	√				
铝合金管	√	√						

注：1. √推荐用；
2. 直埋氢、氧气体管用无缝钢管处居多。

6.2.3 氢气管道试压及真空试验

强度试验，可用水压亦可用气压试验（用氮气）。如果管道工作压力为P，试验压力应为1.15P。

气压强度试验，升压至试验压力50%时，进行检漏。无泄漏和异常时，按10%档次逐级增压，到某级压力稳压5min，再增压直至达到终压，无异常即为合格。

气密性试验压力工作压力即可，有的资料气密性压力为1.05P，亦可执行。也是用水用气做试验均可。

用气压做气密性试验方法是强度试验后将压力降至工作压力P（或1.05P），认真检漏，确认不漏，稳压30min压力不降即为合格。但对易爆管路系统要有24h系统泄漏率问题。

对氢气管路系统，有的设计书称“泄漏率小于0.25%”这一要求比较费解，不知如何求得，本书提供一个计算公式，提供计算方法。

$$A = \frac{100}{t} \cdot \left(1 - \frac{P_{终} \cdot T_{始}}{P_{始} \cdot T_{终}}\right) \tag{6-1}$$

式中 A——每小时平均泄漏率，%；

$P_{始}$——试验开始时的绝对压力，kg/cm^2；

$P_{终}$——试验结束时的绝对压力，kg/cm^2；

$T_{始}$——试验开始时绝对温度，K；

$T_{终}$——试验结束时绝对温度，K；

t——试验时间，h。

绝对压力等于表压力加$1kg/cm^2$；绝对温度等于表温度加273℃（严格值

为 273.15℃）。

对氢气管道系统还应做真空检漏。

用真空泵抽系统，使其负值为 2667~4000Pa 即是系统内比大气压低 2667~4000Pa（20~30mmHg）观察 24h，增压率不大于 5%，就是说允许外界大气重返系统内，但不得超 5%。

6.3 氧气管道

一般工厂（车间）用氧气也是由汇流排提供。至于氧气钢瓶通过耐压软管为焊枪提供氧气，流程就更加简单。氧气厂采用深冷循环，用空气分离装置为客户提供气态或液态氧。钢瓶氧气，内压号称“150 个压力”即 15MPa，实际上多数情况下 12~13MPa 内压，气温越高，充气压力应越低。

氧的化学性质活泼，是氧化剂，助燃剂。

常压下，温度达 90.18K 时（-182.97℃）氧气变为天蓝色透明液体；再降温到 54.3K(-218.85℃）时液氧为凝固，成为蓝色固体结晶。

6.3.1 管材选用

以无缝管材为主材，这一点在氢气管道选材中已提及。强调一点，依汇流排方式供氧气流程温度在-40℃以上者居多，可用碳素钢管。如果温度在-40℃以下，碳素钢会冷脆失去韧性应改用不锈钢管或铜管。还有一种情况，管内压力较高，氧气流速自然就大，当压力超过 1.6MPa 时氧气流经阀门或变径处，气体与管壁摩擦会产生火花，引起事故。提供一个解决办法，在阀门（孔板、缩径处）后加一段长度 1.5m 以上铜管“顺”一下可避免火花。对埋地管，只要管内流体温度在-40℃以上，不论压力大小都要用无缝管。

6.3.2 管道工艺

具体内容：

（1）所有管子与配件要严格进行脱脂处理。

（2）螺纹联结时，不允许使用麻丝和铅油，用聚四氟乙烯材质做垫料。

（3）碳钢与不锈钢焊接时用不锈钢焊条；铜管与碳钢焊接时用铜焊条。

（4）水平管引出分支管，接口应在顶部侧面，决不可在底部。

（5）管道与设备连接或与阀件连接可用法兰或螺纹连接，其他地方均应焊接。

（6）严禁氧气管道与电缆同沟敷设。

（7）氧气管道必须设管标，在醒目位置标明“氧气”“禁油”字样。

（8）氧气工程（施工和运行）必须用专用工具，因工具带油造成燃爆事故案例不少。

（9）氧气管路应有千分之三坡度，坡向集水器；所谓干燥氧气可不设坡度，但无绝对把握保证干燥。

（10）打压检漏可参照氢气管道工程模式，要用洁净氮气，绝不可有油污进入氧气管系。

（11）室内管组，氧气管要装在非易爆管上方（250mm 以上）；如遇乙炔管，它就要在下方。

（12）接地和防静电要求与氢气管道一样。

6.3.3 阀门及附件

（1）选用专用件，切记防油。工作压力 3MPa 之内可用“可锻铸铁”或钢制阀件。阀门密封圈应采用有色金属、不锈钢或聚四氟乙烯材质。填料须做除油处理，用户应向厂家索取检测报告。

（2）工作压力 3MPa 以上场合应采用铜合金或不锈钢阀件。

（3）对阀门及附件要 100%检验，要每个阀件都有检测报告。

6.3.4 执行规范

（1）氧气及相关气体安全技术规范（GB 16912—1997）。

（2）工业金属管道工程施工及验收规范（GB 50235—1997）。

（3）现场设备工业管道焊接工程施工验收规范。

6.3.5 附五张技术数据表（GB 50236—1998）

氧气管、氢气管在地面上或地下埋管与其他管线及建筑基础的距离要求分别见表 6-2～表 6-6。

表 6-2 厂区氢、氧气体管道与其他架空管线之间最小净距 （m）

序号	管线名称	平行净距		交叉净距	
		H_2	O_2	H_2	O_2
1	给排水管	0.25	0.25	0.25	0.10
2	热力管	0.25	0.25	0.25	0.10
3	不燃气体管	0.25	0.25	0.25	0.10
4	燃气输油管	0.50	0.50	0.25	0.25
5	裸导线	2.00	1.00	0.50	0.50
6	绝缘导线电缆	1.00	0.50	0.50	0.30
7	电线管电线	1.00	0.50	0.25	0.10
8	插接母线悬挂干线	13.00	1.50	1.00	0.50
9	非防爆开关、插座配电箱	3.00	1.50	3.00	1.50

表 6-3 厂区氢、氧气体管道与建筑物构筑物距离 (m)

序号	建筑物构筑物名称	净距	
		H_2	O_2
1	一、二级耐火等级建筑物	2.0	2.0
2	三、四级耐火等级建筑物	3.0	3.0
3	有爆炸危险厂房	4.0	4.0
4	铁道钢轨外侧边缘	3.0	3.0
5	路通边缘排水沟边缘	1.0	1.0
6	架空线外侧边缘<1kV	1.5	1.5
7	1~10kV	2.0	2.0
8	35~110kV	4.0	4.0
9	熔化金属地点、明火点	10.0	10.0

表 6-4 厂区架空管道（H_2，O_2）与铁路、道路、架空导线最小交叉净距（m）

序号	参照物名称		交叉净距	
			H_2	O_2
1	非电气化铁路钢轨面		5.5	5.5
2	电气化路轨面		6.55	6.55
3	道路路面		4.5	4.5
4	人行路面		2.2	2.2
5	导线在管道上方			
	1kV 以下	路上有行人	2.5	2.5
		路上无行人	1.5	1.5
	1~10kV		3.0	3.0
	35~110kV		4.0	4.0

表 6-5 埋地氢气管道与建筑物构筑物基础外侧距离 (m)

序号	参照物名称	距离	
		H_2	O_2
1	有地下室的建筑基础边和通行沟边	3.0	3.0（压力 $16kg/cm^2$ 之内）
2	无地下室建筑物基础边	2.0	5.0（压力大于 $16kg/cm^2$）
3	铁路钢轨外侧边缘	3.0	1.5（压力小于 $16kg/cm^2$）
4	铁路、道路的边沟雨水沟边缘	1.0	2.5（压力大于 $16kg/cm^2$）
5	道路路面边缘	1.0	3.0

续表 6-5

序号	参照物名称	距离	
		H_2	O_2
6	照明通讯电杆中心	1.0	1.0
7	架空管架基础边缘	1.5	1.0
8	围墙基础边缘	1.0	1.0
9	乔木中心	1.5	1.5
10	灌木中心	1.0	1.5

表 6-6 厂区埋地氢气氧气管与其他埋地管之间的最小净距 (m)

序号	参照物名称	水 平	交 叉
1	给排水管	1.5	0.25
2	热力管不通行沟边	1.5	0.25
3	氢气、氧气管	1.5	0.25
4	天然气管	2.0	0.25
5	不燃气体管	1.5	0.25
6	电力电讯电缆	1.0	0.50
7	排水渠	1.0	0.50

这里的距离指氢氧管离参照物最小距离。如管线离明火点距离要 10m 以上，指管上某点离明火点距离；与建筑物净距是管子与建筑物（六面体）某一面最小距离，与其他面距离均大于此值。

6.4 输油管道

6.4.1 长距离输油

这种工程必须由专业队伍施工，这里介绍一点常识性知识。长距离输油，油压和油温均会下降，因此隔一段距离要建一座加压加温站，两个站放在一起便于管理。按规范每隔一段距离要设隔断阀，供处理泄漏事故用。实际工程还要加设加温吹除设施。因为油类沉积在管道中，须定期加温吹除，这里的加温与加温站的加温不是一回事。

6.4.2 厂区输油系统（管材、安装工艺、残油吹除）

输油流程多种多样，作为施工者没有必要过分推敲。但是，对一些工艺还是应该了解的。

图6-1中各种设备组成一个供油站。油罐一备一用，油泵出口连接稳压阀4，经阀4的油可直达加热器5，亦可通过阀6回流到油罐内。

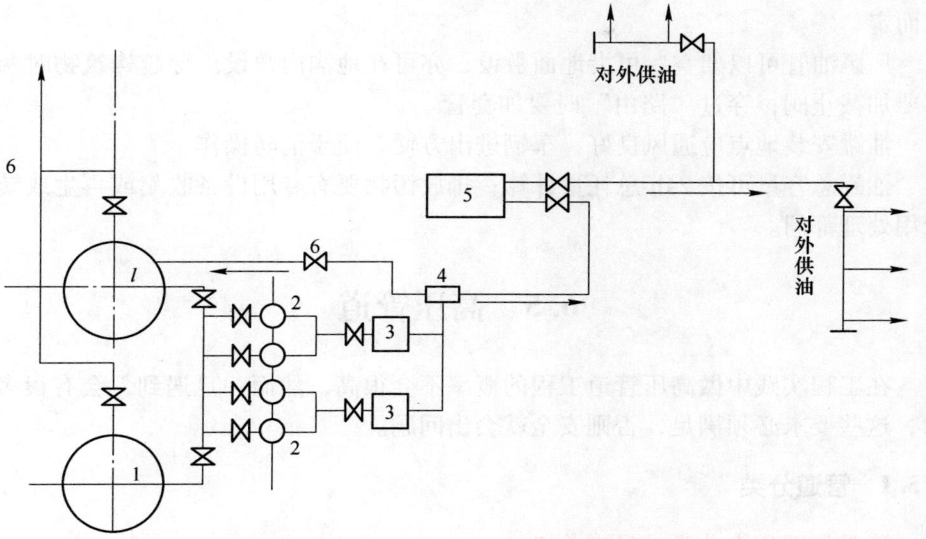

图6-1 厂区供油示意图

1—油罐；2—过滤器；3—油泵；4—稳压阀；5—加热器；6—大气连通管

管材可用水煤气管，尽量用焊接方式连接，如用丝接，填料不可用麻丝和铅油，应该用聚四氟乙烯生料带。

热补偿用方形补偿器为宜。

输油管要有0.003~0.005坡度，用蒸汽吹除残油时凝结水必须排出。见图6-2。

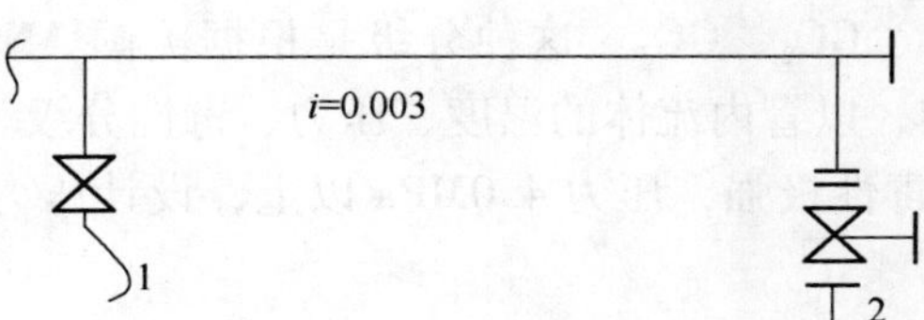

图6-2 吹除油管内壁残油流程图

图6-2为示意图。软管1接于蒸汽管路，通常要求蒸汽压力0.7~1.0MPa；2为排污阀，蒸汽在油管内冲刷、熔残油生成含残油杂质的污物通过阀2排出，此工作根据输油量和油质的不同定期操作。

输油管道必须保温，这里强调一点，如果用了电拌热，必须在油管外侧先做好一层电绝缘层。作者发现很多拌热的电热线（带）直接往金属管外壁缠，这是不允许的。尤其油管，不允许有半点隐患。

除残油工作是必须要做，至于是用蒸汽锅炉还是电热方法生产蒸汽要因地制宜而定。

厂区油管可以架空，可沿地面敷设，亦可在地沟内敷设。穿越构筑物时两侧都要加截止阀；穿过“路由”时要加套管。

油罐安装地点应通风良好，车辆进出方便，便于消防操作。

油罐总容量可按24h总耗量计算；排放污物要有专用设备收集或再生或转交专用处理部门。

6.5 高压管道

在工程实践中做高压管道工程的概率不会很高，然而一旦遇到，会有很多要求，这些要求必须满足，否则安全就会出问题。

6.5.1 管道分类

通常依照压力分类。见表6-7。

表6-7 管道压力分类表

名称	超高压管道	高压管道	中压管道	低压管道
压力值/MPa	$P>100$	$10<P\leqslant100$	$1.6<P\leqslant10$	$0<P\leqslant1.6$

表6-7中P为设计压力。对管道而言，只从压力大小给予定位是不全面的，有时也是不允许的。因此，必须综合考虑。

因此，很多设计中采用了GC标准。按TCGD 0001—2005压力管道安全技术监察规程分级为GC_1、GC_2、GC_3。这种分级是根据美国ANSI/ASMEB31.3结合中国情况而定的标准，以管内流体的温度、压力、毒性分级。

GC_1：管内流体毒性极强，压力4.0MPa以上，设计压力10MPa以上，温度大于400℃；

GC_2：比GC_1参数稍低，压力温度比GC_1低。允许压力不超过10MPa，毒性比GC_1小。

GC_3：无毒不燃，设计压力小于10MPa，温度在-20~185℃之间。

按GB 50235—1997规范管道分为四个级别，这是一个施工规范。

A级管道，管内为高压介质；

B级管道，管内为中压和剧毒介质；

C 级管道，管内为有毒介质和甲乙类可燃气体。甲类可燃气体指该气体在空气中容积比小于 10%就能燃爆；乙类可燃气体指该种气体在空气中容积比大于 10%方可燃爆。

D 级管道，管内为无毒非可燃低压介质。

有毒介质分类：

极度危害：汞及化合物、砷及化合物、重铬酸、氰化物。

高度危害：CCl_4、H_2S、甲醛；

中度危害：甲醇、硝酸、硫酸、盐酸；

轻度危害：丙酮、NaOH、四氟乙烯。

再给出一个依据工作温度、压力的管道分类。见表 6-8。

表 6-8 依据工作温度、压力管道分类表

材质	工作温度/℃	工作压力/MPa				
		Ⅰ	Ⅱ	Ⅲ	Ⅳ	Ⅴ
炭素钢	≤370	32	10~32	4~10	1.6~4	<1.6
	>370	>10	4~10	1.6~4	≤1.6	—
合金钢	-70~450	>10	—	—	—	—
不锈钢	-70~450	>10	4~10	1.6~4	≤1.6	—
铝及合金	<160				≤1.6	
铜及合金	<250	>10	4~10	1.6~4	≤1.6	—

表 6-8 使用说明，碳素钢管道，管内介质低于 370℃，内压 32MPa 列为Ⅰ类；温度高于 370℃，内压大于 10MPa 就要列为Ⅰ类管道。高于 370℃也不可以超过 450℃；大于 10MPa，也要有止境，以强度计算为准。

化工生产中常有 10~100MPa 内压，合成氨的压力为 32MPa；化工生产中Ⅰ级温度-50~200℃；Ⅱ级温度 201~400℃。

铝及合金只用于 160℃以下场合，只能做Ⅳ级管道。

铜及合金，用于 250℃以下场合，压力也不高。

铜及合金，低温性能好，空气分离装置中多有应用。

铜及合金，Ⅰ、Ⅱ、Ⅲ、Ⅳ类管道均有使用。

剧毒介质管道列入Ⅰ类管道，输送有毒介质或输送甲、乙类燃爆气体管道要升一级，比如按温度和压力为Ⅱ级管道，因输送易燃爆气体，应按Ⅰ级管道要求去施工。

不同类别管道，对其焊缝探伤数不同。焊缝分为四级，表 6-9 反映出技术要求。焊缝等级由焊工工艺决定。见表 6-9。

表 6-9 焊缝等级

焊缝等级		探伤数/%	说 明
Ⅰ		100	高于Ⅱ级焊缝质量要求的焊缝
Ⅱ	A	100	Ⅰ类管道及Ⅱ类管道固定焊口
	B	15	Ⅲ类管道及Ⅱ类管道转动焊口；Ⅲ类管道固定焊口要探伤 4%
Ⅲ	A	10	Ⅳ类管道固定焊口
	B	5	Ⅳ类管道转动焊口
Ⅳ	A	5	Ⅳ类铝及铝合金管道焊口其中固定焊口要探伤 15%
	B	≤1	Ⅴ类管道焊口

6.5.2 高压管道的工艺要求

高压管道必须有足够的机械强度；能耐高温和低温；耐腐蚀性能良好；严密性极强。

高压管道一旦发生事故，爆炸、火灾、人身伤亡都会发生，还污染了环境。

高压管道的设计者、施工者必须有科学态度和强烈的责任心。高压管道设计施工均应建立问责制。

6.5.2.1 材质必须选对

不锈钢耐腐蚀能力很强，但对盐酸而言它的耐腐蚀能力就大大下降；被认为耐腐蚀能力较差的碳素钢，在常温下对浓硫酸却有很强的抗腐蚀能力；但在高温下对同浓度硫酸则又不耐蚀。

因此，必须根据需要先给管道定位，它属于哪一类管道，而后，根据运行条件选材质，然后再对该材质进行全面了解。

6.5.2.2 对管子尺寸要求

根据流量选用管径，根据压力确定管壁厚。见表 6-10。

表 6-10 高压无缝管尺寸偏差表

外径允许偏差			壁厚允许偏差		
	外径/mm	偏差		壁厚/mm	偏差/%
冷轧	<32	±0.2mm	冷轧	≤3	+12 −10
	32~57	±0.3mm		>3~≤20	+15 −10
	>57	±0.8%			
热轧	≤159	±10%	热轧	>20 外径<168	±10
	>159	+1.25% −1.0%		>20 外径≥168	+15 −10

6.5.2.3 高压管道管件强度试验

高压管道管件强度试验执行见表6-11。

表6-11 高压管道管件强度试验 （MPa）

公称压力	试验压力		
	Ⅰ级温度/℃	Ⅱ级温度/℃	
	-50~200	201~300	301~400
32.0	48.0	48.0	76.0
22.0	33.0	33.0	66.0
16.0	33.0	33.0	66.0

以公称压力和温度级别（温度范围）给高压管道试压定了应该选用的压力值。实际工作中只能套用。举例，管道使用场合180℃，工作压力12MPa根据表6-11试验压力为33MPa。

处理类似问题，根据温度压力去购置管材管件，所购置的管材管件在厂家均已试验且出具检测报告。施工者在现场安装后，按同样压力要求做试验并出具试验报告。

6.5.2.4 管道对口焊与坡口

（1）高压管道管口对接时如管径不同，要用锻造异径管过渡，不得用大管缩径方法。

（2）用专用机床做坡口，不得用气割方法做坡口，提供几种不同壁厚的高压管道坡口图供选用。见表6-12。

表6-12 管道对口焊与坡口

坡口型式	图示	壁厚/mm	H值/mm	间隙c/mm	钝边b/mm	坡口角/（°）		R/mm
						α_1	α_2	
V型	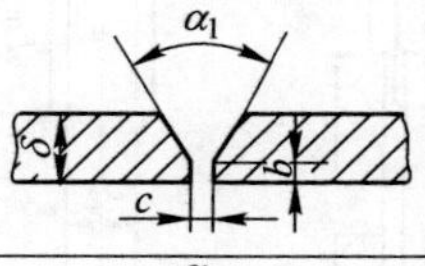	4~8		2~2.5	1~1.5	60~70		
		9~16		2.5~3.5	1.5~2	60~65		
双V型	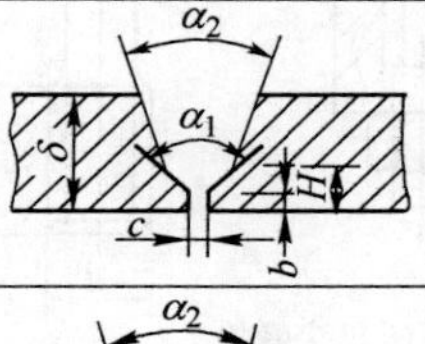	17~34	$\frac{\delta}{3}$	2.5~1	1.5~2	60~70	50~55	
U型	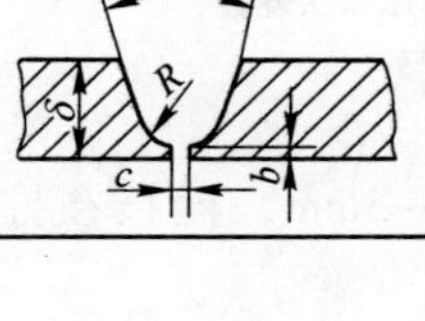	17~34		2.5~4	1.5~2		30~40	3~4

（3）当壁厚不超6mm时可以用氧乙炔气焊。电焊气焊技工必须持有高压施工证书，同时要有例行年检凭证。

（4）按规范对焊缝进行探伤，并留有影像资料。

（5）将点焊点磨平再行正式焊接。

（6）以壁厚15mm为界，小于等于15mm者对口错口不得大于0.5mm；大于15mm者，错口不得大于1mm。

（7）对接两管轴线应在同一直线上，允许误差千分之一。

（8）高压管道焊前焊后有温度要求。20号钢材焊接允许环境温度要求-10℃以上，当环境温度大于10℃时，被焊物件可不预热。当环境温度在正负10℃之间时，壁厚小于16mm者不预热；壁厚在16~26mm之间，预热到100~200℃再施焊；壁厚大于26mm者预热到150~250℃再施焊。20号钢材焊后保温缓冷即可，不锈钢材焊后一般不做热处理，不锈钢管焊接时，允许低温-5℃。环境温度0~-5℃对壁厚大于16mm的管材、管件焊前预热到80~100℃之间即可。

20号钢和不锈钢是高压管道常用钢材。

6.5.2.5　高压管道的法兰连接

高压管道多用螺纹法兰，与常见法兰不同的是法兰片与管子是螺纹连接，常见的法兰是法兰片与管子焊接连接。螺纹法兰，两片法兰片之间夹的是透镜状密封垫片，接触面小，以小的螺栓紧固力就能实现耐高压密封。

高压螺纹法兰连接，螺栓和螺母用35号钢制造，温度200℃以上用合金钢制造。截面为透镜型的垫片可用10号钢或不锈钢制成。图6-3中双头螺栓，拧紧后会有伸长量，其值不应大于原长的$\frac{3}{10000}$（用千分尺量）。栓、母、垫片均需精密加工。螺栓为高压螺栓。

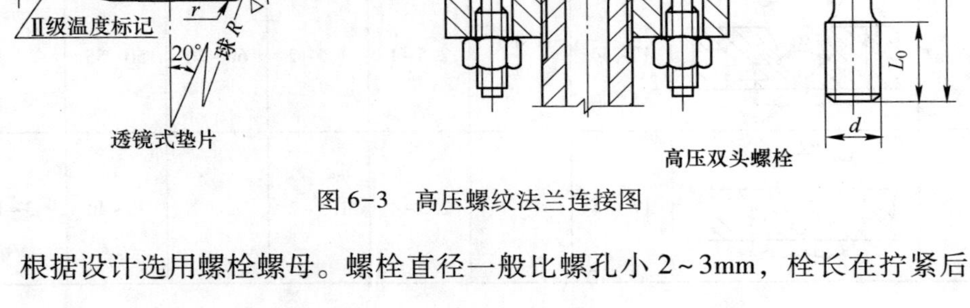

图6-3　高压螺纹法兰连接图

根据设计选用螺栓螺母。螺栓直径一般比螺孔小2~3mm，栓长在拧紧后两头各露2~3扣，螺母在同一侧，螺母拧在管路中有阀门一侧。

直径20mm以上的高压管与法兰连接为螺纹连接，管子头部外螺纹拧入法兰片内螺纹。连接后管子要垂直于法兰片，$D_g \leqslant 50$ 垂直偏差应小于 $\frac{1}{1000}$；$d_g>50$ 垂直偏差应小于 $\frac{1.5}{10000}$；垂直度取决于双方螺纹精度。法兰盘上沿圆周布螺栓孔，孔间弧长间距偏差应小于1.5mm。

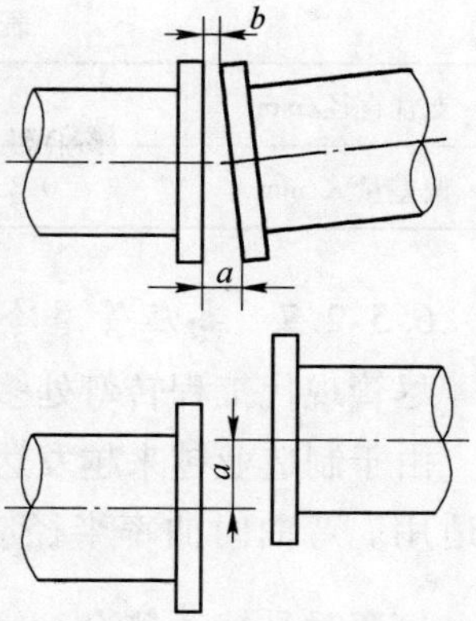

图6-4 法兰面平行度同心度图

图6-4夸张示意了不同心、不平行图。工种中执行以下要求：

管径/mm	平行偏差 $a-b$/mm	同心偏差/mm
<42	<0.4	<0.4
42~73	<0.6	<0.5
>73	<0.8	<0.6

6.5.2.6 高压管道三通的制作

有时现场需要按当时当地要求自制三通。先按支管实际内径在主管上用电钻开孔，孔径误差允许偏差值为±0.2~±0.5mm。对主支管间垂直度有具体要求。主支管装配时，支管内径对准主管所开之孔，错口量要求不超0.5mm。

主支管点焊前先摆好状态，保其角度和间隙。坡口角55°±2°，间隙值 $\Delta=$ 1.5~4mm。见图6-5和图6-6。

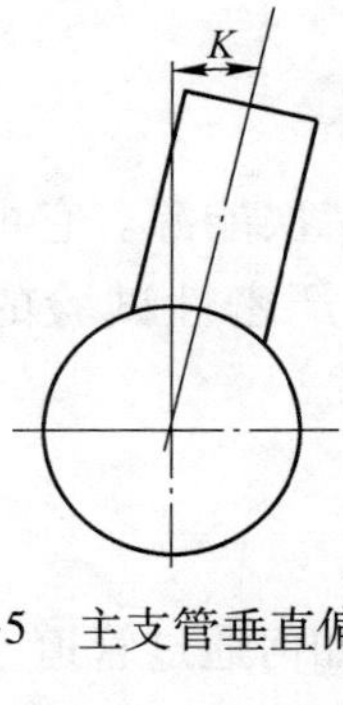

图6-5 主支管垂直偏差图

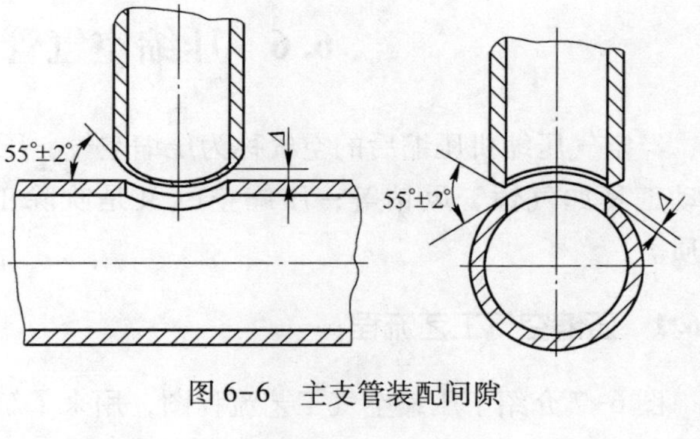

图6-6 主支管装配间隙

按无缝管规格，主支管垂直度允许偏差量见表6-13。

表 6-13 主支管垂直度允许偏差量

支管直径/mm	<32	38~60	73~102	108~159
偏差量 K/mm	0.3	0.4	0.5	0.6

6.5.2.7 高压管道冷、热弯曲

尽管现代工程转弯处多用压制弯头，有时仍需对管子做弯曲加工。

由于制造业越来越发达冷弯机性能逐年增强，大口径管可弯，碳钢合金钢都能适用。弯曲时曲率半径应为被弯管径 5 倍以上，90°弯短直角边要在 60mm 以上。打弯时受拉一侧会变薄，减薄率 $=\dfrac{\text{弯前壁厚}-\text{弯后壁厚}}{\text{弯前壁厚}}\times 100\%$，高压管道此值不得超过 10%；中、低管道比值不得超 15%。一般规律直径 45mm 以下，管道很少超值；对大管径管子应抽样测试一下。

热弯要求控制好温度，管子要不时转动，保其受热均匀，要热透又不可过烧，热源不得用煤或焦炭，要用木材燃烧热，目的是避免渗炭，用电热最佳。例如，20 号钢热弯温度控制在 1000℃以内，在不低于 800℃时完成热弯。

热弯时，最小壁厚不得小于公称壁厚 90%；当弯曲半径大于 $5D$ 时椭圆度不大于 5%；弯曲半径小于 $5D$ 时，椭圆度不得大于 8%。

6.5.2.8 高压管道组装

该购置该预制的零部件备齐后登记造册，复验一下，看一下有无短缺。要把控好法兰装配这一重要环节，绝对不可伤及密封面；做好正式支架，焊缝要离支架至少 100mm；高压管段尽量减少焊口，如需加长，加长段不得少于 500mm，要求平均 5m 长度上只允许一个焊口。

安装过程中各件均应处于自然状态，不可强拉强拽，带着预应力组装。

6.6 压缩空气管道

经空气压缩机压缩后的空气称为压缩空气。压缩空气是二次能源。它可驱动风动工具如气锤、风钻等；压缩空气又是吹除工艺、强度严密性试验的常用介质。

6.6.1 压缩空气工艺流程

图 6-7 介绍了压缩空气工艺流程图，用来了解设备部件如何通过管道连接成系统的。但是，此图不是唯一模式。

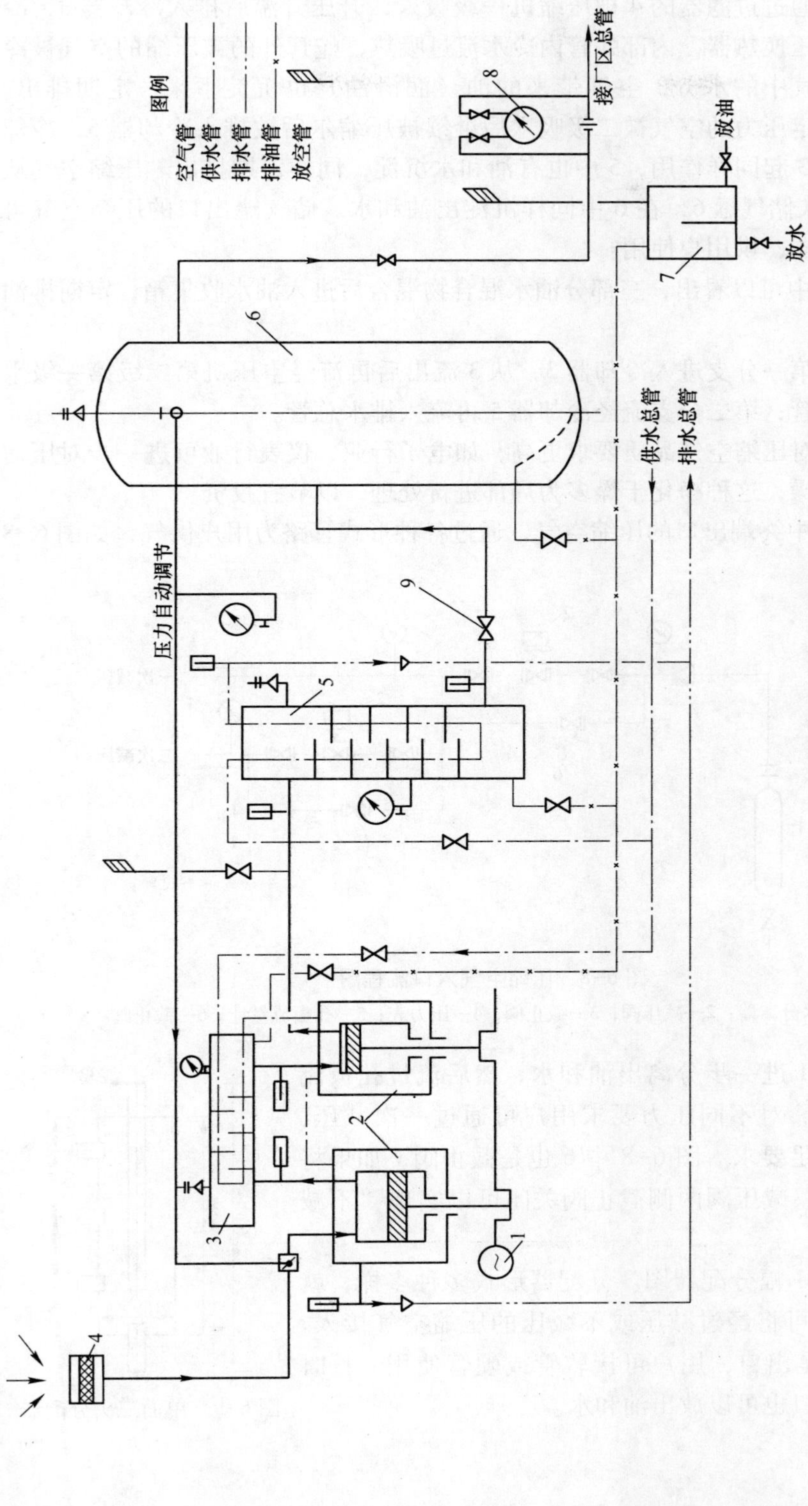

图6-7 压缩空气工艺流程

1，2—活塞式压缩机机组；3—第一级压缩机出口冷却器；4—吸入口过滤器；5—第二级压缩后空气冷却器；6—储气罐；7—第一第二级压缩后及储气罐油水收集箱；8—总管空气流量表；9—储气罐入口单向阀

外界空气通过过滤器的4被压缩机一级吸入，升压升温后排入冷却器3，冷却器是一个承压换热器，内部蛇管内冷水流过吸热，蛇管外的被压缩的空气被冷却。同时，空气中的水分，空气带来的油（润滑油）也沉淀下来，定期排出。被冷却后有一定压力的空气被二级吸入后继续被压缩尔后被排入冷却器5，冷却器5和冷却器3起同样作用，5中也有油和水沉淀，同样定期排出。压缩空气从5中出来后进入储气罐6，在6中同样沉淀出油和水。储气罐出口的压缩空气可供给许多分配器，供用户使用。

从图6-7中可以看出，三部分油水混合物混合后进入油水收集箱，定期排油放水。

供水总管第一分支进入冷却器3，从3流出后再流经空压机第二级第一级水套流入排水总管；第二分支流经冷却器5再流入排水总管。

有些工艺对压缩空气品质要求更高，如电子行业、仪表行业可进一步对压缩空气净化或干燥，这种净化干燥多为局部进行处理，以节省投资。

在图6-7中终端出口的压缩空气，通过各种形式管路为用户供气，如图6-8所示。

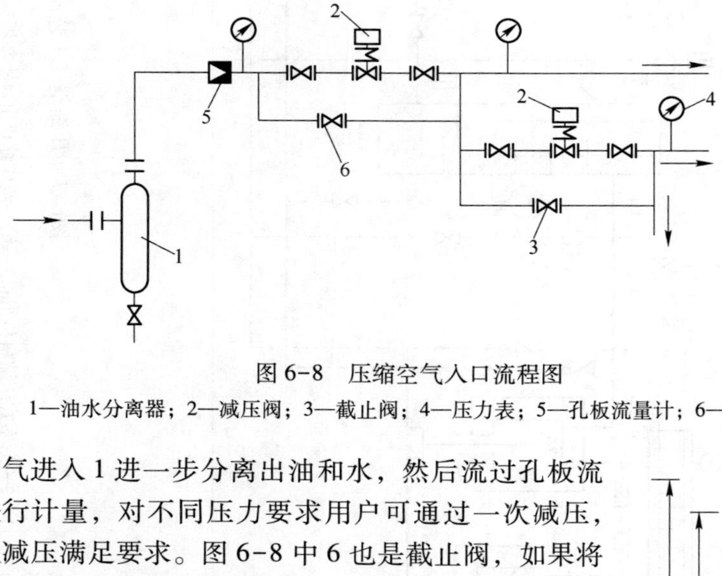

图6-8 压缩空气入口流程图

1—油水分离器；2—减压阀；3—截止阀；4—压力表；5—孔板流量计；6—截止阀

空气进入1进一步分离出油和水，然后流过孔板流量计进行计量，对不同压力要求用户可通过一次减压，或二次减压满足要求。图6-8中6也是截止阀，如果将阀3阀6打开，减压阀两侧截止阀关闭可以实现“不减压”。

图6-9是一幅分配器图。分配器形式多种多样，就图6-9而言，可将经过减压或不减压的压缩空气接入。其中，3个头是出口，用户可接软管或硬管使用。长时间使用后，下口也可以放出油和水。

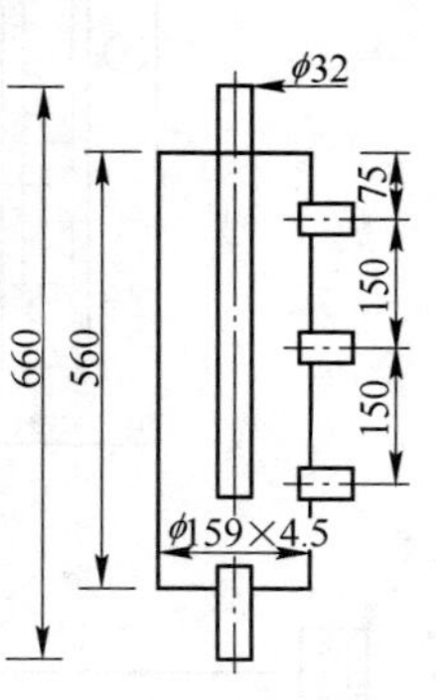

图6-9 单面三头分配器

6.6.2 压缩空气管道安装

压缩空气管道安装对材质无特殊要求，用水煤气管即可，用无缝管当然更好。

丝接、焊接、法兰接均可，丝接时应该用麻和铅油，不可用生料带。

气体接支管要在总管上部开口，不宜侧开口，不允许底部开口；干管顺流方向坡度应为0.002~0.003，坡向集水箱，集水集油管需在干管底部接出。

一般情况，管道自然弯可以补偿冷热变化。管线超常又无弯转再考虑热补偿。

埋地管道要用沥青麻布包缠防腐，在最低位置设便于操作的放水井。

安装前应彻底清扫管子内部及冷却器内部。过滤器后到压缩机吸入口一段管路内部，冷却器3内部如果有切屑、金属颗粒（焊渣）将会严重损坏活塞机汽缸。

系统安装完毕后，据现场情况可以局部或全局试压。可水压试验1.5倍工作压力或气压（空气或氮气）1.05倍工作压力，均要求保压24h，泄漏应小于1%。

一般使用场合，要求压缩空气为0.8MPa或1.2MPa。压缩机与管路或其他设备联接要求平直，如果试运转时，感觉到振动或噪声超高，应想办法解决。

解决噪声问题，根本在于减弱振源振动，辅助办法是用吸音材料屏蔽噪声。

固定式空压机和储气罐要求有良好的接地；压缩机水冷型式固然好，但有时受条件限制风冷居多，所以要特别注意冷却风扇工作情况，及时清扫污物；风扇应和压缩机自锁（风扇不动，压缩机不启动）；压缩机传动皮带罩必须完整，否则不得启车。

6.7 制冷管道

6.7.1 氨制冷系统

对于安装人员而言，按照图纸组装系统，达到连接无误，试压合格就算达标。非制冷专业人员，了解制冷循环的目的是让施工人员清晰的了解制冷剂氨在系统里流经各个部件时的状态，从而知晓管道如何做。见图6-10。

蒸发器10里的液态氨，吸热后变为氨蒸气，经过气液分离器9把蒸气中的液滴留下，蒸气被压缩机1吸入，经压缩变为高温高压氨气；此氨气经过油氨分离器3，把油留在3中；氨气通过管道进入冷凝器8，在冷凝器中高温高压氨气与冷却水换热，凝结成液态氨，源源不断地流入储液器6中。图6-10中未画出冷却水行踪。6中的液氨（高压）经节流阀5，降压后也到达气液分离器9，在9

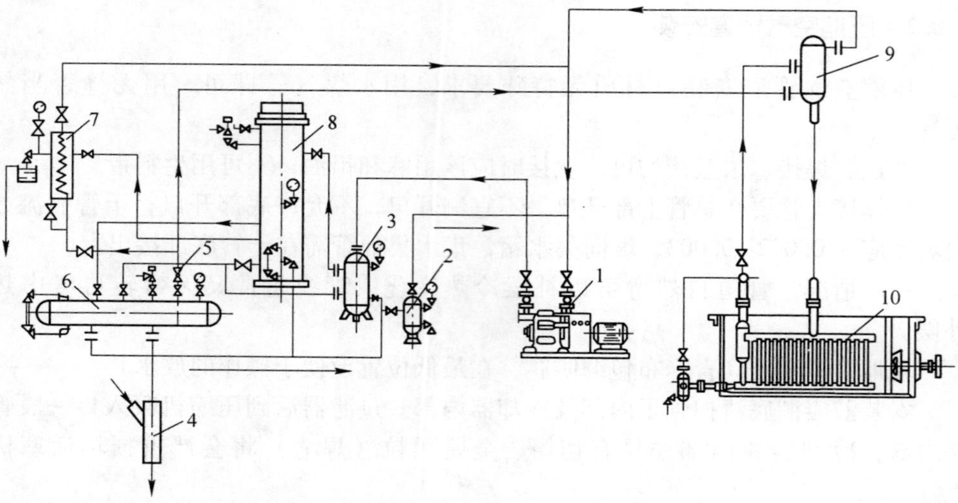

图 6-10 氨制冷系统图

1—压缩机；2—集油器；3—油氨分离器；4—紧急泄氨器；5—节流阀；6—储液器；
7—空气分离器；8—冷凝器；9—气液分离器；10—蒸发器

中节流产生的少量气体和蒸发器产生的气体（均为低压）被压机吸入，节流产生的比较量大的低压液体与蒸发器蒸发时带出的少量液体汇合，再一次为蒸发器10供液（低压），完成了一次循环。

集油器 2 与油氨分离器 3、储液器 6、冷凝器 8 都有管道连接，每逢收集油时，打开集油器顶部阀门与压机进口相连，压缩机启动时集油器 2 中压力下降，此时打开件 3、6、8 中任何放油阀，油会自动流入集油器 2 中。

7 为放空气器，与主空气区冷凝器 8 下部有管相连，为的是把混合气体中的氨液化，引入节流后氨液制冷，产生的氨气有管子与压机吸气相连。这里对操作方法不做详细介绍。

4 是紧急泄氨器，意外发生时要泄氨。强调一点泄氨时必须拌以大量冷水，否则会污染大气和下水。

6.7.2 氨管道

6.7.2.1 吸排管配置

吸气管应有 0.03 坡度，坡向蒸发器，吸气支管从主管顶部或侧面接出。见图 6-11。

吸气管坡度问题，1978 年 9 月出版的《制冷工程设计手册》标以 0.003。此数有误，应为 0.03。排气主管坡度为 0.01，坡向油分离器（冷凝器），支管要求从主管顶部或侧面进入。

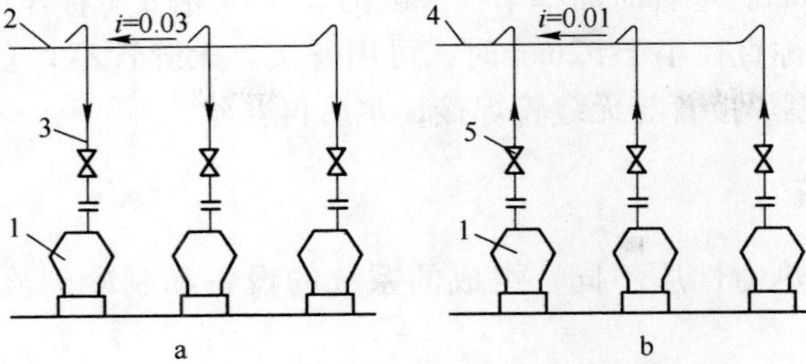

图 6-11 氨制冷吸排气管道示意图

a—吸气管道；b—排气管道

1—压缩机；2—吸气主管；3—吸气支管；4—排气主管；5—排气支管

6.7.2.2 冷凝器与储液器连接方式

立（卧）式冷凝器内液体靠重力流流入储液器因为二者内压相等。安装时要求出液口与入液管高端有 300mm 落差，入液管以 0.02 的坡度与储液器连接。

冷凝器出液管标高要比储液器进液管标高高出 300mm，见图 6-12。

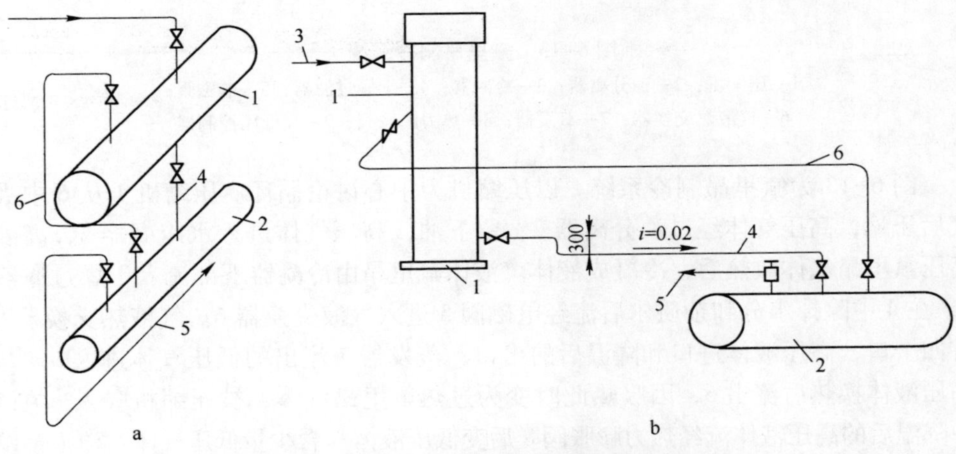

图 6-12 立（卧）式冷凝器与储液器相对关系

1—立（卧）冷凝器；2—储液器；3—排气主管；4—进储液器液管；

5—蒸发器供液总管；6—冷凝器与储液器平衡管

6.7.3 氨系统管材与连接

必须用无缝管材，不得用铜或其他有色金属管材。管道安装前必须认真除内壁的锈，用机械方法甚至可在管内灌注四氯化碳，停留 10~15min 后倒出，将管子吹干封存。

管道连接可打坡口后电弧焊；法兰连接按要求管子轴线与法兰密封面垂直，

偏差不得超出 0.5mm。弯管时曲率半径一般为 2.5~4 倍 d（管外径）。

一般情况当公称直径小于 32mm 时，可用丝接。无缝管不宜套丝，可用一段约 100~150mm 加厚焊接管与无缝管焊接，尔后再套丝。

6.7.4　氟制冷系统

氟里昂与氨的热力性质不同，组成的系统的设备和制冷剂流动情况都不相同。见图 6-13。

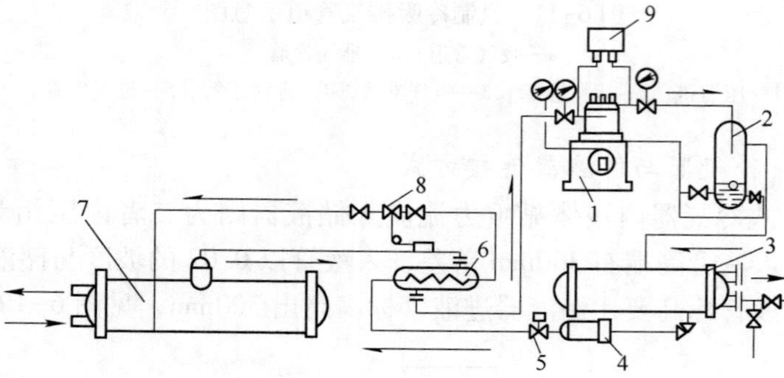

图 6-13　氟里昂制冷系统

1—压缩机；2—油分离器；3—冷凝器；4—干燥过滤器；5—电磁阀；6—气液热交换器；7—蒸发器；8—热力膨胀阀；9—高低压控制器

图 6-13 为氟里昂制冷系统。以压缩机为中心讨论循环。压缩机 1 从 6 中吸气后压缩，高压气体经过油分离器 2，留下油，高压气体进入水冷凝器 3，高温高压氟里昂气体放热后，冷凝成液体。液体氟里昂由冷凝器下部流入干燥过滤器 4，在 4 中除掉水分和杂质尔后流经电磁阀 5 进入气液交换器 6。气液热交换器 6 有四个口，高压液体进口和降温后的出口；蒸发器 7 流出的低压气体进入 6，与高压液体换热后流出 6，因吸热此时变为过热氟里昂气体，被压缩机吸入。在 6 中降温后的高压液体流经热力膨胀阀 8 后变低压液体（含少量低压气体）流入蒸发器 7，低压氟里昂液体在蒸发器 7 中蒸发制冷，与水进行热交换制出空调冷冻水。

本循环有几个部件需要强调一下。

氟里昂液体节流前先流经干燥过滤器 4，过滤器中有过滤网，网包着硅胶或其他干燥剂既吸潮又除污，它要定期更换干燥剂。氟制冷剂要特别注意除水，有水容易产生冰堵。

气液热交换器 6，热交换后，进入压缩机的气体是过热气体，保障压缩不发生液击；高压液体节流前过冷一下可增加产冷量。

高低压控制器 9，高压部分与排气管连接，低压部分与吸气管连接。高压过高、低压过低均可自动停车，实现这一动作一是安全、二是避免在不必要的低温下运行浪费电能。

电磁阀 5，它与压缩机同步开停。停车后阀 5 关闭，防止过量液体进入蒸发器，由阀 5 形成高低压分界。如果大量液体进入蒸发器，下次启动压缩机会有液体被压缩机吸入，造成液击。

膨胀阀 8 的感温包贴在气液热交换器 6 的进气管上，起到调节蒸发器供液量的作用。

图 6-13 中的压缩机，根据冷量需要，可用螺杆式、离心式滚动转子式和涡旋式等。

6.7.5 氟管道

氟压缩机吸气管应有 0.02 坡度，坡向压缩机，利于回油。注意此点与氨压机相反；排气管应有 0.01 坡度，坡向油分离器。

6.7.5.1 管材

当管径大于等于 25mm 时用无缝管适宜，一次投资可减少，管径较小时，多用紫铜管，提供常用紫铜管规格，表 6-14 为常用紫铜管规格。

表 6-14 常用紫铜管规格 (mm)

外径×厚度	内径	外径×厚度	内径
3×0.5	2	16×1	14
4×0.75	2.5	19×1.5	16
4×1	2	22×1.5	19
6×1	4	25×1.5	22
8×1	6	28×2	24
10×1	8	30×2	26
12×1	10		

6.7.5.2 氟管道安装注意事项及几个典型接口的处理

高温管道应布置在低温管道上方并保持适当距离；管道布置要为运行操作维修提供方便；安装前对管道内外进行清理，尤其是管内泥沙、铁锈、焊渣、氧化皮等做彻底清除。当冷凝器在压缩机上方，高差大于 2.5m 时，排气立管下端设 U 型积液弯头，如图 6-14 所示。蒸发器在压缩机上方，如图 6-15 所示，蒸发器出口立管设 U 型弯头。图 6-16 为两台蒸发器并联，回气管在上方情况的接管图。

图 6-17 为多台蒸发器并联接管图。这种接管方法，各台蒸发器独立工作，某台蒸发器热力工况发生变化不影响其他蒸发器正常工作。实际运行中，各蒸发器的热（冷）负荷是不一样的。吸气管与支吊架接触时，中间加木垫块，防止产生“冷桥”。

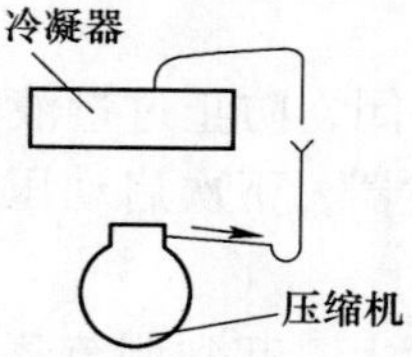

图 6-14 冷凝器和压缩机位置图

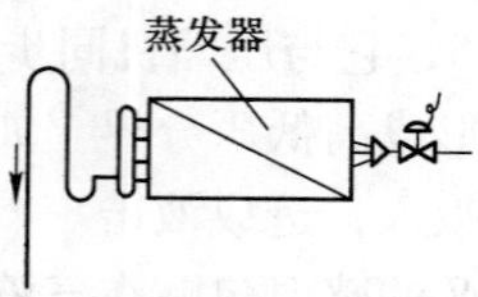

图 6-15 蒸发器和压缩机位置图

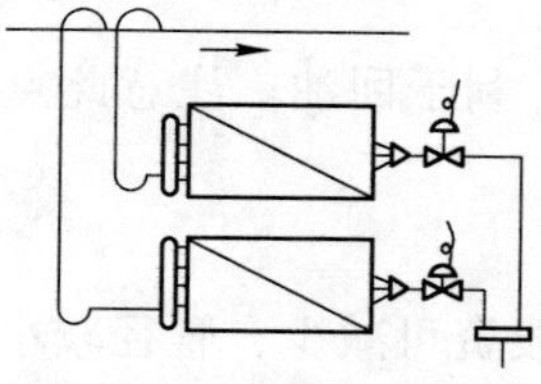
图 6-16 两台蒸发器示意图

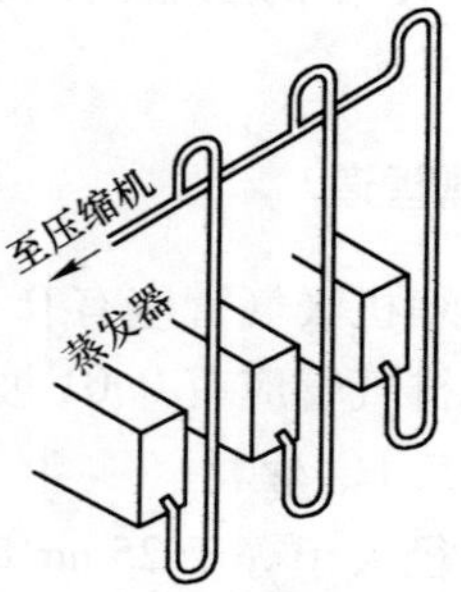

图 6-17 多台蒸发器并联接管示意图

6.7.5.3 紫铜管的连接

可用银焊或铜焊，也可用银铜合金做焊件。见图 6-18。

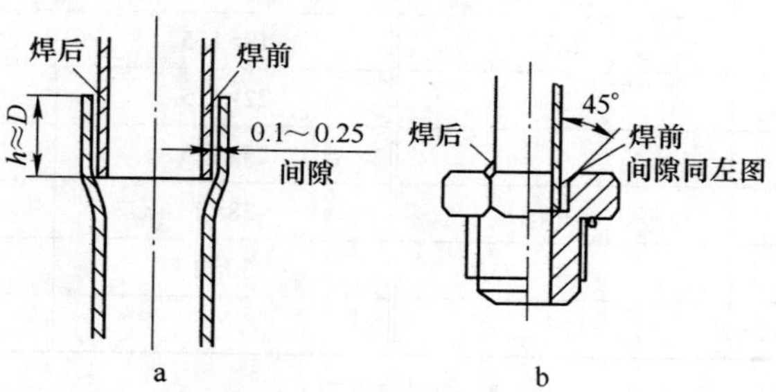

图 6-18 铜管焊接方式图

管子相接，一端扩口，另一端插入，将接头处均匀加热撒上硼砂粉，焊枪将焊条熔化一“溜”即可。图 6-18b 为管子与有外螺纹的螺母焊接。有的焊条内含熔剂，无须加“焊药”。图 6-18 中插入尺寸数值很大程度上是经验掌握。

铜管连接有些时候需要“活”连接，将铜管端部退火一下，使其软化，锉平后，擦拭干净用胀管器胀成喇叭口与有外螺纹的螺母对齐，用锁紧螺母拧紧。见图 6-19。

图 6-20 是扩口工具图，供扩口参考用，这里就不多讲了。

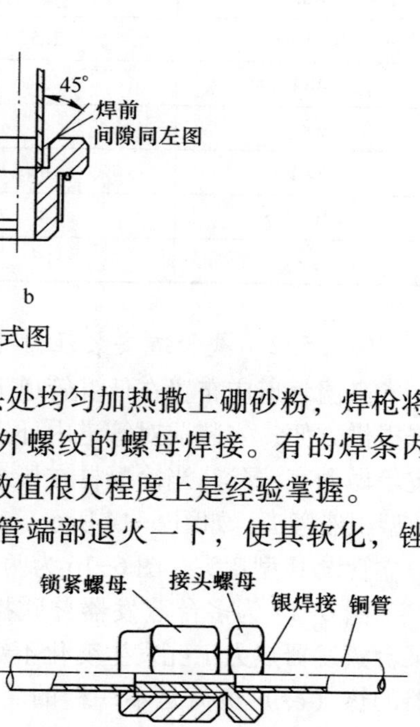

图 6-19 喇叭口螺纹连接

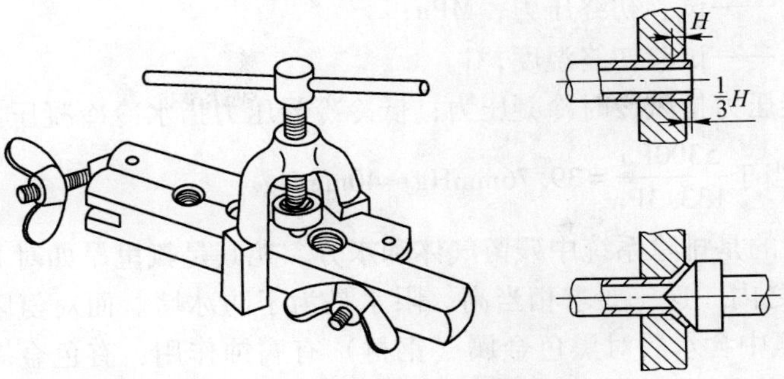

图 6-20 胀管器示意图

使用时选准胀管器的孔径，被胀管探出$\frac{1}{3}H$（见图 6-20）。挤压时要紧固铜管，慢转顶压螺杆，拧到终端喇叭口做成。一般情况喇叭口接触面光滑平整。若出现裂纹则不可用。原因是退火不足；旋顶螺杆过快；材质不佳。

6.7.6 制冷系统压力与真空试验

具体要求见表 6-15。

表 6-15 压力真空试验要求

序号	制定时间	高压压力	低压压力	真空度	备 注
1	1978 年 9 月	18kg/cm²。前 6h 允许 ΔP = 0.2~0.3kg/cm²。除温度因素外，后 18h 不应有压降	12kg/cm²	氨系余压不应高于 60mmHg，氟系统余压不应高于 10mmHg	《制冷工程设计手册》
2	1994 年	氨氟 1.76MPa。前 6hΔP 不超 2%。除温度因素，后 18h 不应有压降	1.18MPa	比当地大气压低 2667~4000Pa 即 20~30mmHg，18h 真空度无变化即合格	
3	2012 年	高冷凝压力 2.5MPa，低冷凝压力 2.0MPa。前 6h 允许 ΔP=0.03MPa。除温度因素外，后 18h 不变	1.8MPa	余压不高于 5.3kPa，24h 压力回升不超 0.53kPa	《空调试调》

温度影响压力之数值用下式加以修正：

$$P_2 = P_1\left(\frac{273 + t_2}{273 + t_1}\right) \tag{6-2}$$

式中 P_1，P_2——试验初终压力，MPa；

t_1，t_2——试验初终温度，℃。

高冷冷凝压力指风冷时冷凝压力；低冷冷凝压力指水冷冷凝压力。序号 3 余压 5.3kPa 相当于$\frac{5300\text{Pa}}{133.3\text{Pa}}=39.76\text{mmHg}\approx40\text{mmHg}$。

抽空的目的是排除系统中残留气体和水分，尤其是氟里昂如对 R22 含水量限制在 0.025%之内，这一要求相当高，限水是为了防冰堵。而对氨限水要求小于 0.2%即可。氨中含水后对黑色金属（钢材）有腐蚀作用，有色金属不能用在氨系统（高锡磷青铜可用）。

在序号 1 中要求氟系统，抽空时余压不高于 10mmHg 就有上面所说原因。

负压太低，很难达到，如果用系统中压缩机抽空对压缩机不利。

目前诸多施工现场高压均执行 2.5MPa，我认为可行；抽空时，余压在 40~60mmHg 之间比较恰当。

6.8 陶瓷管道

陶瓷管道耐腐蚀有一定机械强度，化工行业多有应用，前些年排水管道所说的缸瓦管也是陶瓷管道。

陶瓷管适用内压小于 0.1MPa 场合，温度在 120℃以内。

6.8.1 连接方式

6.8.1.1 法兰连接型

这种连接方式密封性能较好，可用来输送酸和盐类。安装前可在两个端面磨削两道水线。

强调一点，拧螺栓时必须施力均匀，件 6 可根据管内介质进行选择。见图 6-21。

6.8.1.2 承插连接

这种连接比较简单，多场合应用俗称“捻口”。

捻口时一定要保持中心线在一条线上。如果管内流经非腐蚀物质，可用油麻代替石棉绳，如果管内流经酸性物质，封口应该用耐酸水泥。安装时要平托，捻口处不可受力。承件内壁和插件外壁有沟槽以使填料与内外壁粘牢。见图 6-22。

6.8.1.3 套管式连接

这种结构可调节总管长度；缺点是 10~20mm 宽槽易积沉渣，两段管易失去对中性，应用场合不广泛。见图 6-23。

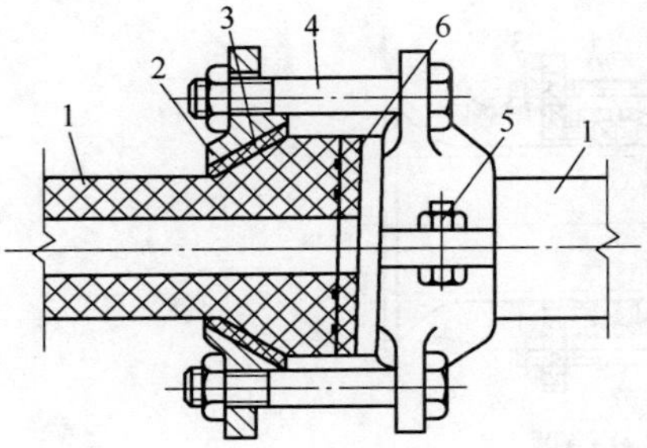

图 6-21 陶瓷管道法兰连接示意图

1—陶瓷管；2—铸件法兰；3—软衬垫；
4，5—连接螺栓；6—密封垫

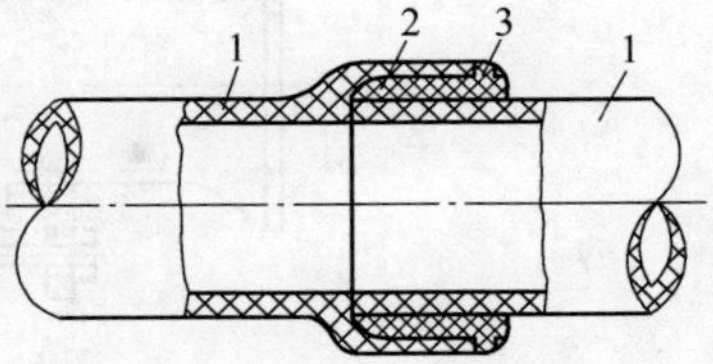

图 6-22 陶瓷管承插连接型示意图

1—陶瓷管；2—石棉绳；3—水泥封口料

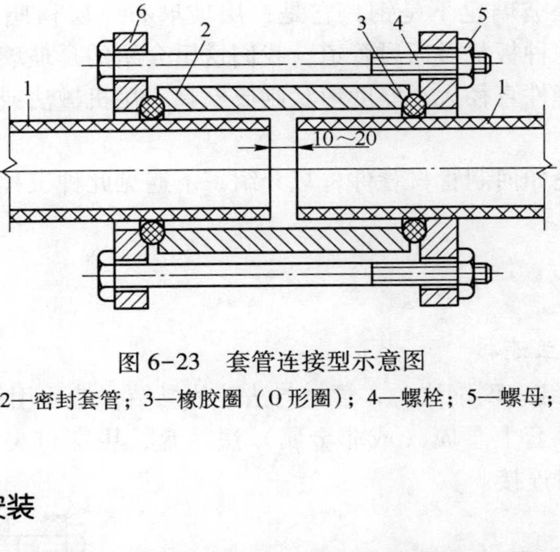

图 6-23 套管连接型示意图

1—陶瓷管；2—密封套管；3—橡胶圈（O 形圈）；4—螺栓；5—螺母；6—法兰盘

6.8.2 陶瓷管道安装

（1）单件或组合件经验收合格再用，搬运时要平托，用软绳捆扎，不可用钢丝绳捆扎。

（2）安装过程中不可锤击部件。

（3）对欲安装件进行预组对，因为陶瓷件改变长度很困难。

（4）管子托架必须有足够刚度，不可用吊架。

（5）陶瓷件线胀系数不大，但也要用补偿器，两个固定点之间 10m 距离就要设补偿器。因为，陶瓷件易断裂。件 1 可在件 4（填料）内伸缩，且不漏。

（6）适当位置设泄水或排水阀。

（7）陶瓷属脆性材料凡是“硬碰硬”场合就要做热补偿；图 6-21 中的件 6 能起缓冲作用，可以起补偿器作用。

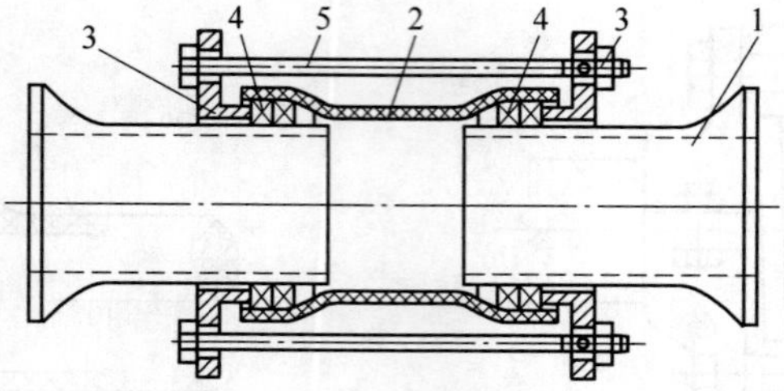

图 6-24 陶瓷填料补偿器

1—陶瓷管；2—定型套筒；3—压盖；4—填料；5—坚固螺栓

6.9 玻璃钢管道

玻璃钢既不是玻璃也不是钢，它是一层玻璃布一层树脂胶、多层胶结成板材，人们大多用此种板材做通风管道。我们这里介绍的是玻璃钢管道。

根据管子或管件直径大小厚度形状制成模具，用机械法或手工糊制成管材或管件。

我们不去讨论如何制管材管件，只介绍一下遇见此种工程问题，管子如何连接成管子系统。

6.9.1 管道连接

6.9.1.1 法兰连接

图 6-25 是黏结玻璃钢法兰，管材与法兰片黏结，然后用螺栓固定；图 6-26 是把管子做成凸缘套上金属（或非金属）法兰盘，用穿钉夹住两凸缘，中间加密封垫，形成密封连接。

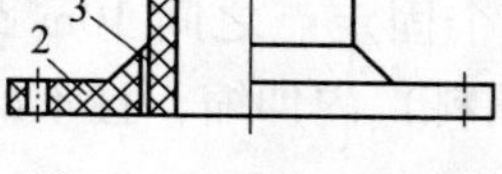

图 6-25 黏结法兰型

1—玻璃钢管；2—法兰；3—胶合剂

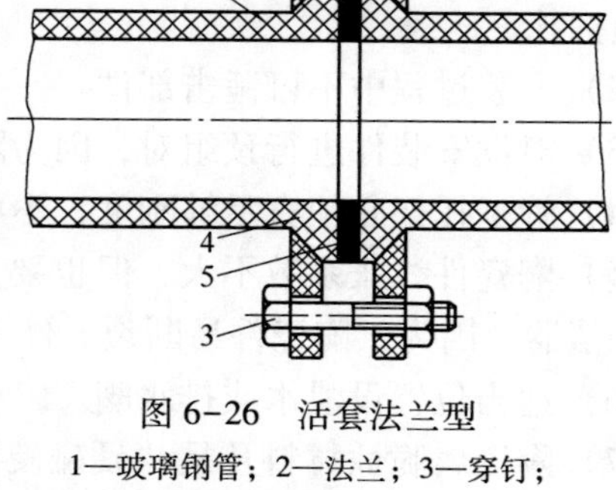

图 6-26 活套法兰型

1—玻璃钢管；2—法兰；3—穿钉；
4—玻璃钢管凸缘；5—垫片

6.9.1.2 套管连接

两只管子端面涂黏结胶，套管内壁涂胶，对接管两端面在套管内对上口，尔后再在套管外缠多层经胶浸润的玻璃布，自然干燥后即可用，图 6-27 为套管黏结型连接。

6.9.1.3 承插黏结型

图 6-28 为承插黏结型，承口内壁，插口外壁涂胶，插入后，外围缠浸胶玻璃布，自然干燥后即可用。

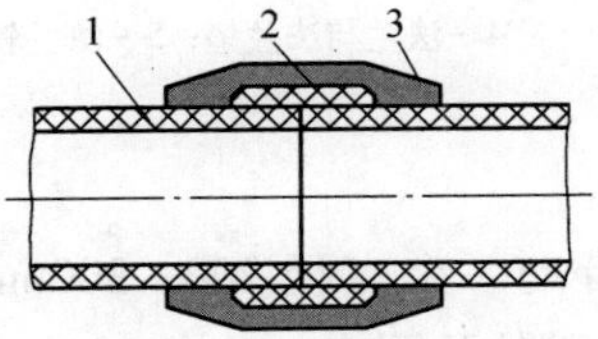

图 6-27 套管黏结型

1—玻璃钢管；2—玻璃套管；3—玻璃布带

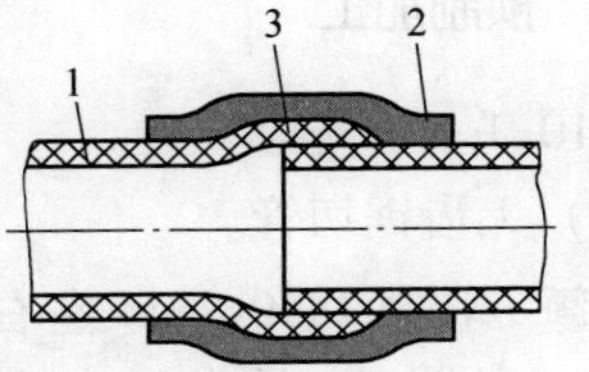

图 6-28 承插型

1—玻璃钢管；2—玻璃胶带；3—承插口

6.9.2 黏结技术

（1）涂胶均匀，涂胶前对涂面进行擦拭。

（2）缠布要紧，不得有气泡和折皱。玻璃布厚度应选用 0.1~0.3mm 的。

（3）胶合剂随配随用。胶合剂有毒，配制使用时要注意防护。

6.9.3 胶合剂配方

施工过程中可在化工店或生产厂家随买随用。如想自己配制，我们举几个例子供参考。

（1）环氧—酚醛玻璃钢管胶合剂配方。重量比：环氧树脂（6101）70%~80%，酚醛树脂（2130）20%~30%。

（2）酚醛—呋喃玻璃钢管胶合剂配方。重量比：呋喃树脂 70%~80%，酚醛树脂（2130）20%~30%，邻苯二甲酸二丁酯 10%。

（3）酚醛玻璃钢管胶合剂配方。重量比：酚醛树脂（2130）80%，苯磺酰氯 6%~8%，胶泥改进剂 10%。

6.10 玻璃管道

玻璃耐腐蚀光滑，流体阻力小，能了解管内流动状态；玻璃属脆性材料，不能变形、抗拉、抗冲击能力差，因此在使用安装过程要特别谨慎小心，否则就会破裂。

我们只介绍一下玻璃管，目前已有强化玻璃管之研究和工艺，图 6-29 仅为例子。

内衬玻璃钢管，起到增加柔性作用，金属法兰通过软垫压紧连接处，O 形密封环嵌入槽内起很好的密封作用。

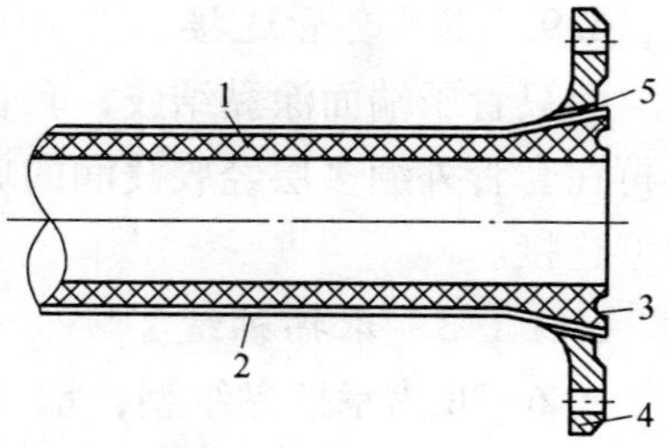

图 6-29 玻璃管强化图

1—玻璃钢加强层；2—玻璃层；3—密封环槽；4—法兰与法兰垫；5—法兰软垫

6.10.1 预制加工

6.10.1.1 断管

（1）无齿锯切管。

用额定转数 1440r/min 左右的四极电动机带动一个直径 200～300mm、厚度 1.5～2mm 的圆盘。圆盘转动后，玻璃管贴近直到触及圆盘，会在玻璃管圆周上“蹭”出痕迹，尔后稍一加力，玻璃管就会断。

此法适用于各种不同管径玻璃管。

（2）电热切玻璃管。

如图 6-30 所示，用直径 0.8～2mm 高电阻金属丝（镍铝、康铜等材料）缭绕切口一周，用石棉绳包严，尔后将合金丝接入变压器副边（电压 30V 左右，电流较大可达 10A）加热过程中转动玻璃管，很快加热丝会白炽化，加热时间依管径与壁厚而定，一般情况 1～2min。断电后移开加热圈，在加热圈周围涂冷水，稍加用力管子即断开，此法切口往往不平适用于 50mm 以下管径。

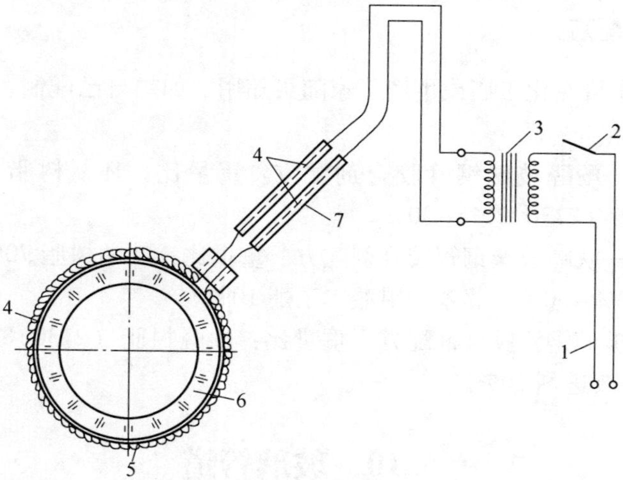

图 6-30 电热切玻璃管示意图

1—电源线；2—开关；3—降压变压器；4—高电阻金属丝；5—石棉绳；6—玻璃管；7—绝缘套管

（3）冷钳断管法。

冷钳断管示意见图 6-31。

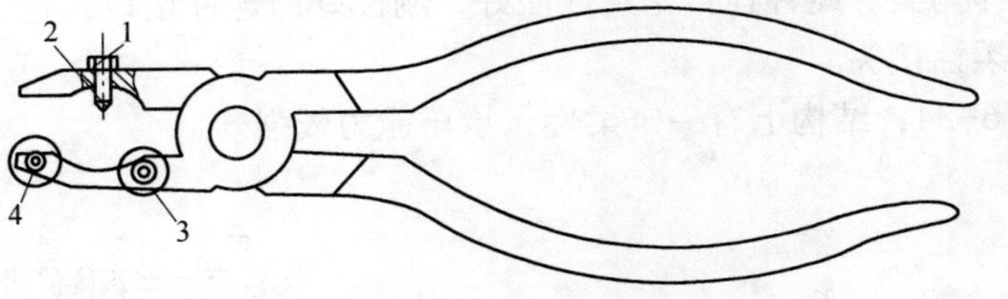

图 6-31 冷钳断管示意图

1—螺杆；2—螺杆顶部金刚石；3—辊轮；4—固定销

冷钳断管很方便，调螺杆使金刚石尖对上玻璃管外壁，稍加点力，转动玻璃可划断玻璃管。此法适用于四分管或六分管。在电源不便之处用此方法较为方便。

（4）火焰断管。

喷灯或天然气喷嘴产生的火焰通过窄缝，形成“火刀”。玻璃管沿“火刀”转动，到一定温度后迅速用毛刷沾水沿圆周刷涂，一掰即断。窄缝宽度 5mm 左右为宜。可用耐火砖或其他耐火材料制作窄缝。一般规律，管径 50mm 玻璃管加热 15min；100mm 管需加热 30min，无电源场合宜用此法。

（5）磨平端面。

各种断管，断茬不一定平整，可在研磨板上放置金刚砂和油（或水）手工研磨即可。

6.10.1.2 打孔

一般均在直径 50mm 以上玻璃管壁上打孔。将一定外径钢圈装在钻床上，在被钻管表面涂金刚砂和水，钢圈旋转，靠金刚砂研磨在玻璃管壁上成孔。

6.10.1.3 管口翻边

玻璃管连接时，为了牢固，有时需翻边，在模具控制下或形成凸缘。操作时，将管端加热至熔融状态套进模子内，用专用模头一挤即可翻边。值得指出的是模具也需加热以防玻璃管遇冷炸裂。见图 6-32。

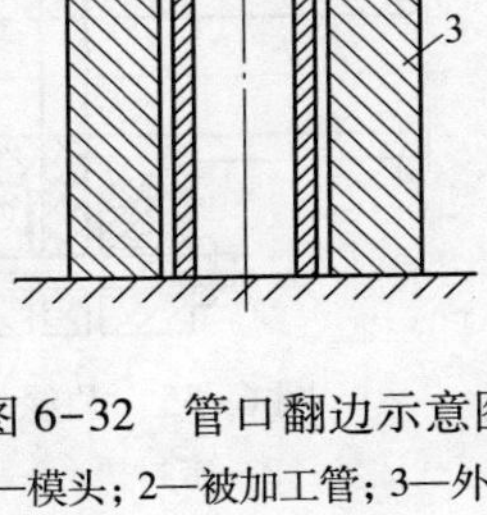

图 6-32 管口翻边示意图

1—模头；2—被加工管；3—外模

6.10.2 管道连接

连接方式有刚性连接、柔性连接和玻璃管与金属管连接。

6.10.2.1 刚性连接

特点是不允许两根管子有轴线偏移，对安装要求较高。如果安装精准，这种连接效果良好，维修量较小。看一下图 6-33，外层套筒 1，可以是白铁皮铸铁等；橡胶圈是塞入到两只玻璃管对缝处；石棉水泥要像做承插口那样捣实。此种连接密封性能好，刚性好。这种接口，连接用够十处左右要加一只柔性接头。

再看图 6-34，结构上有一定柔性，承压能力较强。

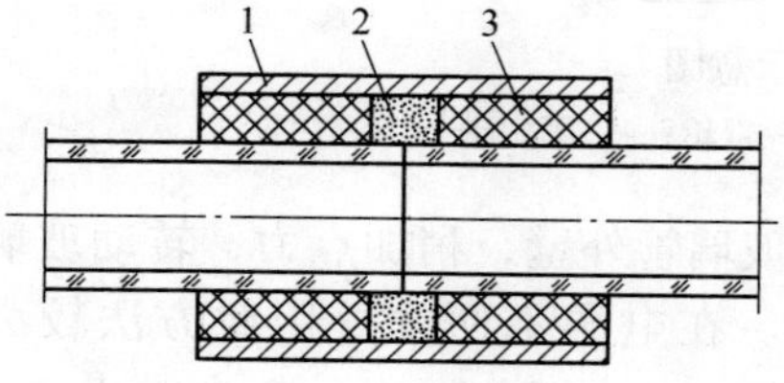

图 6-33 平口套管连接

1—套筒；2—橡胶圈；3—石棉水泥

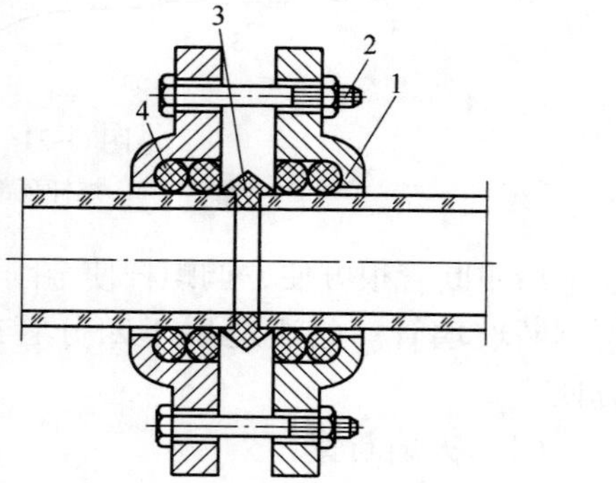

图 6-34 平口法兰连接

1—法兰；2—紧固穿钉；3—密封垫；4—O 形胶圈

法兰是金属件，法兰、胶圈，只允许沿轴线滑动，不可扭曲，不可带油，密封垫一定要上正；胶圈和垫是挤在一起的。

图 6-35 是凸缘法兰连接，这种连接也有一定柔性。玻璃管凸缘是金属法兰轴向支撑。拧穿钉时要保障法兰、胶圈、玻璃管三者和谐，不至于因局部压力过大，导致玻璃管破裂。

图 6-36 是另一种结构，塑料凸缘管分别套在两只玻璃管的管端，管端必须平齐；然后将金属法兰片分别套在凸缘管上放好垫片后，再上穿钉。拧紧螺栓时，法兰盘压在凸缘上，近而压紧垫片。

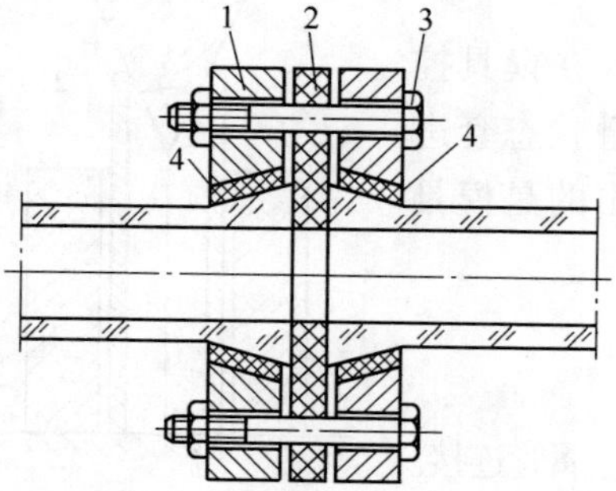

图 6-35 凸缘法兰连接

1—法兰；2—密封垫；3—紧固件；4—胶圈

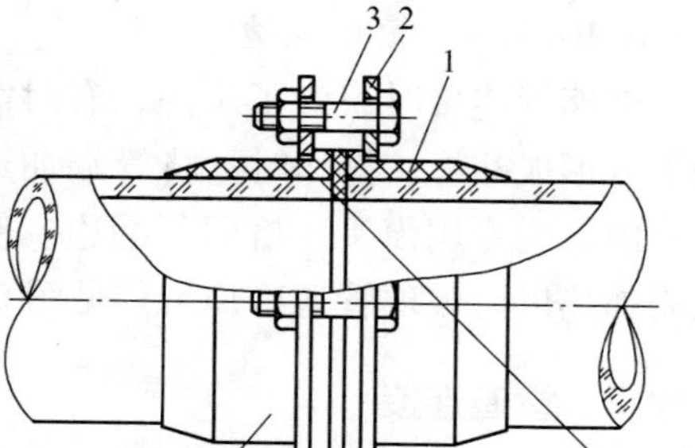

图 6-36 塑料凸缘法兰连接

1—凸缘塑料套管；2—法兰；3—紧固件；4—垫片

凸缘塑料套管与玻璃管紧配合，可用加热办法（可放在热水中；绝对不能烤）将塑管套在玻璃管上。

6.10.2.2 柔性连接

图6-37套管用金属或非金属材料均可，其内径比玻璃管外径大4mm左右，法兰用金属件。

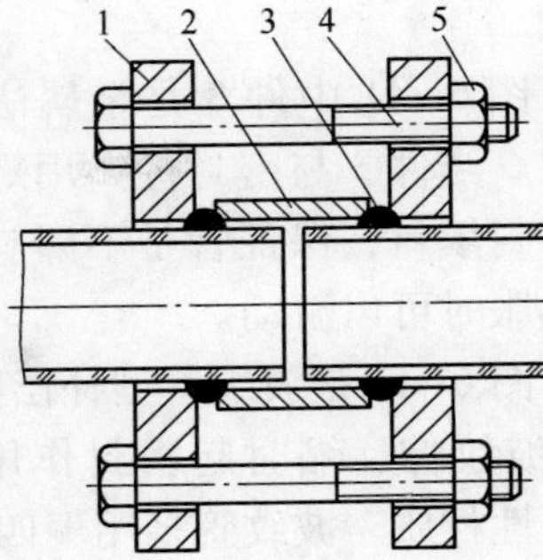

图6-37 平口法兰连接

1—法兰；2—套管；3—橡胶圈；4—螺栓；5—螺母

橡胶圈是重要零件，它起密封作用，又起补偿作用。两根玻璃管端面相距10~20mm为宜。玻璃管有自由度属柔性连接，拧紧固定件一定要施力均匀。图6-38就是胶管套玻璃管连接起来，承压能力1kg/cm^2。胶管的耐压和耐腐能力依据输送介质而定；胶管与玻璃管要紧配合，捆镀锌铁丝很重要，起加强密封作用。

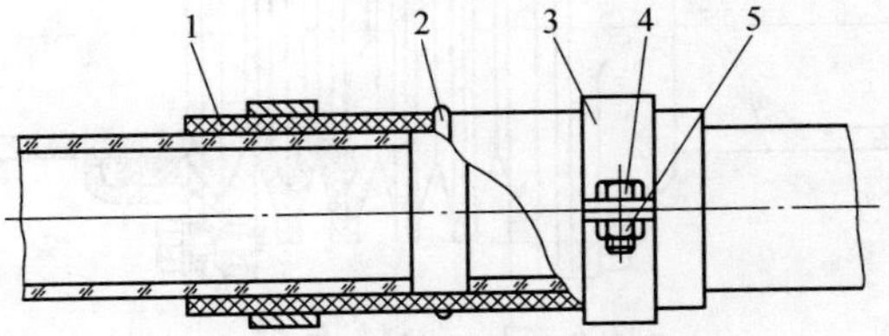

图6-38 平口胶管连接

1—橡胶套管；2—镀锌铁丝；3—卡箍；4—坚固件螺栓；5—螺母

6.10.2.3 玻璃管与金属管连接

如图6-39所示，法兰兜着套在玻璃管上胶圈靠在密封垫上；另外一侧是法兰金属管，用穿钉拧牢。

如图6-40所示，玻璃管一侧，凸缘挡着胶圈和法兰；另一侧是金属管和法兰两侧法兰夹着垫片，同时用穿钉拧紧。可以看出，玻璃一侧是凸缘压着垫片。

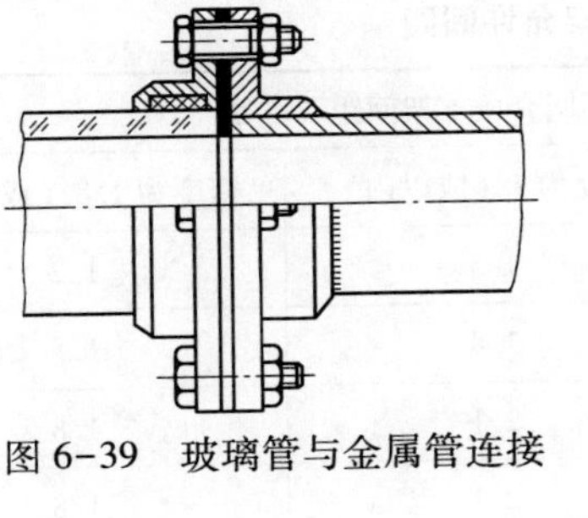
图6-39 玻璃管与金属管连接

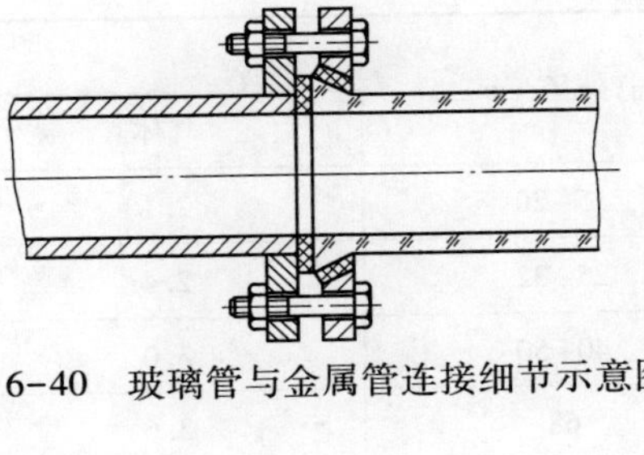
图6-40 玻璃管与金属管连接细节示意图

6.10.3 补偿器

玻璃管道一般情况下不用补偿器，只有刚性连接时、管长超过10m才有应用。

图 6-41 中件 3 是金属法兰，套在金属管末端。当件 3 与密封件 2 用螺栓拧紧时，压紧了密封填料，保证管子不漏。同时，左侧玻璃管热胀时可以游动。

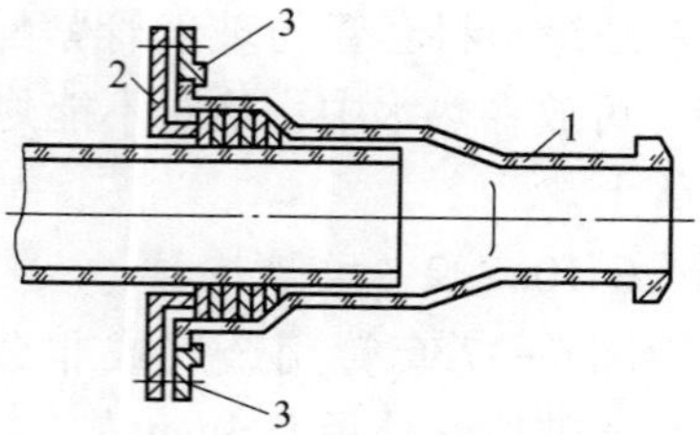

图 6-41 填料式补偿器
1，2—密封件；3—金属法兰

图 6-42 是波纹管型补偿器，其中件 1、件 2 在波纹伸、缩时起密封作用，件 1、件 2 均为柔性材质。波纹管多用聚四氟乙烯料。

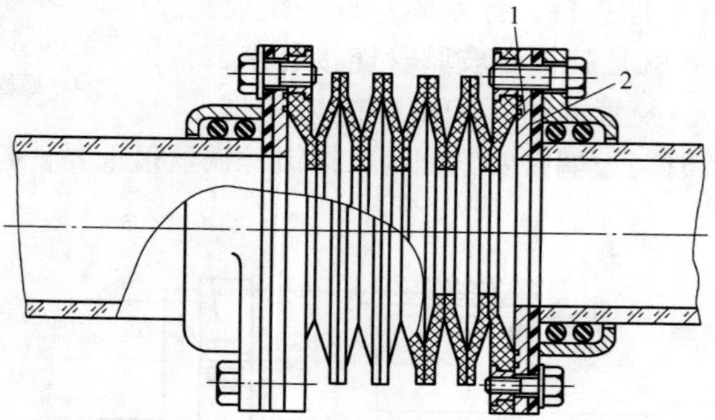

图 6-42 塑料补偿器

6.10.4 管道支架

玻璃管道支架显得格外重要，支架必须稳固不得晃动，不允许用吊架。管内流动气体，密度小，间距就大；管内输送液体，因密度不同间距要调整。水的密度为 1g/cm^3，盐水密度不同浓度不一样，但总是大于 1g/cm^3，给出表 6-16，应用时数量级不得有变。

表 6-16 玻璃管道支架允许间距

管外径/mm	管内不同介质支架间距/m		
	气体	密度为 1（或以内）	密度为 1.8（或以上）
15~20	2.1	1.5	1.2
25~32	2.4	1.8	1.5
40~50	3.0	2.1	1.8
68	3.6	2.1	1.8
80~93	4.5	2.4	2.1
100~122	5.2	2.7	2.1

6.10.5 压力试验

按设计要求进行水压试验。因为玻璃管的特殊性，设计已从管径、壁厚、材质适用场合给予仔细考虑和考察，不可随意。

6.11 管道脱脂

被输送介质接触到油会燃爆或严重影响被输送介质的质量的情况下，此时做管道一定要进行脱脂处理。脱脂是一种化学清洗过程。

氧气管道采用溶剂有四氯化碳、二氯乙烷等。一般情况下，碳素钢、不锈钢、铜等非金属材料用四氯化碳做脱脂剂，脱脂后用清水清洗再用氮气吹干。气流速度20m/s为宜。氢气氧气管道及附件均需脱脂。

对不锈钢管道可用四氯化碳脱脂也可用酸洗脱脂。

脱脂后，用清水洗涤，再用干燥空气或高纯氮气吹干。

6.11.1 脱脂工作一般情况

（1）开列清单确定哪些管材、设备必须脱脂，如氢气管道氧气管道，空分设备等必须脱脂。

（2）脱脂剂中最常见多用的是四氯化碳，它毒性小对金属腐蚀小应用范围广。

除此之外的脱脂剂有：

二氯乙烷（$C_2H_2Cl_2$），适用金属。

三氯乙烯（C_2HCl_3），适用金属。

工业酒精（C_2H_5OH）浓度96%以上，用于要求不高的设备、零件脱脂。

浓硝酸（HNO_3）98%的浓度，用于耐酸管件、瓷环等脱脂。

脱脂剂只能用一次。蒸馏处理后可重复用。

（3）脱脂应在通风良好场合操作，工作的空间脱脂剂浓度应小于150mg/m^3。操作人员应穿无油工作服，穿高筒防护鞋，戴围裙、橡胶手套及防毒面具，脱脂场必须无“火”。

（4）管材管件脱脂前后均须做干燥处理，实际上脱脂与吹除工作是连续的。

（5）脱脂现场，必须有防火设备。

（6）操作人员的工具，仪表和衣着必须保证无油。

6.11.2 管子脱脂

欲脱脂管子。先清除管内外泥垢、腐蚀渣子等，吹干后可进行脱脂处理。步骤为：封住管子一端，将四氯化碳灌入管内，其量相当于被灌管容积的15%～20%，尔后堵死入液口，浸泡1.5～2h，每15min转动一次。倒出脱脂剂后，清洗吹干后封存；也可将管子浸泡在脱脂剂槽中，但非专业工厂不具备该条件。管内（槽内）脱脂剂，用毕后要做好保管工作，不得污染环境。

6.11.3 管件、阀门等脱脂方法

解体零部件，放在脱脂剂（封闭容器）内浸泡1.5～2h。取出后清洗，吹干组装即可，如果是安全阀，组装后要重新调定。非金属垫片和填料可浸泡在脱脂剂内15～20min，尔后自然干燥即可。管材管件脱脂后均可用清水冲洗后再吹干，直接吹干亦可。

6.11.4 输送高纯气体的管道特殊处理

管道内表面经过钝化后，高纯气体经过后不与其发生任何反应（物理或化学）这就保障了高纯气体的质量。

所谓钝化，就是金属经阳极氧化处理由活泼态变为不活泼态（钝态）的过程，钝化后的金属（如在浓硝酸中浸过的铁）由于表面形成紧密的氧化物保护膜不易腐蚀。

介绍一下特殊处理流程：

管材（管件）脱脂后→酸洗→清洗、氮气吹干→中和液→清洗、氮气吹干→钝化液→清洗吹干存入有吸附剂的存储处。

具体见表6-17。

表6-17 高纯气体的管道特殊处理参数

溶液	流程中各量参数			
	名称	浓度/%	温度/℃	时间/min
酸洗液	盐酸	9～10	常温	45
中和液	氨水	1	60	15
钝化液	亚硝酸钠	12～14	常温	25

按着表6-17参数向管内灌入常温10%浓度的盐酸浸泡45min（或放入同浓度酸液中）放掉酸液，清水清洗吹干后；将管子放入中和液1%浓度60℃氨水中浸泡15min，取出清洗、吹干；再将管子放入钝化液亚硝酸钠溶液中（14%浓度常温）浸泡25min，取出清洗吹干放入吸附剂里保存。

对已安装成系统的管系可用泵，使不同液体在系统内循环。

有几个问题值得注意：

（1）酸洗不能损坏内表面，保持酸的浓度。

（2）用循环法酸洗，要先做泄漏检验。

（3）酸洗后认真观察内壁，内壁应有光泽。

（4）处理好废水、废液，不得污染环境。

（5）脱脂和钝化会增大投资。因此，要不要做这两项工作，需论证。应该说大多数管道无需这两项工作。

6.12 管道系统吹除和清洗

任何一个管道系统安装完毕后，都要吹除和清洗一下，目的是使系统内杂质、铁锈等被清除出系统内部。

用气体清理内部称吹；用水冲洗称清洗。

6.12.1 吹除清洗工作总要求

（1）装完就吹（清洗），此工作要在强度严密性试验前做，即打压前做此事。

（2）各系统情况不一样，不一定套用某一固定模式，可以人为划定某一段落进行吹除。在这一段内，先吹主管，各种阀门、孔板等可先拆除，直通起来。这样做是保护阀门的措施，因为杂质脏物会污染阀门。吹干净后再装上，做强度严密性试验时发现问题再解决。

（3）在划定的范围内先吹除（清洗）主管，后吹支管，在此范围内接一临时排除管，此管要装一个阀门，该阀门可作为专用吹除阀，不可再装入系统。吹除管和阀门应有临时固定支架，防止气流（水流）冲出时反冲力造成管子振动。

（4）排除管管径应和被吹除管管径等径或稍小（便于加速）；吹除所用介质可以是氮气，压缩空气、水、蒸汽，或按设计要求选用。吹除压力按工作压力取值，可低于工作压力。吹除清洗时，希望气流（水流）流速高些，以便冲刷管内壁和带出脏物。水流速度1.5m/s左右；气流速度20m/s左右为宜。

（5）实际操作时，当压力达到一定数值后突然开放，对钢管还可以在气流冲出过程中敲击外壁，便于内壁污物脱离内壁被冲刷出来。反复1~2次"憋压"、"泄压"即可吹除清洗干净。

（6）吹除（清洗）完毕的范围，想办法使其孤立起来，实际上是保存起来。再另划定范围，重复前面工作。

6.12.2 几种气体管道的吹除

（1）压缩空气管道的吹除。

可用系统自身的压缩机排气吹除管道系统，也可另外装配压缩机进行吹除，排出方式同样用排除管和排除阀操作。也可用高速水流冲洗管路系统，但事后须认真用空气或氮气吹干。

（2）氧气管道吹除。

已经脱脂管材管件组成的系统仍要吹除，可用高速空气或氮气流冲刷管内壁，气流速度 15~20m/s 为宜，气体必须无油。

投入使用前，还须用氧气吹除，吹除管应接至室外，吹除口距地面 2.5m 以上，附近不得有火源。

从管内排出的氧气经化验合格后该系统方可投产。

（3）氢气管道的吹除。

已经脱脂管道组成系统，仍要吹除。吹除前须核实接地是否完善，如法兰跨接等工作是否已做好。

氢气管路系统已有一定数量的吹扫口，最高点的吹扫口接管称为散放管，尽量用这些口做排除口。

吹除完毕，使用前再用氢气吹除，最终从吹除管取样化验，合格后方可运行。

高纯氢管路钝化后也要用氢气吹扫，吹出的氢按高纯要求进行化验，合格后方可运行。

（4）天然气管道吹除。

用压缩空气或氮气吹除，使用前通天然气，直至天然气化验合格方可使用。

（5）制冷管道吹除。

可用压缩空气或氮气对循环系统分段吹 2~3 次。如果用压缩空气，可用制冷压缩机打压，要注意排气温度，因制冷压缩机是压缩氨或氟里昂气体的设备，一旦用制冷压缩机吸排空气，排气温度升高很快，应控制温度在 145℃ 以内。温度过高对排气阀片极为不利，使润滑油温升；如果超过闪点，对润滑不利，可采用间歇式方式吹除。

要求是最终排出气体无污物，喷到白布上的气体 5min 内保持洁白为合格。

6.12.3 水管清洗

给水管道、热水管道与人饮用有关，要特别认真冲洗；供暖供回水，消防水属水管，只要清除杂质，防止阻塞即可。冲洗方法同样划段进行，能拆除的阀门尽量拆除，将其直通，排出管可接在各分段排出口，小系统可直接接在系统末端，排出管截面积可略小于被清洗管截面积。水在排出管内流速 1.5m/s 或大些为宜，排出水应流入排水沟或排水井内。

排出水的透明情况与净水一样即合格（目测即可）。

6.12.4 蒸汽管道吹除

此种管道在民用生活中少见，只是有些生产工艺需要用蒸汽。用蒸汽吹除管内壁，效果很好，“很干净”，但操作复杂些。分段后拆除可拆阀门（暂时）先吹干管，再吹支管。

从蒸汽总阀出口到吹除段终端，用蒸汽慢慢加热直至温度均衡再行吹除，吹除管引向室外，吹除管流出的液体中含杂质，含冷凝水，吹除管管径应与被吹除管等径，长度尽量短，便于排除污物。要求蒸汽压力为自身工作压力的70%为宜，当排气管排出的蒸汽很清洁即合格。用一块光洁的木板挡在蒸汽出口处，板上无铁锈污物即合格。

这项工作可反复重做2~3次，能达到预期效果。排出管要管口朝上，附近设标识，防止伤人。

蒸汽阀开和关不可过急，蒸汽控制的管段范围不宜过大，因为蒸汽有冷凝现象，管内不饱和蒸汽的温度压力都会降低。

用蒸汽扫管，扫完一处换一处。被扫完的管道，拆下的部件，原封再装上。后续的工作是打压试漏，无问题，可做防腐保温等工作。

用蒸汽吹除的管道可作为蒸汽管道；同样，非蒸汽管道亦可用蒸汽吹除。用蒸汽吹除的非蒸汽管道，如果要求管内干燥，应该用压缩空气吹干。

目前，不少管道工程吹除工作不尽如人意。人们会发现，各种管道使用几年后，修理时会流出“黄汤”、“粥状”物，这都是因吹除或清洗不彻底所致。对饮用水管，吹除清洗就显得更为重要。

当然，我们并不要求“绝对”干净，但最起码的工作还是要达标的。从管道里清理出焊渣。还能“归罪”用户吗?

另一方面，施工者，监理者对吹除清洗工作要强化起来，我们强调“规范”价值，前面提过“应敬畏规范”，不很好地执行规范是违法的。

6.13 管道安装总体要求及支架间距挠度计算

工厂车间的管道是一个系统，安装过程中一定会产生相互关系。许多施工现场出现过管簇“打架”现象。因此，必须在设计和审图过程上给予充分考虑，认真解决。即使如此，在施工现场有时还会出现要解决的问题。

6.13.1 总体布局

（1）做管道必须给通风管、电缆留空间；要满足电缆规范要求。

（2）架空管管底距车行道路面高度不小于4.5m；距人行道路面不小于

2.2m；距轨道面距离要在6m以上。管廊布管标高最低要在3.2m以上（以该层50线为基准）

（3）沿墙布管不得挡门窗和其他控制设施；埋地管深度要在冻土层以下（北京冻土层-700mm）。水汽管道尽量避免通过配电盘等上方，实在躲不开要采取安全措施。

（4）管子间距，非保温管，以法兰外沿对相邻管外沿相距50mm以上为宜；保温管，外沿对外沿，80mm以上为宜；与墙柱边要在100mm以上距离。

（5）冷（制冷）热（热水、蒸汽）管道不宜邻界。

（6）输送有腐蚀性介质管道应布置主管簇下方，水泵吸入管亦应布置在下方。

（7）管簇支架间距，以大多数管子允许跨度为准。

（8）要切记一条“做液体管道，杜绝其汽化条件；做汽体管道，杜绝其液化条件”。

图6-43在大、小头使用上体现了这句话的含义。

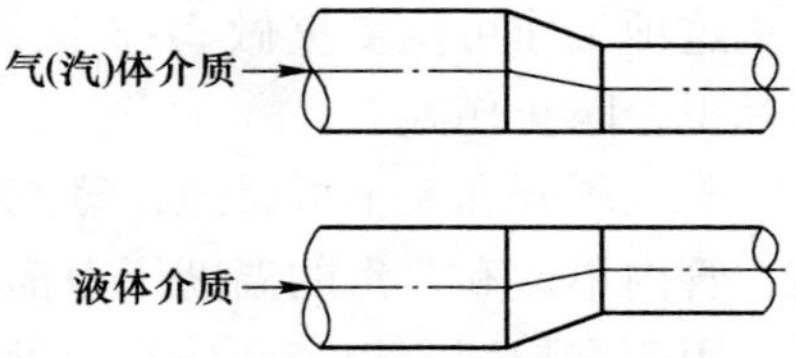

图6-43 液体管道和汽体管示意图

6.13.2 安装要求

（1）安装条件，建筑物墙已具备载卡子条件，与管道连接的设备已就位，固定完毕，管材管件已做了相应处理，对设备功能，管材材质进行了深入了解。

（2）支架、吊架已施工完毕，强度足够；穿越楼板，横过道路，穿墙套管等项工作已做完。

（3）依设备图纸（含洽商）逐项核对。

（4）管道坡度坡向须合乎要求。

（5）管道安装允许偏差见表6-18。

表6-18 管道安装允许偏差

项目			允许偏差/mm	
坐标与标高	室外	架空	15	
		地沟	15	
		埋地	25	
	室内	架空	10	
		地沟	15	
水平管弯曲	$D_g \leq 100$		1.5/1000	最大20
	$D_g > 100$		1/1000	
立管垂直度			2/1000	最大15
成排管段	同一平面标高误差		5	
	管间距误差		5	
交叉	管外皮或保温层外皮间距误差		10	

表6-18讨论：

1）有的资料介绍 $D_g \leqslant 100$ 水平管弯曲允许1/1000；$D_g > 100$ 允许偏差1.5%，这是不对的。大口径刚性好，不易下垂，允许偏差应该小；小口径，刚性差，易下垂，允许误差应该大。

2）任何管道都有标高和平面坐标，构成三维坐标，表中要求标高与平面坐标误差数值相同。

3）上面要求并不低，确实难以达到的，经各方协商、主管同意是可变通的。变通不得超总量20%。

4）不允许为了赢得空间，压缩各种间距；电缆桥架与管道距离是必保的，否则会出事故。

（6）管道安装，先装主管，纵焊缝应朝向可见方向，装管道以保功能为主，不可以一切为美观。接管焊缝或法兰应离开支架100mm以上。接管合拢焊口也不允许强拉、强拽对口，这样会有很大的预应力。

（7）施工时不可先入为主，要按规矩办事。小口径让大口径；低压管道让高压管道；常温管道让低温和高温管道。粗看去有点和“有压让无压”原则有矛盾，其实不矛盾。因为“无压流”的流动能力差，靠重力才能流动；有压流的流动能力强，有冲破阻力的能力，能力强者礼让能力弱者合乎常理。低压管道让高压管道是因为低压不是无压，与高压相比，改变低压管道的路径更为容易些。

（8）管道安装完毕后，先目测一下“是否顺眼”。然后，对照图纸核实主要尺寸，接着走下一步程序。

（9）靠柱布管，但不得挡窗。

（10）靠柱布管，柱子承载能力强，是安装固定支架的好地方；不足之处是跨度大，对细管而言中间需设吊架。

（11）在楼板下布管，要沿梁布管，梁的承载能力强。有时候因位置关系在楼板下装管。强调一下，载荷不超100kg是允许的。目前，现状是不少地方用膨胀螺栓定位吊架，尔后吊管，超过100kg的时候不少。

（12）梁和柱决不允许打通孔，为了固定支架要打孔载丝，不得伤及砼主筋。目前，各型支架大多是用膨胀螺栓固定，因此选型要恰当。大负荷支架应该植根于混凝土钢筋上。

6.13.3 管子支架间距计算及挠度计算

如果设计书未给出支架间距，施工者可自行计算。支架少了不行，多了浪费材料和空间。

$$L = \sqrt{\frac{10W[\sigma]}{105q}} \tag{6-3}$$

式中 L——允许的最大间距，式中各项用“厘米制”，则 L 的单位也是厘米（cm）；

σ——管材许用应力，不同材质数值不同，单位千克/厘米^2（kg/cm^2）；

q——管材每米重量再加管内介质每米长度重量还要加上外保温层每米重量，最终核算一下每米长总重，除以 100 之后变为千克/厘米（kg/cm）；

W——管子环形截面积抗弯模数，单位是立方厘米（cm^3）。

讨论一下 W 问题，$W=\frac{\pi D^3}{32}\left[1-\left(\frac{d}{D}\right)^4\right]$，将此式前半部除以 D^4，后半部分乘以 D^4，形式改变，实质未变。公式会变为：

$$W = \frac{\pi}{32D}(D^4 - d^4) \tag{6-4}$$

式中，D 为管外径；d 为管内径。

求出最大间距 L 值后，实际安装应比 L 值小些。

L 值的大小，与管道挠度（俗称塌腰）有直接关系。

设挠度为 f:

$$f = \frac{315qL^4}{10^5 EI} \tag{6-5}$$

式中 f——挠度，cm；

L——支架间距，cm；

q——计算方法同公式（6-3）中 q，kg/cm；

E——钢材弹性模数 $2.1\times10^6 kg/cm^2$；

I——管道截面惯性矩，cm^4。

$I=\frac{\pi}{64}(D^4-d^4)$，$\frac{\pi}{64}\approx\frac{1}{20}$，有的书介绍

$$I = \frac{1}{20}(D^4 - d^4)$$

质量验收规范中“横向弯曲允许偏差”指的就是 f 值是否在规定范围内，如果超值就要修正 L 值。

从公式中可看出，间距（L 值）稍改变，挠度就明显改变。

6.14 水泵安装及配管

6.14.1 水泵安装

这个活应该管道工做。装水泵有两种模式，一种是统一底座，已装好的机组，到货后稍加调整就能用；另一种是水泥底座用地脚螺栓固定水泵。

（1）基础施工。

水泥台的坐标按图纸要求定位。混凝土可按水泥：砂子：石子=1：3：5（重要基础可配比1：2：3），如果用商混可用C15，用C20更佳。

施工程序：挖基坑，新项目留基坑。基坑深度应满足设计要求，基坑底部垫层必须符合规范。基坑深度600~800mm，地上50~100mm，从垫层开始支模，地脚模位置必须准确；然后开始编钢筋，如地脚直埋，用钢筋把地脚定位，开始浇混凝土。首次浇筑比设计标高低40~60mm，为二次浇筑留余量。对直埋地脚，浇注过程中严保地脚位置准确。

养护10天后，拆除地脚木模。在第一次浇注混凝土面上剁出麻面。剁沟槽和小坑均可（100cm^{2}范围内剁出深度和直径均为1~2cm的小坑5~6个）以便二次浇注时结合牢固。设备上位后用垫铁调好标高、水平度、垂直度后进行二次浇注。浇注前用压缩空气吹除杂物，尤其吹净地脚孔内的污物。如果能用清水冲洗，效果更好。

所有浇注均须振捣，以保障工程质量。

二次浇注收尾时，要将水泥台“净面”。净面层不得盖住地脚螺母。二次浇注后养护3~4周，拆除水泥台外模，再拧一下地脚螺母，如需微调，可用塞片或薄铁皮做垫片。

好的基础加精良调整，可防振动、防噪声；节能又可增加设备寿命。

（2）离心泵安装。

泵轴与电机轴通过联轴器成为一体，但这是一个“活”连接。

两根轴，理论上应形成同一轴线，这一轴线标高与图纸所标出标高允许误差±10mm（要求不高）；这一轴线应该水平，允许偏差0.3~0.5mm。我们把这一轴线称为纵线，实际上横向也会出现误差，也提出同样要求。

联轴器两部分要分别垂直于水泵轴和电机轴，这样一来联轴器两端面间隙成了重要尺寸。对小型泵要求2~4mm；中型泵4~5mm；大型泵4~8mm。

举一实例，某小型泵端面间隙4mm，这4mm是理论值，上下、左右不可能保障都是4mm。如果联轴器下缝大于4mm，顶缝肯定小于4mm；左缝小于4mm，右缝肯定大于4mm。因此，要求上下允许0.5mm误差；左右同样误差不能大于0.5mm。一旦超误差，水泵运行时，会振动，噪声大，甚至跳动，耗电量增加，联轴器会很快损坏。

6.14.2 水泵配管

（1）进出水管均由支架承担重量，将支架设计成未来维修时也能用得上的支架，做到这一点经验很重要。

（2）吸入管的口径应和泵的吸入口取得一致；如变径，在大小头使用上要符合总体布局第 8 条要求。

(3) 当水泵位置高于吸入水面时，吸入管底部要装底阀，设灌水装置。

(4) 排出管常规做法已司空见惯，唯独要提醒的是不可用沟槽连接，以防连接处被冲而开断。

6.14.3 对泵房的要求

基础净距：两台泵的电机功率在 55kW 之内，泵台净距 0.8m；大于 55kW 时，泵台净距 1.2m。

两台泵突出部分，可能是泵台也可能是配管，功率不超 55kW 净距 0.8m 以上；55kW 以上净距 1.2m。

主要人行道宽 1~1.2m。

配电盘前过道，当电压小于 1000V 时 1.5m 宽；当电压大于 1000V 时 2.0m 宽为宜。

作为施工人员，应该知晓上面规范的要求。有些数据不是差 1mm 不行的事，但数量级不得有误。

除上面要求外，土建的常规要求要满足。比如：门朝外开，采光通风良好，隔音效果良好，消防设施齐备，上下水设施完善。

管道都是与设备连接，可以说管道起始于设备，也终结于设备。

这些设备可能是各型压缩机，各型换热器，受压容器，空气分离塔……

但更为普遍的设备是水泵。因此我们对水泵做了简要介绍，我们讲的是离心泵与管道的事。

6.15 防火漆、防锈漆、耐热漆、底漆及管道刷漆模式

现在我们介绍几种漆，供准确选用。

6.15.1 防火漆

一种不易燃烧或能延缓燃烧的涂料。一般含有能阻止或延缓燃烧的物质，如氧化锑、氯化石蜡等卤化物及硼酸盐、碳酸盐、氰氨化合物等。过热分解，放出不燃性的气体或使涂膜产生气泡，可起阻隔作用，阻止或延缓燃烧。

防火漆多涂在金属或木材结构架上，管道外表面也有使用。

6.15.2 防锈漆

防锈颜料、干性油、树脂或沥青经调制研磨而成，涂刷在钢铁结构表面。

防锈颜料有：氧化锌、铅酸钙、铝粉、云母、氧化铁、铅丹等。

6.15.3 耐热漆

耐热漆也叫高温漆。能耐200℃以上温度，短期可耐300~500℃或更高温度。由耐热树脂（如有机硅、聚钛酸酯、芳杂环聚合物等）、耐热颜料（如云母、氧化铁、石墨等）及各种填料配制而成。涂刷烘干后能耐高温且不致有显著颜色变化及开裂等现象。通常用涂刷取暖设备、锅炉外壳、烟囱、换热器，甚至应用于导弹、火箭上。

6.15.4 底漆

是面漆涂料的基础。树脂或黏结剂中加入颜料和填充料经研磨而成，黏在物体表面，它还能使面漆附着力加强。涂于金属表面颜料有铅丹、锌铬黄、铝粉等，其实金属的底漆就是防锈漆，主功能是防腐蚀。底漆就是“打底”的漆，分为金属底漆和木材底漆。

含氧化铁等颜料的底漆主要起填平、修补、封闭等作用，用于木材表面。虫胶漆也是底漆，起封闭作用。

除此之外，还有以下种类底漆。

红丹防锈漆：用于钢铁表面打底，不能用于铝皮锌皮上，常用管道底漆，耐温100℃。

铁红防锈漆：用于钢铁表面打底，耐温100℃。

灰酚醛防锈漆：防腐打底用，用于钢铁表面。

各色油性调合漆：耐热120℃，可做金属表面面漆，多用做管道面漆。

锌黄底漆：用于铝材表面。

铝色有机硅耐热漆：耐温300~350℃；用于高温设备、烟囱、排气管表面；

各色有机硅耐热漆：耐高温300℃；用于管道、设备外表面。

介绍几种用于木材的漆。

各色厚漆可做木材底漆；

各色醇酸磁漆可做木材面漆；

各色脂胶耐酸漆可做木材面漆；

各色油性调合漆可做金属面漆，同样可做木材面漆。

列表说明不同金属对底漆的要求，见表6-19。

表6-19 适用于不同金属的底漆

金　属	底　漆
黑色金属（钢、铁、铸铁）	磷化底漆、铁红醇酸底漆、铁红酚醛底漆、铁红环氧底漆、红丹底漆、沥青底漆

续表 6-19

金 属	底 漆
铝及铝镁合金	磷化底漆、锌黄底漆、环氧底漆
铜及合金	磷化底漆、铁红醇酸底漆、环氧底漆、氨基底漆
锌金属	磷化底漆、锌粉底漆、锌黄底漆、纯酚醛底漆
锡金属	磷化底漆、铁红醇酸底漆
铬金属	铁红醇酸底漆
镉金属	锌黄底漆、环氧底漆

选漆原则：

（1）关注环境保护，依产品检测报告为准。

（2）不同金属用不同底漆，磷化底漆通用性较大些。

（3）用防火漆，要特别注意生产日期，出具国家级检测机构的检测报告。

（4）红丹底漆尽量不使用，刷漆或烧电焊时会产生有毒气体。

管道刷漆模式见表 6-20。

表 6-20 管道刷漆模式表

温度/℃	内表面	外表面	
		保温	不保温
>70	耐热漆两道	耐热漆两道	耐热漆两道
≤70	防锈漆两道	防锈漆两道	防锈漆一道面漆两道

需要对表 6-20 说明的是，大于 70℃场合如果温度不是很高，可用各色油性调合漆，作为耐热漆；如果温度在 200℃以上就要用有机硅耐热漆了。表 6-20 中“面漆”可用各色油性调合漆。

刷漆工作，现状是：管材刷防锈漆后进行组装，组成系统后打压试漏，合格后再找补连接焊缝及破损处防锈漆；内表面涂漆的场合尚不广泛。内表面涂漆肯定会提高工程质量。

6.16 埋地管道防腐工艺

管道埋在地下，要特别关注防腐问题。我们要从两个方面综合考虑防腐工艺：土壤腐蚀性和管路通过地带的特点有关（如穿越河流、铁路、沼泽地等）。

通过表 6-21 可了解防腐工程如何做。

表6-21 埋地管道防腐工艺

从金属表面起各层编号	防腐层分类		
	普通防腐层适用一般土壤	加强防腐层适用高腐蚀性土壤	特别加强防腐层适用特高腐蚀性土壤
1	沥青底漆	沥青底漆	沥青底漆
2	石油沥青	石油沥青	石油沥青
3	玻璃布	玻璃布	玻璃布
4	石油沥青	石油沥青	石油沥青
5	玻璃布	玻璃布	玻璃布
6	石油沥青	石油沥青	石油沥青
7	聚氯乙烯塑料布	玻璃布	玻璃布
8		石油沥青	石油沥青
9		聚氯乙烯塑料布	玻璃布
10			石油沥青
11			聚氯乙烯塑料布

表6-21列出了土壤分类，实际上大多数场合为一般土壤。管道外皮彻底清洁后，先刷沥青底漆。而后逐层包络起来。

沥青底漆又称冷底子油，常用做金属防锈底漆。以重量百分比配置：石油沥青30%、轻柴油70%为一种冷底子油；石油沥青35%、轻柴65%又是一种汽底子油。

可自行配制冷底子油。将沥青破碎成小块，放入加热锅中，加热至170~200℃，待液态沥青冷却到60℃左右，放入轻柴油，二者体积比，沥青：轻柴油为1：3，搅拌均匀后即为冷底子油。

石油沥青，选用软化点和开口闪点较高的牌号的产品，这样可以保障管内流体温度较高时外面防腐层不至软化，表6-22供选用参考。

表6-22 防腐沥青数值

名称	牌号	软化点/℃	开口闪点/℃
普通石油沥青	55 65 75	100 80 60	230 230 230
专用石油沥青	1 2	115~130 135	250 230

专用石油沥青品质较高，可用于电缆防潮防腐工程上；可用作电气绝缘填充料。

玻璃布选用，无耐高温要求场合均用含碱玻璃布，无碱玻璃布造价高。制冷工程中“保冷”管或管内流体非高温情况，均用含碱玻璃布，常用的稀格玻璃布的规格：经纬密度 8×8 根/cm^2，厚度 0.1mm，幅宽 300～800mm。含碱量不高。

塑料布选用。用防腐专用聚氯乙烯塑料布，耐热 70℃，耐冷-40℃，不易脆裂。规格：幅宽 400～800mm，厚度 0.15～0.20mm。

在工程实践中，施工者将钢管一根根按要求做好逐层防腐。要求涂料厚度均匀，涂热沥青要注意安全。玻璃布（塑料布）以螺旋形紧紧缠在相应层面上，搭茬宽度 2cm 左右。

组装过程中，接口为焊缝，待整体打压合格后，补上防腐结构。

要特别强调，找补接口处的防腐结构时，要特别精心。第一，层层认真做；第二，最后封闭时，要做到从外表上看不出接头痕迹。

回填时，用筛过细土，不得伤及外层塑料布。每 250～300mm 夯实一遍。

6.17　管道保温工程与保温层厚度计算

6.17.1　施工程序

室外某段给水或消防管为了防止冻结，采用了电拌热工艺，这个活要在保温实施前做好。见图 6-44。

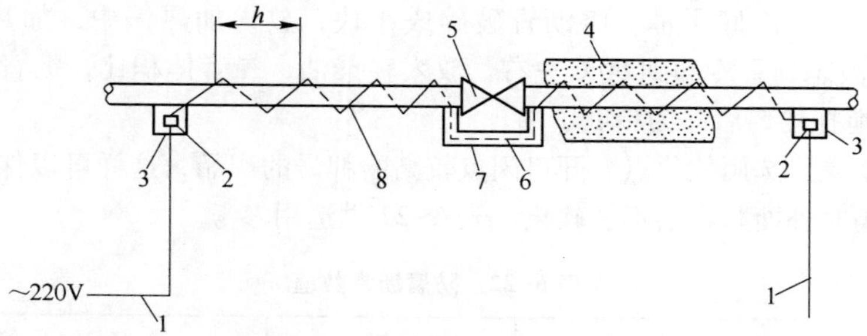

图 6-44　电拌热示意图

1—导线；2—接线盒；3—接线盒支架；4—保温层；5—阀门；
6—导线套管；7—跨接导线；8—电热丝

图 6-44 中 h 是绕丝螺距，一般情况设计图纸给出。h 值涉及发热量。电热丝必须在管道包好电绝缘层后缠绕。不可拉拽折损，绕制后立即测试电阻值，合

格后进行保温层施工。

推荐一个计算公式

$$h = \frac{\pi D l}{\sqrt{L^2 - l^2}}$$

式中 h——绕线螺距，m；

L——电热丝总长度，m；

l——被加热管长度，m；

D——包完绝热层后的外径，m。

电拌热的温度不高，只要保障水不结冰即可，因此运行可靠。但要注意，一旦发生断线很难查找断路之处。

有电拌热的管段，可直接用保温层盖住电拌热丝，捆紧。保温层做法见图6-45。

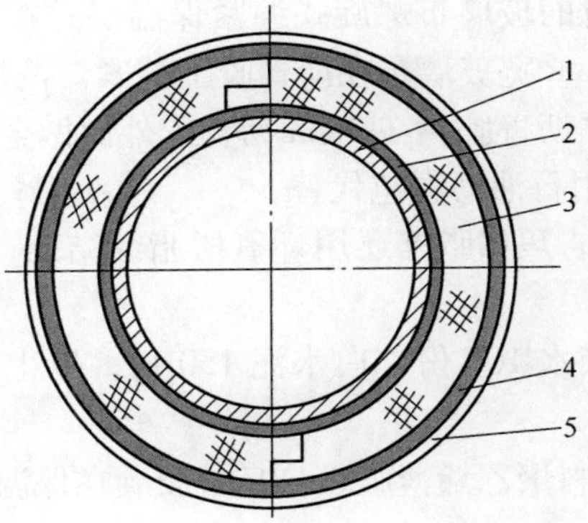

图 6-45 钢管保温层结构示意图

1—钢管；2—沥青胶；3—保温层；4—双布双胶层；5—金属保护层

只是要求甩出接线的接头。

介绍几样保温工程所用材料。

沥青玛琋脂即沥青胶配方见表 6-23。

表 6-23 沥青胶配方

组 分	10 号石油沥青	轻柴油	油酸	熟石灰	石棉
重量百分比/%	50	25~25		14~15	7~10

一般保温工程，温度不是很高，所用的玻璃布可采用含碱玻璃布，无碱玻璃布造价较高。见表 6-24。

表 6-24　玻璃布规格

型号	采用标准	纹路	厚度/mm	幅宽/mm	经线	纬线
130	沪 Q/JBD32-62	平纹	0.13±0.015	900±20	20±^{2}/cm^{2}	17±^{2}cm^{2}
100	沪 Q/JBD32-62	斜纹	0.1±0.01	900±20	23±^{2}/cm^{2}	20±^{2}/cm^{2}

沥青胶可购现货；防水层用的玻璃布密格为好，表 6-24 为密格参数；若用稀格布亦可。

防潮层用密格玻璃纤微布缠压沥青胶利于防潮。防潮层和防水层为同一个概念，图 6-45 表示出了保温层结构。

传统做法大多属管外表再刷一遍防锈漆，将瓦状保温材料对齐纵（轴向）横（径向）对口，压牢，用 ϕ1.2mm 镀锌铁丝每 300mm 长度捆一道。图 6-45 中不再刷防锈漆而是管外涂一层沥青胶（可点式涂沥青胶），沥青胶黏住保温层。

接下来用 100mm 宽的玻璃布螺旋式缠紧保温层；在此层玻璃布上涂 1.5mm 厚沥青胶，同样用 100mm 宽玻璃布在沥青胶上缠紧。两层布尾部用金属带扎紧。在第二层布上涂 3mm 厚沥青胶。在 3mm 沥青胶外面做金属保护层。

图 6-45 中的 4 可用石油沥青毡代替。

黏结剂很多，除沥青玛㻋脂外还用环氧树脂黏结剂；漆剂型黏结剂；用 101 胶的地方也不少。

101 胶配方：101 胶水 100 份；白水泥 150 份，以上均为重量比，搅拌均匀即 101 胶。

有一种新防潮层材料聚乙烯薄膜，自身带胶缠在保温材料上就可以了，质优价低。目前尚不普遍。

保护层做法日趋成熟，不少专业工程队有专用工具，做出的直管很紧地压紧保温层防潮层；弯管的虾米弯很漂亮。镀锌板保护层直径小于 1m 者厚度取 0.5mm；直径 1m 及以上者厚度 0.8mm，用铝板做保护层，直径小于 1m 者厚度 0.7mm；直径 1m 及以上者厚度取 1mm。

保护层除铝板外都需刷漆，室外 1~2 年一次；室内 3~5 年一次，漆的颜色要与管标一致。

管道上法兰、阀门、孔板，管道与设备联接法兰，要做成可拆卸式隔热结构。硬质保温材料，每隔 5m 留一处伸缩缝，填充软保温材料。保温材料搭茬接口按图 6-46 的方式操作。

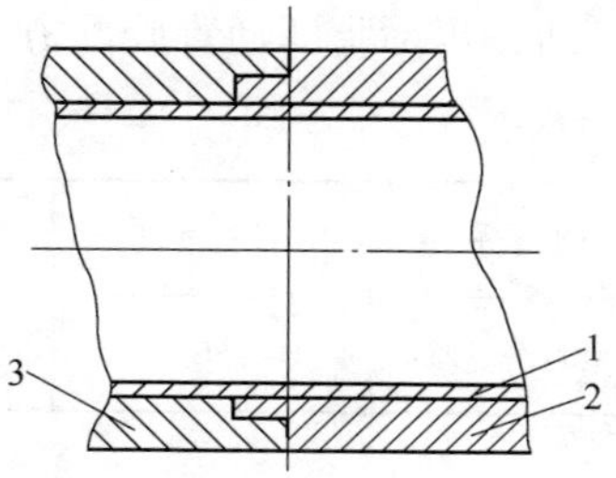

图 6-46　保温材料接口示意图

1—钢管；2—凸口接口；3—凹口接口

水的导热能力是空气的 23 倍，做防潮层就是为防止保温材料吸水，保温材料吸了水，将慢慢失去保温能力。

图 6-47 是大管套小管，夹层是聚氨酯保温材料。外层大管是保护层，可以是金属也可以是工程塑料，这种结构无需防潮层，但在处理管接头时，要修补好接口处的防潮层和保护层。一句话“千方百计保障保温材料不接触水”。

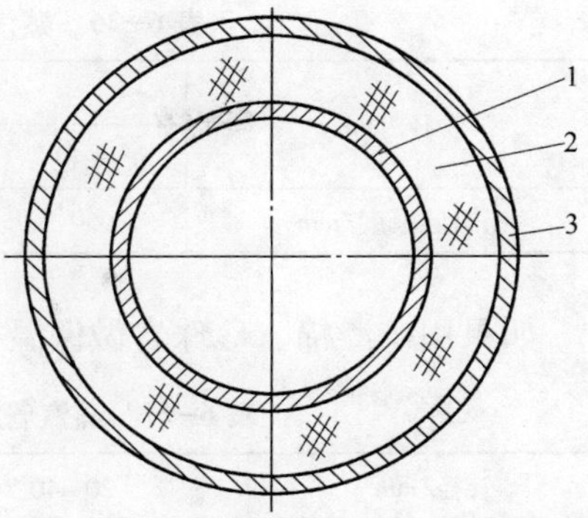

图 6-47　聚氨酯发泡层保温示意图
1—主钢管；2—聚氨酯保温层；3—保护层

不得不指出，时下许多施工工程现状有许多不尽如人意之处。作者接触过不少保温工程，将橡塑或聚苯塑料捆在管子上，然后做外皮（保护层）即完事大吉。这样施工，保温功能会很快失去。正常情况下，保温材料也会自然衰减保温能力。

既保温又防腐的工程，可先把保温做好，在保温层外涂石油沥青（表 6-21 中序号 2）然后根据不同土壤做防腐，按序号顺序做下去直至做完。将保温和防腐巧妙结合起来。保温施工不一定拘泥某种固定模式，只要求有科学依据和认真施工。

6.17.2　保温材料与保温层厚度选用、计算

近年来，保温材料橡塑、聚苯市场份额越来越大，玻璃纤维、珍珠岩应用场合也比较广泛。

对保温材料除了要求导热系数小，还必须要求阻燃等级，要求氧指数 32 或以上。以上要求对保温保冷是一致的。实际上保温的目的是防止热量损失；保冷是阻止外界热量进入系统。二者是个相反过程，是人们利用能量的两个方面。

6.17.2.1　保温层厚度讨论与计算

为什么用讨论二字，因为保温问题保温层厚度没有一个绝对准确数值，它不是也不可能是一加二必须是三。通过下面分析，读者会理解以上结论。

用硬聚氨酯、橡塑、岩棉、玻璃纤维、聚苯硬塑做保温材料，其厚度可参阅表 6-25、表 6-26。

表 6-25　保温材料的厚度值

管道直径 DN/mm	供回水管			
	15~20	25~50	65~100	>100
保温层厚度/mm	20	30	40	50

表 6-26 蒸汽管与保温材料厚度的数值

管径/mm	蒸汽管			凝水管	
	≤40	50~65	≥80	≤50	>50
保温层厚度/mm	50	60	70	40	50

如果用矿渣棉、珍珠岩做保温材料可得出表 6-27 中的数值。

表 6-27 蒸汽管用矿渣棉、珍珠岩保温的数值

管径/mm	20~40	50~200	250~400
保温层厚度/mm	30	40	50

表 6-25~表 6-27 虽然设计的很粗略，但能解决实际操作中的选用问题。不少工程也是根据使用要求选用保温材料及厚度的。

我们再用一个公式计算一个实例看结果如何?

$$\delta = 3.41 \frac{d_w^{1.2} \lambda^{1.35} t^{1.75}}{q^{1.5}} \tag{6-6}$$

式中 δ——保温层厚度，mm；

d_w——管道或圆柱设备外径，mm；

t——保温前管道或圆柱设备外表温度，℃；

λ——保温层的导热系数，kJ/(h · m · ℃)；

q——保温后允许的热损失，kJ/(h · m)（表 6-28）。

公式含义：管道外径大，保温层要厚；保温材料导热系数大，保温层要厚；管壁温度高，保温层要厚；要求热损小保温层要加厚；反之亦然，此公式适用各种柱体保温层计算。

表 6-28 保温后热损失允许值 (kJ/(h · m))

管径 DN/mm	流体温度/℃		
	60	100	150
15	46.1		
20	63.8		
25	83.7		
32	100.5		
40	104.7		
50	121.4	251.2	335.0
70	150.7		
80	175.5		
100	226.1	355.9	460.5

续表 6-28

管径 DN/mm	流体温度/℃		
	60	100	150
125	263.8		
150	322.4	439.6	565.2
200	385.2	502.4	669.9

表 6-28 中空白处是某些管径很少或不用此温度的水，采暖工程中以 60℃ 水为计算起点。

选用保温材料为橡塑，依国标 GB 8624—1997 制造，以丁腈橡胶和聚氯乙烯为主材，加入阻燃剂、稳定剂及硫化促进剂。氧指数大于 32，属难燃级。

$\lambda = 0.034\text{W}/(\text{m}\cdot\text{K})$，适用温度范围-40℃～120℃。

测定 λ 值一般在 0℃ 环境中，与使用时温度不一样，要修订其值即 $\lambda = \lambda_0 + 0.00012t_p$，$t_p$ 为运行时保温层内外温度平均值，本题略去修正值（因很小）。

本题采用公称直径 50 焊接管，其外径 60mm，取管道外壁温度 60℃（与管内热水相差无几）。用式（6-6）做如下计算

$$\delta = 3.41\frac{d_w^{1.2}\lambda^{1.35}t^{1.75}}{q^{1.5}}$$

$$= 3.41 \times \frac{60^{1.2} \times 0.034^{1.35} \times 60^{1.75}}{136.1^{1.5}}$$

$$= 43\text{mm}$$

此处，q 值取表 6-28 中 50 管和 70 管允许值的平均值。

保温层厚度计算值 43mm，对应着表 6-25 中管径 65～100mm 一档，保温层厚度 40mm。保温层厚度计算值 43mm，对 DN60 管是合适的。

施工人员，按规范做好保温施工，保障施工质量就行了。后半部分理论计算可供设计人员、专业人士、相关专业大学毕业生工作学习之用。

6.17.2.2 做好保温就是做好节能工作

做完了保温层（有的资料称保温层为绝热层，二者是同一概念）接着绝热层表面温度限定了管道允许热损失。因此，可用绝热层外表面温度评价绝热层效果。

表 6-29 介质温度和表面温度值

介质温度/℃	常温～150	151～250	251～350	351～450	451～550
表面温度/℃	35～40	41～45	46～50	51～55	56～60

采暖工程介质温度肯定在常温至 150℃ 范围内。实际上，据作者所知，管内热水连 100℃ 都不到，绝热层外表要求 35～40℃ 这一要求太低了，很容易达到。

表 6-29 是一种规定，在北京地区采暖供水 75℃就已是最高温度了。根据这种情况，保温做的好，外表面温度完全可以小于 35℃。

6.18 管道保冷工程与隔热层厚度计算

6.18.1 保温和保冷都属于合理使用能量手段

在制冷系统内，排汽管温度很高，做保温工程完全可类同采暖工程。从蒸发器出来的汽体（制冷剂汽化）到压缩机进口，温度低，有不同数值的零下温度，必须要保冷，即阻止外界热量进入管内。要求保冷后，保冷层外表温度比环境空气露点高 2℃左右，这样可以保障保冷层外不结露不结霜；还有一层人们看不到的效果，如果因管道吸热造成压缩机吸入“过热”汽体，对制冷循环不利（这里“过热”二字是制冷循环术语）。

做隔热层即是保冷，要求管道支、托架设在隔热层外部，避免产生冷桥；隔热层穿越楼板，墙壁不得断开；对阀门、法兰、弯头要做特殊处理，或现场用聚胺酯发泡或把软塑保温材料用玻璃布包裹成型，而且要做成可拆型。

保冷工程中防潮层显得更为重要；做隔热层模式与做保温层一样。

6.18.2 隔热层厚度计算

先介绍一张隔热层选用表 6-30，而后讨论计算公式。

表 6-30 制冷隔热层（保冷层）厚度选用表

介质量度/℃	管径 D_g/mm											
	20	25	32	40	50	80	100	150	200	250	300	350~700
0	30	30	30	30	40	40	40	40	50	50	50	
−20	50	50	50	50	50	60	60	70	70	80	80	80
−40	70	70	70	70	70	80	80	90	90	100	100	100
0	50	50	50	50	50	60	70	70	70	80	80	80
−20	70	70	70	70	70	80	80	90	90	100	100	100
−40	100	100	100	100	100	110	110	110	120	130	130	130

表 6-30 上三行适用东北地区，下三行适用华东地区。

保温材料为泡沫塑料、玻璃纤维、珍珠岩等。

经典传热学告知我们可用下式计算出隔热层厚度。

$$d_b \ln \frac{d_b}{d_0} = \frac{2\lambda}{\alpha} \cdot \frac{t_b - t_n}{t_a - t_b} \tag{6-7}$$

$$\delta = \frac{d_b - d_0}{2}$$

式中 t_a——环境温度，以最热月平均温度计算,℃；

t_n——管道或设备内部温度,℃；

t_b——隔热层外表温度，应比环境空气露点温度高2℃左右；

d_b——隔热层外径，m；

d_0——管道外径，m；

δ——隔热层厚度，m；

λ——导热系数，W/(m·K)；

α——空气与隔热层间放热系数，W/(m^2·K)。

1985年出版的《制冷工程设计手册》取值7kcal/(m^2·h·℃）数值偏大，建议取α=5.8W/(m^2·℃)。顺便说明一下W/(m·K)，W/(m·℃)，W/(m^2·K)，W/(m^2·℃）通用。因为，摄氏与开氏温标分度法是一致的。作者认为用K更合适。

用公式（6-7）计算管道及圆筒形设备保温层（隔热层）厚度很复杂，它不能用普通四则运算求解。只能用牛顿法近似求解，为了躲避超越方程，将公式（6-7）各量关系给出一幅图以 $d_b \ln \frac{d_b}{d_0}$ 为纵坐标，以保温层厚度 δ 为横坐标不同管径显现在不同曲线上。

纵坐标数值是可计算的。纵坐标数值与某管径线交于一点，此点横坐标就是 δ。见图6-48~图6-50。

用公式（6-7）计算工程问题，尚缺各地最热月平均温度和相应露点温度。

表6-31给出国内典型城市最热月平均温度和对应露点温度。

表6-31 国内典型城市最热月平均温度和对应露点温度 （℃）

城 市	最热月平均温度	露点温度
哈尔滨	24	19.2
长春	23.4	18.9
沈阳	24.8	20.5
大连	23.8	21
呼和浩特	22.1	14.6
乌鲁木齐	23.8	12.3
兰州	22.8	13.7
银川	23.7	15.6
西宁	17	10.3
西安	27.6	21.9

续表 6-31

城 市	最热月平均温度	露点温度
宝鸡	25	18.8
北京	26.1	21.6
天津	27.2	23.1
张家口	23	16.2
太原	23.8	17.5
南京	28.2	24.4
上海	27.2	23.9
合肥	28.2	24.2
杭州	28.4	24.4
福州	28.5	24.3
郑州	27.0	22.5
武汉	28.8	22.5
长沙	29.7	24.1
南昌	29.3	23.7
桂林	28.5	24.3
广州	28.3	25.0
成都	26.4	23.7
重庆	28.5	23.9
昆明	20.1	16.7
贵阳	24.5	20.0
峨眉山	26.4	22.8
济南	28.4	22.1
锦州	25.3	20.3
石家庄	26.3	22.3
宜宾	27.7	24.1

选 3 个城市按式（6-7）做一次计算。

题目：室内制冷装置工作温度-40℃，保温材料导热系数 $\lambda_0=0.043$W/(m·℃)，试求在 3 个不同城市为 ϕ108 管隔热，隔热层厚度应是多少？

哈尔滨市

（1）式（6-7）所需各项数值见表 6-32。

表 6-32 计算在哈尔滨所需各项数值表

最热月平均温度/℃	露点/℃	隔热层外表温度/℃	管道内部温度/℃	λ_0 /W·(m·℃)$^{-1}$	修正值 t_p /℃	λ /W·(m·℃)$^{-1}$	α /W·(m^2·K)$^{-1}$
t_a	t_l	t_b	t_n	0.043	$\frac{-40+24}{2}$	λ_0+0.00012×(−8)	5.8
24	19.2	$t_l+2=21.2$	−40	0.043	−8	0.04204	5.8

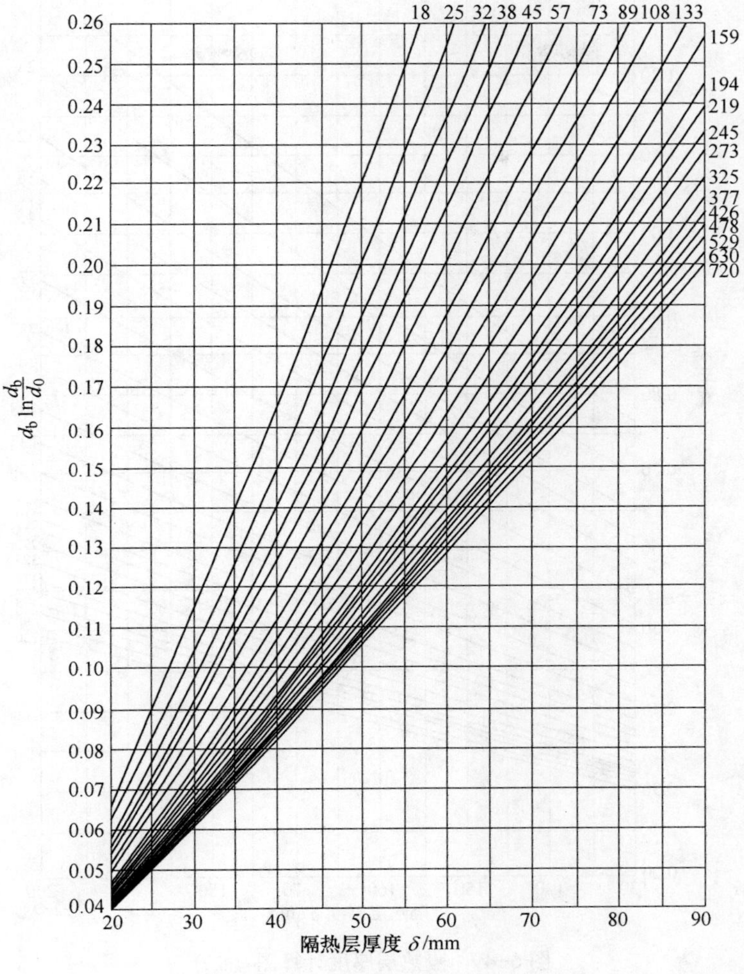

图 6-48 隔热层厚度计算图（一）

（2）将有关数据代入式（6-7）。

$$d_b \ln\frac{d_b}{d_0}=\frac{2\lambda}{\alpha}\cdot\frac{t_b-t_n}{t_a-t_b}$$

$$=\frac{2\times 0.042}{5.8}\times\frac{21.2-(-40)}{24-21.2}$$

$$=0.0145\times 21.86=0.317$$

纵坐标 0.317 在图 6-50 中与 ϕ108 交点在横坐标上约 98mm 取为 100mm 即隔热层厚度 100mm 为宜。

郑州市

（1）式（6-7）所需各项数值见表 6-33。

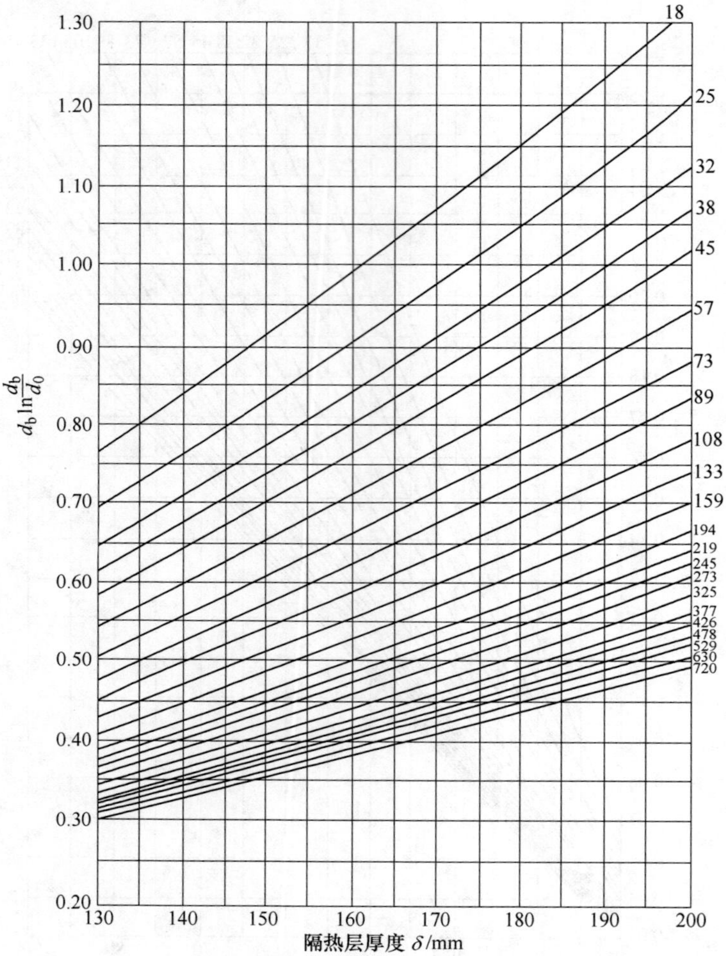

图 6-49　隔热层厚度计算图（二）

表 6-33　计算在郑州所需各项数值表

最热月平均温度/℃	露点/℃	管道内温/℃	λ_0/W·(m·℃)$^{-1}$	隔热层外表温度/℃	修正值 t_p/℃	α/W·(m^2·K)$^{-1}$	λ/W·(m·℃)$^{-1}$
t_a	t_1	t_n	0. 043	t_b	$\frac{-40+24}{2}$	5. 8	λ_0+0. 00012×(−6. 5)
27	22. 5	−40	0. 043	$t_1+2=24.5$	−6. 5	5. 8	0. 0422

（2）将有关数据代入式（6-7）。

$$d_b \ln \frac{d_b}{d_0} = \frac{2\lambda}{\alpha} \cdot \frac{t_b - t_n}{t_a - t_b} = \frac{2 \times 0.0422}{5.8} \times \frac{24.5 - (-40)}{27 - 24.5} = 0.01455 \times 25.86 = 0.375$$

查图 6-50，隔热层厚度 δ=113mm 取为 120mm。

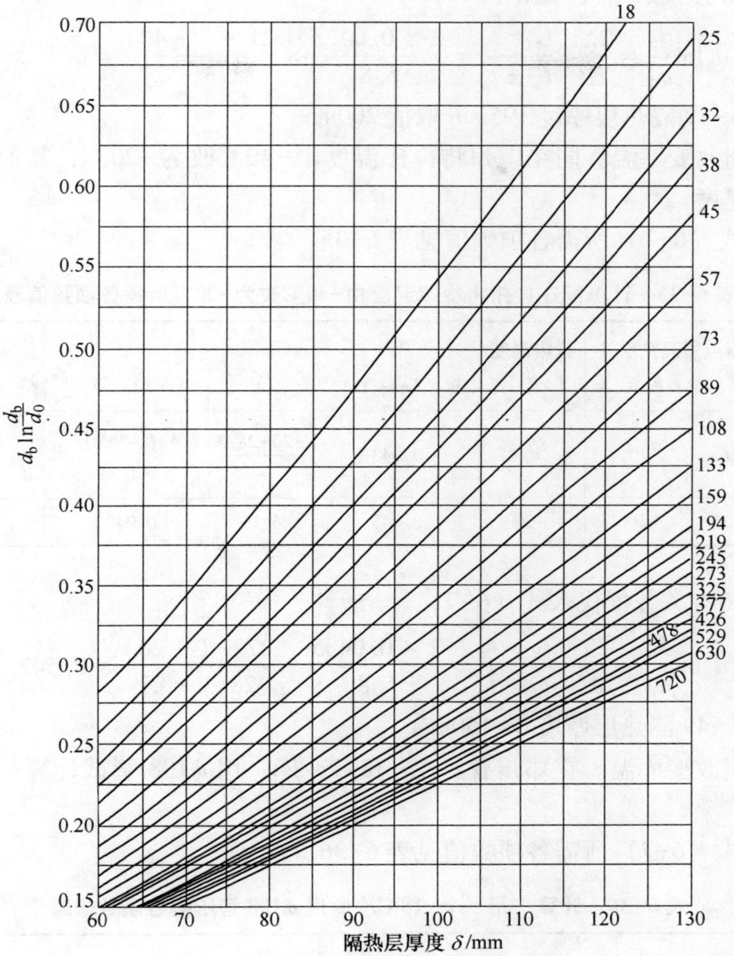

图 6-50 隔热层厚度计算图（三）

广州市

（1）式（6-8）所需各项数值见表 6-34。

表 6-34 计算在广州所需的各项数值表

最热月平均温度/℃	露点/℃	隔热层外表温度/℃	管内温度/℃	λ_0 /W·(m·℃)$^{-1}$	修正值 t_p /℃	λ /W·(m·℃)$^{-1}$	α /W·(m^2·K)$^{-1}$
t_a	t_l	t_b	t_n	0.043	$\frac{-40+28.3}{2}$	λ_0+0.00012×(−5.85)	5.8
28.3	25	$t_l+2=27$	−40	0.043	−5.85	0.0423	5.8

（2）将有关数据代入式（6-7）。

$$d_b \ln \frac{d_b}{d_0} = \frac{2\lambda}{\alpha} \cdot \frac{t_b - t_n}{t_a - t_b} = \frac{2 \times 0.0423}{5.8} \times \frac{21 - (-40)}{28.3 - 27} = 0.752$$

查图 6-49 隔热层厚度 195mm 取值 200mm。

在广州改变库温。同在广州将冷库温度由-40℃改为-20℃，其他条件不变求隔热层厚度。

（1）式（6-7）所需各项数值见表 6-35。

表 6-35 计算同在广州将冷库温度由-40℃改为-20℃所需各项数值表

最热月平均温度/℃	露点/℃	隔热层外表温度/℃	管内温度/℃	λ_0 /W·(m·℃)$^{-1}$	修正值 t_p /℃	λ /W·(m·℃)$^{-1}$	α /W·(m^2·K)$^{-1}$
t_a	t_l	t_b	t_n	0.043	$\frac{-20+28.3}{2}$	λ_0+0.00012 ×4.15	5.8
28.3	25	t_l+2=27	-20	0.043	4.15	0.0435	5.8

（2）将有关数据代入式（6-7）。

$$d_b \ln \frac{d_b}{d_0} = \frac{2\lambda}{\alpha} \cdot \frac{t_b - t_n}{t_a - t_b} = \frac{2 \times 0.0435}{5.8} \times \frac{27 - (-20)}{28.3 - 27} = 0.542$$

查图 4-49 隔热层厚度 δ=150mm。

在郑州改变库温。在郑州有一个-18℃冷库，用 ϕ108 管试计算一下隔热层厚度。

（1）式（6-7）所需各项数值见表 6-36。

表 6-36 计算广州一个-18℃冷库用 ϕ108 管所需各项数值表

最热月平均温度/℃	露点/℃	隔热层外表温度/℃	管内温度/℃	λ_0 /W·(m·℃)$^{-1}$	修正值 t_p /℃	λ /W·(m·℃)$^{-1}$	α /W·(m^2·K)$^{-1}$
t_a	t_l	t_b	t_n	0.043	$\frac{-18+27}{2}$	λ_0+0.00012 ×4.5	5.8
27	22.5	t_l+2=24.5	-18	0.043	4.5	0.04354	5.8

（2）将有关数据代入式（6-7）。

$$d_b \ln \frac{d_b}{d_0} = \frac{2\lambda}{\alpha} \cdot \frac{t_b - t_n}{t_a - t_b} = \frac{2 \times 0.04354}{5.8} \times \frac{24.5 - (-18)}{27 - 24.5} = 0.255$$

在图 4-48 中纵坐标与 ϕ108 交点的横坐标 δ = 82.5mm，取隔热层厚度 δ=85mm。

例如：对业外人士讲几点传热学中的概念。

（1）传热的综合效果由传热系数 k 决定。

$$k=\frac{1}{\frac{1}{\alpha_1}+\frac{\delta}{\lambda}+\frac{1}{\alpha_2}} \tag{6-8}$$

这本是平壁传热计算公式，对要求不高的圆筒传热计算亦可用。传热系数 k 由管内放热系数 α_1 管壁导热系数 λ 和管外放热系数 α_2 决定。

（2）放热系数 α 的单位为 kcal/(m^2·h·℃)，这是旧单位制；新单位制为 W/(m^2·K)。导热系数 λ 的单位为 kcal/(m·h·℃)，这是旧单位制；新单位制为 W/(m·K)。

今后有关传热计算，一律按新单位制标记。

6.18.3 厚度计算之分析

（1）以 $d_b\ln\frac{d_b}{d_0}$ 计算值选用图 6-48～图 6-50，查出隔热层厚度 δ 值。

（2）隔热层厚度 δ 值在国内由北向南加厚，合乎常理，越向南越热，不厚就隔不住热。

（3）制冷装置温度越低，隔热层厚度要求越厚。-20℃时 δ 值 150mm 即可；-40℃时 δ 值要求 200mm。

（4）表 6-30 厚度选用值偏小，但也靠谱。如果把郑州列为华东，表 6-30 中推荐值，-40℃时 $\delta=110$mm 按公式算出的值 $\delta=113$mm 非常接近。

总之，按表选用可行，建议最好以计算值为准进行取舍。实际操作“计算值为依据，按产品规格选用”。

（5）工程所在地，离哪个城市近就采用哪个城市的“最热月平均温度”“露点温度”。

（6）《制冷工程设计手册》取 $\alpha=7$kcal/(m^2·h·℃)；千卡就是资料中的大卡，功热变换 1000W＝860 大卡。

$\alpha=7$kcal/(m^2·h·℃) ＝ 8.14W/(m^2·℃) 此数太大，当下公认的是 $\alpha=$ 5.8W/(m^2·K)；另外因温度不同 α 也有变化，但变化很小，引用时把 α 视为常量。

6.19 管道标识

管道井里的管子缠上阻燃保护层后需要标出管内流体是什么？流体流向？不一定每层楼管道的管子都标上，但不能超过三层，可以隔两层一标识，标识是检修的“线路图”。见表6-37。

表6-37　管道标识

名　称	底　色	色　环	备　注
生活饮用水	绿		
工业用水	绿		
消防用水	绿	红	很多消防管涂满红色
饱和水蒸气	红		
排水	黑		
锅炉排污	黑		
天然气	灰	白	
废蒸汽	红	绿	
凝结水	绿	红	
软化水	绿	白	
热水供水	绿	黄	
热水回水	绿	褐	
锅炉供水	绿	红	
锅炉回水	绿		
过热蒸汽	红	黄	发电厂用
中水	绿		
油管	橙		
疏水管	绿	黑	
液化石油气	黄	绿	旧标识灰底红环
氧气	浅蓝		
氮气	深蓝	黄	
氢气	深蓝	白	
氦气	棕		
乙炔	白	红	旧标识无环
压缩空气	浅蓝		旧标识浅蓝底，黄色环
净化压缩空气	浅蓝	黄	旧标识浅蓝底，白色环
酸	紫		旧标识橘黄底，褐色环
碱	紫		旧标识橘黄底，黑环
氨	橘黄		氨系统吸气管蓝色，排气管红色，氨液管黄色

新标识也不完美。如中水、生活饮用水、工业用水都涂绿色，就不合适，中水与生活用水应严格区别。因此，建议有关部门，制定明确规范，在尚未规范之

前设计者可加汉字符号以标识。在新标中酸和碱均用紫色，就不如旧标识让人明了。

还有一种模式，生活用水绿环一道；工业用水绿环二道；消防用水绿底红环，作者认为可取。见表6-38。

表6-38 色环几何尺寸

管径/mm	环宽/mm	间距/m
<150	30	1.5~2.0
150~300	50	2.0~2.5
>300	60	2.5~3.0

双环时，两环间隔等于环宽。图6-51中l按表6-38中规定取间距值。

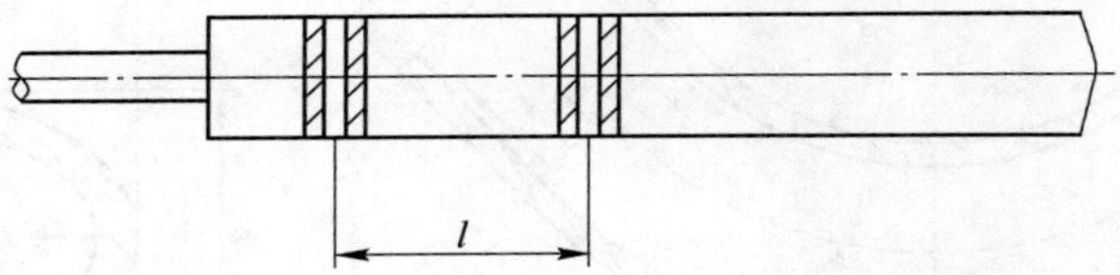

图6-51 双环间距图

6.20 管道标高与弯曲半径

6.20.1 世界有关国家标高记法

我国以青岛黄海平均平面定为绝对标高零点。

美国、英国、日本、荷兰、丹麦用下列方式表示标高：

EL、TOP 管顶标高；

EL、BOT 管底标高；

WPEL 中心标高（法国用EL×表示中心标高）。见图6-52。

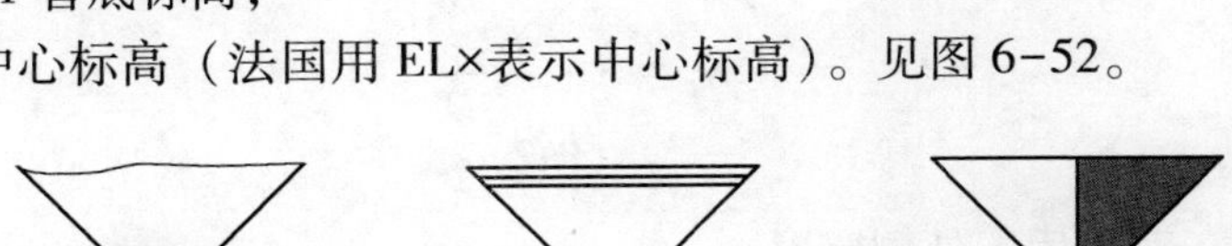

图6-52 世界有关国家标高记法示意图

a—管底标高；b—管顶标高；c—管中心标高

有些书籍和资料还会出现用图符表示标高。介绍上面内容，是为备不时之需，一旦遇到不至于陌生。

6.20.2 弯管时曲率半径要求

弯曲半径就是曲率半径。对不同管径的金属管子打弯时弯曲半径能决定弯头的质量，因此必须按规矩办事。

6.20.2.1 弯管时的两个有害变形

弯管时，如果弯曲半径是 R，管外壁的弯曲半径是 $R+\frac{D}{2}$，D 为被弯管直径。从图 6-53 可以看出由直管变为弯管，外弧由直管拉长形成，内弧由直管被压缩形成。被拉长段变薄；因弯曲使得截面变成椭圆形，如图 6-54 所示意那样。

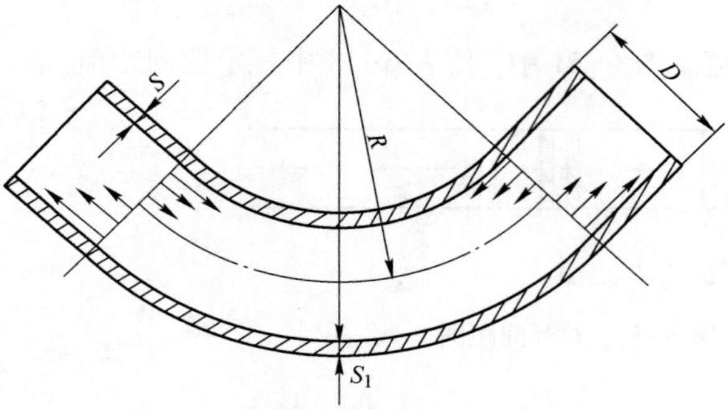

图 6-53 弯管弯曲半径、被弯管直径示意图

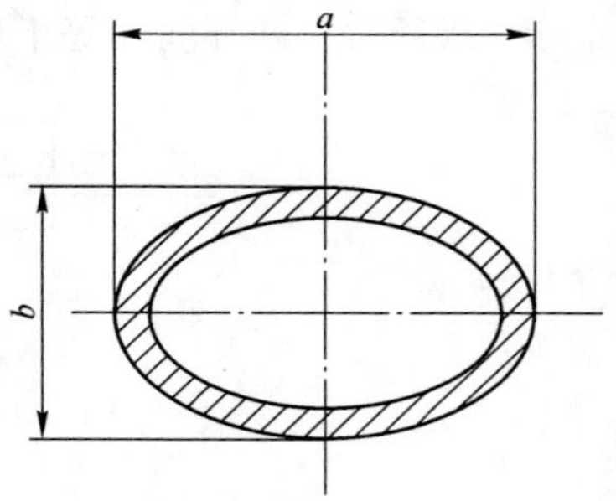

图 6-54 弯管弯曲截面示意图

6.20.2.2 对两个有害变形的分析

（1）椭圆度 $=\frac{a-b}{a}$，希望其值等于零，但只要是弯管那是不可能的，规定其值要小于 0.08。如果弯一批管不妨锯开一个测试一下，如果不超 8%，就可以批量做下去；如有偏差应给予修正，达到此值不难。

（2）外侧管壁变薄遵循下式规律

$$S_1 = S\frac{R}{R+\frac{D}{2}} \tag{6-9}$$

式中 S_1——弯曲后，外侧壁厚；

R——弯曲半径；

D——管子外径；

S——管壁原厚度。

按数学思维分析一下公式 $\frac{R}{R+\frac{D}{2}}$，当 R 很大时 $\frac{D}{2}$ 就显得很小，此式接近 1 外

壁变薄量不大；大管子 D 值大，使得此式值变小，外壁变薄趋势加大。

6.20.2.3 针对有害变型，弯管时的规定（钢管冷弯）

具体见表 6-39。

表 6-39 弯管时管径和弯曲半径 (mm)

管径 D	弯曲半径 R
<108	$4D$
133~159	$4D$
219~273	$5D$
273 以上	$6D$

6.20.3 弯管质量要求

6.20.3.1 减薄率要求

$$壁厚减薄率 = \frac{弯管前壁厚 - 弯管后壁厚}{弯管前壁厚} \times 100\%$$

高压管不得超 10%；中、低压管不得超 15%。

6.20.3.2 弯管最小弯曲半径

具体见表 6-40。

表 6-40 热弯和冷弯最小弯曲半径 (mm)

管 型	热弯最小弯曲半径 R	冷弯最小弯曲半径 R
中、低压钢管	$3.5D$	$4.0D$
高压钢管	$5.0D$	$5.0D$
有色金属管	$3.5D$	$3.5D$

最小弯曲半径要求不必绝对化。用氧气乙炔加热，不充砂，$R=(2.5\sim5)D$ 也都能弯管成功，只是 R 越大越容易弯。R 小时要求操作技术高。

6.20.3.3 椭圆度允许值

具体见表 6-41。

表 6-41 椭圆度允许值

品 种	椭圆度允许值/%
高压管	5
中低压管	8
铜铝管	9
铜合金、铝合金	8

顺便介绍一下，工程上常用的压制弯头。下料后将管段放在焦炭加热炉内均匀加热至900~1000℃，用专用胎具撑管用油压机压制成型。曲率半径可达到$R=1.5D$。压制成型后还需机械加工一下方可成为商品。

6.20.3.4 有缝管弯曲注意点

被弯管一上位就有一个“中性层”，此层为界，一边受拉，一边受压，要把焊缝位置放在与中性层呈45°左右位置上，可避免焊缝开裂。下图可说明这一点。

有缝管弯曲时，中性层位置不得与焊缝重合；A、B、C、D位置适合与焊缝重合。见图6-55。

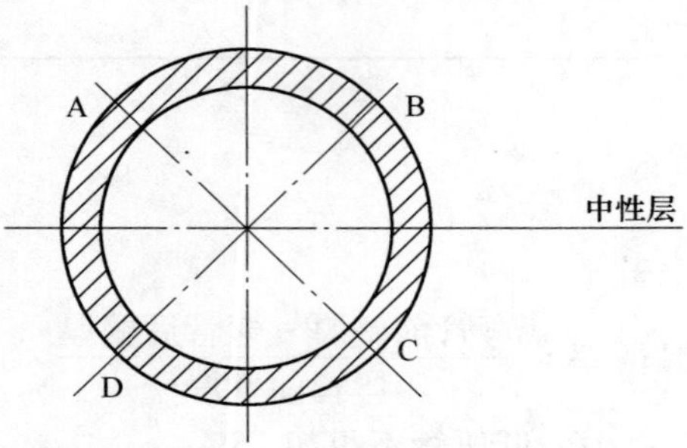

图6-55 有缝钢管弯曲位置示意图

7 管道工程中的机电技术

作者赞成“艺不压身”的理念，掌握一些相邻专业技艺对个人和国家都是有益的。在机电一体化的今天，做管道工程的人必须要学会一些电工和钳工的手艺。

做工程的人绝不可轻视“古老”的手艺。数码机床的当今，德国和法国乡间仍有天轴车床；国内“大国工匠”个个手艺超群，手上技艺了得。火箭上都有许多手艺活儿。所以，不可以想当然要求什么活都自动化。

7.1 打孔攻丝

机械加工行业有句话“钳工怕打眼，车工怕细杆”。打眼就是打孔，打出有精度要求的孔是很难的事。对从事管道工程的人，只是一般的要求。要会打眼，但没必要苛求。

7.1.1 麻花钻和三尖钻打孔

麻花钻头是大家见过用过的工具。在这里只讲两个方面问题。表 7-1 指出对不同材料，打孔时，顶角要求不一样。图 7-1 给出麻花钻的结构示意图，主要角度在图中均有表示。顶角标准角度 118°±2°。

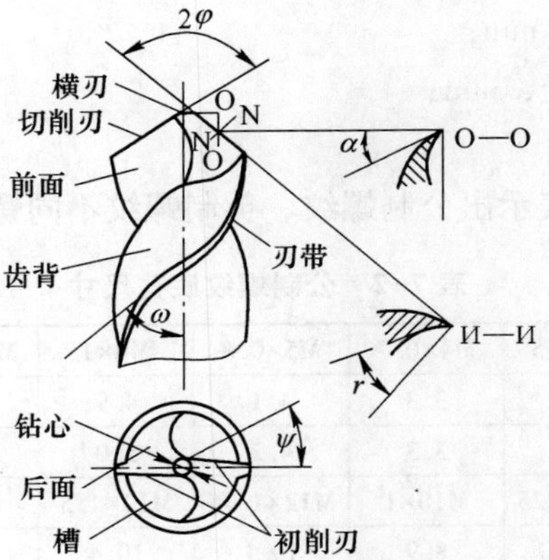

图 7-1 麻花钻结构示意图

表 7-1 对不同材料打孔时的顶角要求

加工材料	顶角 X/(°)	加工材料	顶角 X/(°)
钢、生铁	116~118	铅	140
钢锻件	125	硬铝合金	90~150
黄铜（青铜）	130~140	镁合金	110~120
紫铜	125	塑料	80~90

从表 7-1 中会发现，感觉“脆”的材料，顶角要小些；对“韧”性大的材料顶角要大些。其实磨钻头时，谁也不会去量角度，全靠经验。

钻头顶端有一段很短刃口，叫横刃，磨钻头时使其尽量短些这样便于横刃落入预先打好的样冲眼内，这样做保障了钻头不会偏离中心，钻头转动阻力也小。

除了上面两条之外，对钻孔时加冷却液，深孔加工要及时排屑也应给予注意。另外工程中常常要在薄板上打大孔，用普通钻头钻孔，会出现：孔不圆，成多边形，边缘出毛刺，薄板会扭曲。

如果将钻头磨成三尖形，如图 7-2 所示，此钻又称“划钻”，用此钻尖就能够在薄板上“划”出很规矩的圆孔。此钻中心尖比两侧尖高出 1~1.5mm，它先落入中心，保障了精度，外尖划出规矩的圆形。

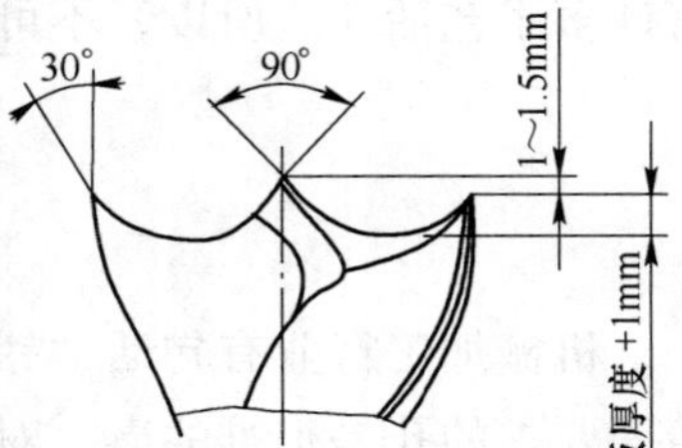

图 7-2 三尖钻头

7.1.2 攻丝前底孔尺寸的确定

在机械加工行业里有如下计算方法。

$$\left.\begin{array}{lll}\text{当 } t<1 \text{ 时} & D=d-t & \text{（多为韧性材料）}\\ \text{当 } t>1 \text{ 时} & D=d-(1.04\sim1.06)t & \text{（多为脆性材料）}\end{array}\right\} \qquad (7-1)$$

式中 D——底孔直径，mm；

d——内螺纹外径，mm；

t——螺距，mm。

表 7-2、表 7-3，表示出公制螺纹、英制螺纹不同螺纹直径的底孔尺寸。

表 7-2 公制螺纹底孔尺寸 （mm）

螺纹直径与螺距		M3×0.5	M4×0.7	M5×0.8	M6×1	M8×1.25	M8×1	M10×1.5
铸铁青铜	钻头尺寸	2.5	3.3	4.1	4.9	6.6	6.9	8.4
钢、黄铜		2.5	3.3	4.2	5.0	6.7	7	8.5
螺纹直径与螺距		M10×1.25	M10×1	M12×1.75	M12×1.5	M14×2	M16×2	M18×2.5
铸铁青铜	钻头尺寸	8.6	8.9	10.1	10.4	11.8	13.8	15.3
钢、黄铜		8.7	9.0	10.2	10.5	11.9	13.9	15.4

表 7-3 英制螺纹底孔尺寸 (mm)

螺纹直径/in		$\frac{3}{16}$	$\frac{1}{4}$	$\frac{5}{16}$	$\frac{3}{8}$	$\frac{1}{2}$	$\frac{5}{8}$	$\frac{3}{4}$	$\frac{7}{8}$	1	$1\frac{1}{8}$	$1\frac{1}{4}$	$1\frac{1}{2}$	$1\frac{3}{4}$	2
铸铁、青铜、黄铜	钻头尺寸	3.8	5.0	6.6	8.0	10.6	13.6	16.6	19.5	22.3	25	28.2	34	39.5	45.3
钢、可锻铸铁、紫铜		3.9	5.1	6.7	8.1	10.7	13.8	16.8	19.7	22.5	25.2	28.4	34.2	39.7	45.6

7.1.3 攻丝

如图 7-3 所示，把手的方孔套住丝锥尾部方榫。

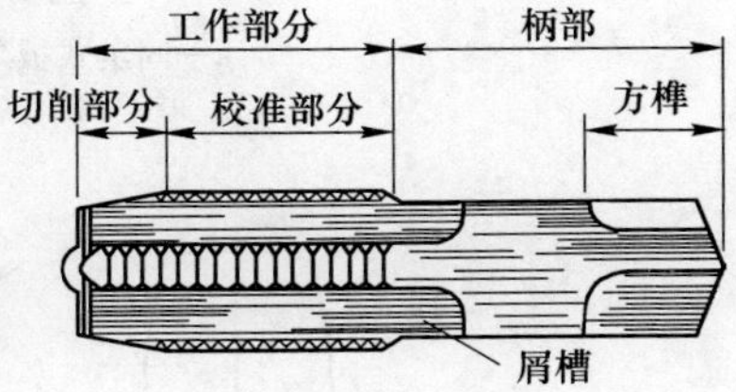

图 7-3 丝锥图

旋转状态将丝锥拧入已打好的孔洞内，丝锥切削部分开始进行攻丝。

机用丝锥固定在机床上，对钻好的孔洞进行攻丝。

手动丝锥由两支或三支组套：头锥、二锥成一套；头锥、二锥、三锥成一套，头锥是开路工具，切削部分锥角小，以后逐步加大锥角。

三锥攻出的内螺纹比二锥攻出的内螺纹光滑圆润。头锥一定要与工作面垂直。攻丝过程往往是“进三、五步退一两步”正向旋转感到费力了反转一下，正转多些，适当反转，攻丝逐步完成。反旋丝锥还可断屑。攻丝时要经常点润滑液。

头锥完成后，将二锥丝锥放入已攻过的螺孔中，装上把手进行二攻。亦可将丝锥装在机床轴上，机械攻丝。

比如：

（1）在青铜板上攻制 M10×1.5 内螺纹如何操作？

先用 ϕ8.4mm 麻花钻头打孔，打好孔后，选用 M10×1.5 丝锥进行攻丝。

（2）在紫铜板上攻制 1 英寸内螺纹，如何操作？

先用 ϕ22.5mm 麻花钻打孔，而后选 1 英寸丝锥进行攻丝。攻丝方法如书中所述。

两个问题的实质是“给已知的螺栓配螺母，包含公制和英制尺寸”。

7.2 圆杆套丝和管子套丝

圆杆套丝管子套丝工作是给已知螺母配螺栓。

7.2.1 圆杆套丝

圆杆套丝见图 7-4、图 7-5。

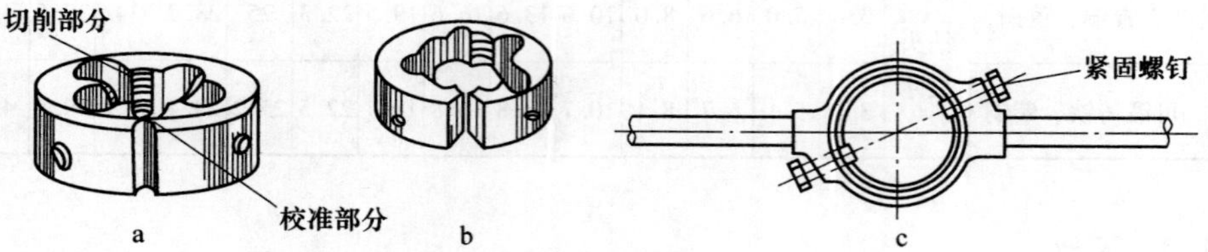

图 7-4 板牙、板牙架图

a—固定式板牙；b—可调式板牙；c—板牙架

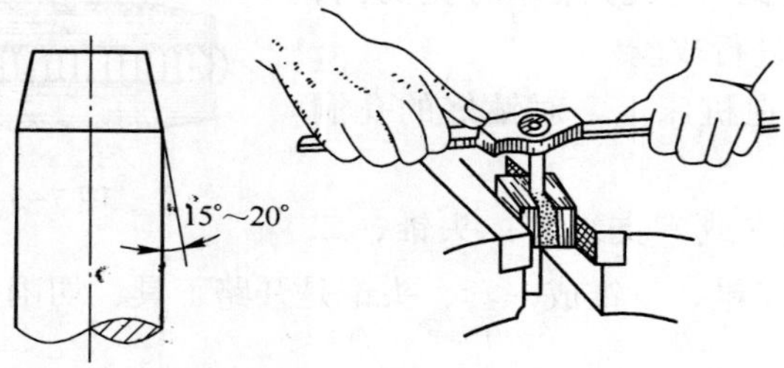

图 7-5 圆杆倒角及套丝操作示意图

7.2.1.1 套丝工艺

上面两幅图对于做过套丝工作的人而言，非常简单不屑一说。然而对于刚毕业的大学生或未接触过此项工作的人有必要简介一下。

图 7-4a 为固定式板牙，切削部分可理解为“套住圆柱顶端有锥度部分开始吃刀啃掉金属”较准部分可理解为“按标准尺寸在圆柱上啃出螺纹”。

图 7-4b 为可调式板牙，两颗小螺钉可对“面对的小槽缝进行调宽度”，达到实现改变螺纹之目的。强调一点，只是微调。

图 7-5 表示出对被加工圆柱、磨出锥度，其锥度也是凭感觉而为。

7.2.1.2 圆杆棒料直径的确定

板牙套丝过程中啃铁时，能将牙尖挤高，所以选择的棒料直径比所需螺纹直径小些。棒料直径：

$$D = d - 0.13t \qquad (7-2)$$

式中 d——螺纹外径，mm；

t——螺距，mm。

表 7-4 为选棒料直径数据表。

表 7-4 选棒料直径数据

粗牙普通螺纹				英制螺纹			管螺纹		
d/mm	t/mm	棒料直径/mm		英制螺纹/in	棒料直径/mm		英制螺纹/in	管子外径/mm	
		最小	最大		最小	最大		最小	最大
M6	1.0	5.80	5.90	$\frac{1}{4}$(二分)	5.9	6.0	$\frac{1}{8}$(一分)	9.4	9.5
M8	1.25	7.80	7.90	$\frac{5}{16}$(二分半)	7.4	7.6	$\frac{1}{4}$(二分)	12.7	13
M10	1.50	9.75	9.85	$\frac{3}{8}$(三分)	9	9.2	$\frac{3}{8}$(三分)	16.2	16.5
M12	1.75	11.75	11.90	$\frac{1}{2}$(四分)	12	12.2	$\frac{1}{2}$(四分)	20.5	20.8
M18	2.5	17.70	17.85	$\frac{5}{8}$(五分)	15.2	15.4	$\frac{5}{8}$(五分)	22.5	22.8
M20	2.5	19.70	19.85	$\frac{3}{4}$(六分)	18.3	18.5	$\frac{3}{4}$(六分)	26	26.3
M30	3.5	29.60	29.80	$\frac{7}{8}$(七分)	21.4	21.6	$\frac{7}{8}$(七分)	29.8	30.1
M42	4.5	41.55	41.75	11英寸	24.5	24.8	11英寸	32.8	33.1
M52	5.0	51.50	51.70	$1\frac{1}{4}$1英寸二分	30.7	31	$1\frac{1}{8}$1英寸1分	37.4	37.7
M60	5.5	59.45	59.70	$1\frac{1}{2}$1英寸4分	37	37.3	$1\frac{1}{4}$1英寸2分	41.4	41.7
M64	6	63.40	63.70				$1\frac{3}{8}$1英寸3分	43.8	44.7
M68	6	67.40	67.70				$1\frac{1}{2}$1英寸4分	47.3	47.6

现对表 7-4 做一点说明，本表涉及管工和钳工结合部分。在棒料上做$\frac{1}{2}''$（即四分）英制螺纹，要求棒料直径 12~12.2mm。由于，套丝将牙尖挤高，使成型螺纹外径可达 12.5~12.7mm。1 英寸等于 25.4mm，$\frac{1}{2}''$（四分）正好等于 12.7mm。

对于管螺纹，$\frac{1}{2}''$（四分）要求管外径 20.5~20.8mm，市场上焊接管公称直径 DN15 相当于$\frac{1}{2}''$（四分），外径为 21.25mm。实际情况是市场产品外径均小于 21.25，但又不允许小于 20.5mm。因此，机械加工手册要求“$\frac{1}{2}''$圆柱管螺纹外径为 20.956mm” 这一要求可以满足。其实套丝没这么高的精度。

7.2.2　管子套丝

这里只介绍手工套丝，俗称带丝，是一套手工工具，多数人见过甚至用过这种工具，如图 7-6 所示。

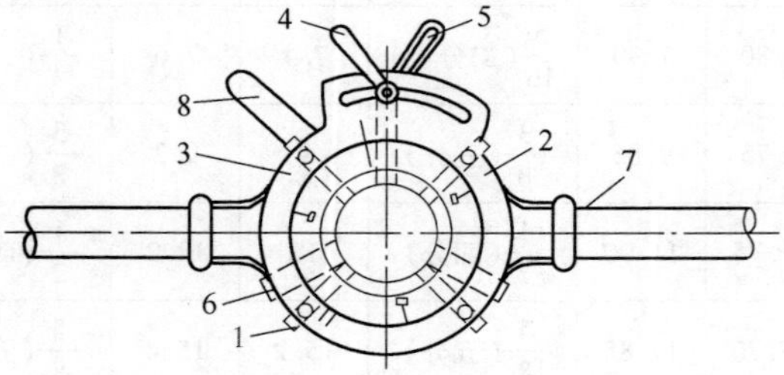

图 7-6　手动套丝工具

1—牙体；2—前挡板；3—本体；4—扳手型螺母；5—松扣柄；6—顶杆；7—板把；8—后扳柄

图 7-6 可以给初学者一个形象示意。以某产品为例，结合图 7-6，说明一下使用要点。此套丝工具与图 7-4 中板牙无本质区别。

规格二英寸带丝配三副板牙，每副板牙可套丝两个尺寸，第一副板牙可套 $\frac{1}{2}''\sim\frac{3}{4}''$管螺纹；第二副板牙可套 $1''\sim1\frac{1}{4}''$管螺纹；第三副板牙可套 $1\frac{1}{2}''\sim2''$管螺纹。

每副板牙有 4 个牙体，牙体是刀具，用它啃出管螺纹，4 个牙体原装带编码 1、2、3、4。4 个牙体装在图 7-6 中件号 3 本体上。图 7-6 中件号 2 称为前挡板，它与件号 3 活连接，是一个可转动标盘。

前挡板逆时针旋转牙体向中心靠拢；顺针旋转牙体向外散开。前挡板上也刻有 1、2、3、4 说明牙体放入时要对号入座。

前挡板内缘刻有$\frac{1}{2}''$；$\frac{3}{4}''$；$1''$；$1\frac{1}{4}''$；$1\frac{1}{2}''$；$2''$；当前挡板刻度与本体（件号 3）标记对应时，用件号 4 锁紧就可以进行套丝了。件号 7 是施力把手。用更换板牙牙体和调整前挡板刻度实现套出不同管螺纹之目的。

7.3　焊缝分析

按着管道材质和承受的温度压力人为地将管道分为五类；焊缝又以质量情况分为四级。

焊缝质量可从外观和透视两个方面评价。评价焊缝要有很深的学问和丰富的实践经验，对焊缝出结论的单位或个人承担着法律责任。管道施工人员做完管道后，打压是检验焊缝的手段（凭据）之一还必须根据要求，请专门机构的专业人员做检测，出具文字报告。

7.3.1 外观质量

7.3.1.1 专业术语

焊缝宽度：坡口两边各超出 1.5~2mm 的尺寸；符号 b。

咬边：母体金属和焊料金属交界处出现沟槽称之为咬边（烧糊了）。

弧坑：焊缝低于金属表面处形成凹坑，此坑称为弧坑。

气孔：焊缝中球形或柱形空洞称为气孔。

裂纹：由于焊接时温度很高，母体金属和焊料自身会产生裂缝（后者居多）此缝称之为裂纹。

夹渣：焊缝中有非金属熔渣（焊条保护层的非金属落入熔池中）。

7.3.1.2 质量要求

表 7-5 中各小图指出了焊缝缺陷，同时提出要求，这些知识对工程技术管理很重要，“管道工程离不开焊缝”。如果做高压管道、氢气管道，离不开“探伤”，不懂焊缝不行。培养高压焊工不容易，社会现状是“焊活打压能合格，但焊活质量普遍不高”这就要求管理者努力补上这一短板。

表 7-5 各种焊缝缺陷

示意图	缺陷名称	焊缝等级 Ⅰ Ⅱ Ⅲ Ⅳ	示意图	缺陷名称	焊缝等级 Ⅰ Ⅱ	焊缝等级 Ⅲ Ⅳ
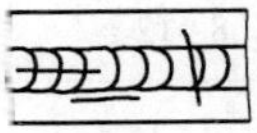	裂纹	不允许	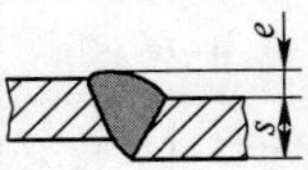	错位	小于 0.155mm 最大允许 3mm	小于 0.25s 最大允许 5mm
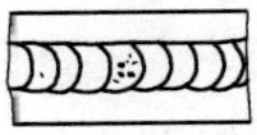	气孔	不允许	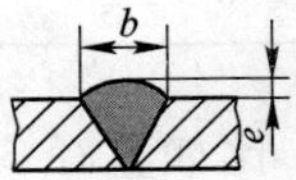	表面加强超高	e 小于 $1+0.1b$，最大值不超 3mm	e 小于 $1+0.2b$ 不得超 5mm
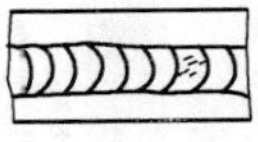	夹渣	不允许	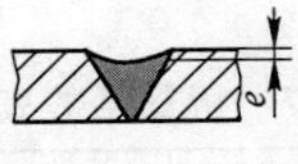	弧坑	不允许	e 小于 0.5mm，有坑长度不得超 100mm
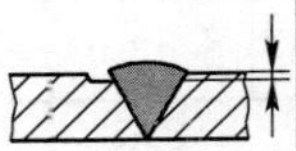	咬边	深度小于 0.5mm 不得超全长 10%，且小于 100mm	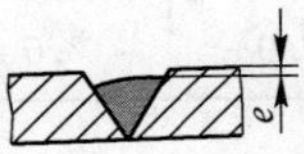	弧坑	不允许	

注：表中 e 为误差值；D 为焊缝宽度；S 为被焊材料厚度；单位均为毫米。

7.3.2 透视检验

7.3.2.1 成相机理

焊缝内部缺陷，对 X 射线的衰减吸收能力不同，射线穿过焊缝后，光的强度发生变化，胶片感光程度就不一样，底片影相也就不一样。见图 7-7。

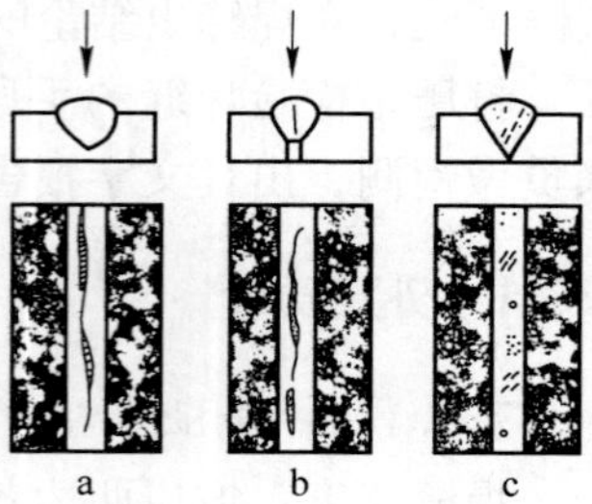

图 7-7 透视底片
a—未焊透；b—裂纹；c—气孔夹渣

7.3.2.2 底片分析

焊缝在母体金属上，在透视底片上显示出色条带。焊缝缺陷又在白色条带上显出不同黑度。图 7-7a 属未焊透现象。在底片上显出断续或连续黑直线。在“V”形坡口上焊缝中，断续线宽度不一样，黑度不一样偏离焊缝中心线（在不开口对接焊缝中断续或连续线宽度反而均匀些）。图 7-7b 中弯曲波浪黑色细条纹，有时也出现小段细直线，黑色线轮廓分明，两端细中间宽，两端会消失。这种照片属裂纹缺陷。图 7-7c 属气孔夹渣缺陷。气孔为圆或椭圆点，外观较规则；夹渣会显出小的点或条纹，外观不规则。射线探伤是有国家标准的。一级焊缝不允许有任何裂纹和未焊透、夹渣。底片上任何 10mm×50mm 面积上对一、二、三、四级焊缝允许气孔点数有规定数值。见表 7-6。

表 7-6 允许气孔点数

焊缝等级	板（壁）厚/mm			
	2.5~5.0	5.0~10.0	10.0~20.0	20.0~50.0
一	0~2	2~3	3~4	4~6
二	2~4	4~6	6~8	8~12
三	3~6	5~9	9~12	12~18
四	4~8	8~12	12~16	16~24

气孔有大，有小，有折算规定。比如直径 3mm 气孔相当于 5 个气孔点数。见表 7-7。

表 7-7 折算系数表

气孔直径/mm	0.5 以下	0.6~1.0	1.1~1.5	1.6~2.0	2.1~3.0	3.1~4.0	4.1~5.0
折算系数	0.5	1.0	2.0	3.0	5.0	8.0	12.0

对二、三、四级焊缝的条状夹渣有条状长度、总长度，条状间距要求，见表 7-8。表中符号 L 为相邻条状夹渣线长度大者，单位 mm。

表 7-8 对焊缝条状夹渣具体要求

焊缝级别	单条夹渣长度	条状夹渣总长	条状夹渣间距
二	够 4mm 算一条	不得超过被焊金属厚度的$\frac{1}{12}$	$6L$ 以上
三	够 6mm 算一条	不得超被焊金属厚度的$\frac{1}{6}$	$3L$ 以上
四	够 8mm 算一条	不得超过被焊金属厚度的$\frac{1}{4}$	$2L$ 以上

7.4 几个相关的电工问题

7.4.1 电暖气设备选用

配合环保，以电为热源的采暖系统近年多起来。城市改造，有些老住宅经评估认为有改造价值，政府出资做内（外）保温，管路、电气系统也给予更新。

电暖气的容量可按下式选用。

$$P = qA \tag{7-3}$$

式中 A——供暖面积，m^2；

q——单位面积热负荷，选为 120~140W/m^2；

P——总功率，W。

q 值选的偏大，这是因为电热，热惰性小，冷的快也热的快。建议设计成多档可调。为预防天气之不测一次性选大容量是有益的。

7.4.2 铜、铝导线安全载流量

该部分内容只有资料意义。

7.4.2.1 塑料绝缘线安全载流量（A）

具体见表 7-9。

表 7-9 塑料绝缘线安全载流量表

导线截面积 /mm^2	线芯股数 单股直径 /mm	明装		穿钢管						穿硬塑管					
				一管二线		一管三线		一管四线		一管二线		一管三线		一管四线	
		铜	铝	铜	铝	铜	铝	铜	铝	铜	铝	铜	铝	铜	铝
1.0	1 1.13	17		13		11		10		10		10		9	
1.5	1 1.37	21	16	17	13	15	11	14	10	14	11	13	10	11	9

续表 7-9

导线截面积/mm²	线芯股数单股直径/mm	明装		穿钢管						穿硬塑管					
				一管二线		一管三线		一管四线		一管二线		一管三线		一管四线	
		铜	铝	铜	铝	铜	铝	铜	铝	铜	铝	铜	铝	铜	铝
2.5	1 1.76	28	22	24	17	21	16	19	13	21	16	18	14	17	12
4	1 2.24	35	28	32	23	27	21	24	19	27	21	24	19	22	17
6	1 2.73	48	37	43	30	36	29	32	24	36	27	31	23	28	22
10	7 1.33	65	51	59	42	49	38	43	33	49	36	42	33	38	29
16	7 1.70	91	69	75	55	64	49	56	43	62	48	56	42	49	38
25	7 2.12	120	91	98	70	82	61	74	57	82	63	74	56	65	50
35	7 2.50	147	113	121	87	100	78	91	70	104	78	91	69	81	61
50	19 1.83	187	143	151	108	127	96	113	87	130	99	114	88	102	78
70	19 2.14	230	178	186	135	159	124	143	110	160	126	145	113	128	160
95	19 2.50	282	216	225	165	495	148	173	132	199	151	178	137	160	121

7.4.2.2 橡皮绝缘线安全载流量（A）

具体见表 7-10。

表 7-10 橡皮绝缘安全载流量表

导线截面积/mm²	线芯股数单股直径/mm	明装		穿钢管						穿硬塑管					
				一管二线		一管三线		一管四线		一管二线		一管三线		一管四线	
		铜	铝	铜	铝	铜	铝	铜	铝	铜	铝	铜	铝	铜	铝
1.0	1 1.13	18		13		12		10		11		10		10	
1.5	1 1.37	23	16	17	13	16	12	15	10	15	12	14	11	12	10

续表 7-10

导线截面积 /mm^2	线芯股数 单股直径 /mm	明装		穿钢管						穿硬塑管					
				一管二线		一管三线		一管四线		一管二线		一管三线		一管四线	
		铜	铝	铜	铝	铜	铝	铜	铝	铜	铝	铜	铝	铜	铝
2.5	1 1.76	30	24	24	18	22	17	20	14	22	17	19	15	17	13
4	1 2.24	39	30	32	24	29	22	26	20	29	22	26	20	23	17
6	1 2.73	50	39	43	32	37	30	34	26	37	29	33	25	30	23
10	7 1.33	74	57	59	45	52	40	46	34	51	38	45	35	40	30
16	7 1.70	95	74	75	57	67	51	60	45	66	50	59	45	52	40
25	7 2.12	126	96	98	75	87	66	78	59	87	67	78	59	69	52
35	7 2.50	156	120	121	92	106	82	95	72	109	83	96	73	82	64
50	19 1.83	200	152	151	115	134	102	119	91	139	104	121	94	107	82
70	19 2.14	247	191	186	143	167	130	150	115	169	133	152	117	135	104
95	19 2.50	300	230	225	174	203	156	182	139	208	160	186	143	169	130
120	37 2.00	346	268	260	200	233	182	212	165	242	182	217	165	197	147
150	37 2.24	407	312	294	226	268	208	243	191	277	217	252	197	230	178
185	37 2.50	468	365												
240	61 2.24	570	442												
300	61 2.50	668	520												
400	61 2.85	815	632												
500	91 2.62	950	738												

选择电线或电缆，其耐压能力应大于现场使用值（或留有余量）；用截面积和安装工艺保障电压损失不超 10%。

电工有一传统口诀：

10 下五，100 上二；25、35，四三界；70、95，两倍半；穿管温度八九折；裸线加一半；铜线升级算。

上述口诀含义为：

1~10mm^2：铝绝缘导线，截面积乘以 5 为该线载流量；

16~25mm^2：铝绝缘导线，截面积乘以 4 为该线载流量；

35~50mm^2：铝绝缘导线，截面积乘以 3 为该线载流量；

70~95mm^2：铝绝缘导线，截面积乘以 2.5 为该线载流量；

120mm^2：铝绝缘导线，截面积乘以 2 为该线载流量。

口诀是传统说法，早期多用铝线，现如今多种场合已不用铝线；铜线是主角。

导线穿管或环境温度 25℃以上时，载流能力按八折或九折算。口诀的结果和表中数值不一定完全一致，但可以作为选择依据。

对住宅而言，关键是进户线截面积要有保障。有一种说法，“每平方米建筑面积供电 60W 为宜”。按照此理百平米住宅入户电量为 6kW，单相电压 220V，电流理论值 27.3A。用塑料绝缘线铜线截面 2.5mm^2（载流 28A）；或用橡皮绝缘铜线 2.5mm^2（载流 30A）均可满足要求。

目前，实际上应用多为铜线入户，已很少或不用铝线入户。

如果进线材料是塑料绝缘线铜线，四根线穿一根硬塑管引入单元，载流能力下降，单股 6mm^2 铜线载流 28A 方可以合乎要求。见表 7-9。

对待类似问题，照设计要求施工即可；一旦发现异常，自己内心有把握，能发表出正确意见，就达到了本书的目的。

7.4.3 不同类型用电设备额定电流简算法

知道所使用的设备的额定电流值，可以正确地选用进线线径，同时通过电流值，也可以判定用电设备运行情况。

先给“安培”量化一下。都知道每秒钟流过 1 库仑电量的电流强度称之为安培，1 库仑电量有多大？从硝酸银溶液中析出 0.0011180 克银的电量称之为库仑。

7.4.3.1 电动机额定电流值

单相电动机和三相电动机，额定电流与其功率有倍数关系，符号 K。见表 7-11。

表 7-11 *K* 值表

P \ *V* *K*	220V	380V
2kW，以下	4	2.5
2kW 以上	3.5	2

上表中 P 的单位为 kW。

举例：

（1）2kW 单相电动机，其额定电流应为：

$$I_{额} = KP = 4 \times 2 = 8(\mathrm{A})$$

如果精确计算 $$I=\frac{2000}{220}=9.1(\mathrm{A})$$

（2）7.5kW 三相电动机，其额定电流值应为：

$$I_{额} = KP = 2 \times 7.5 = 15(\mathrm{A})$$

如果精确计算 $$7500 = \sqrt{3}\,UI\cos\phi$$

$$I = \frac{7500}{\sqrt{3} \times 380 \times 0.8} = 14.2(\mathrm{A})$$

结论：简单值与精确计算存在误差，但对选进线线径是允许的，观察运行状况也是可作为依据的。电器设备的电流值可以波动 15%~20%。

7.4.3.2 三相变压器和三相电热设备额定电流值

其额定电流值为功率的 1.5 倍。

举例：

（1）电炉功率 30kW，求额定电流值。

$$I_{额}=30\times1.5=45(\mathrm{A})$$

（2）三相变压器给出 kV·A 数值，同样乘以 1.5。50kV·A 三相变压器的额定电流值

$$I_{额} = 1.5 \times 50 = 75(\mathrm{A})$$

公式中 P 的单位是 kW，不可用 W。

7.4.4 管道防静电

输送易燃爆气体或液体的管道，必须有防静电措施。气体或液体不同层面之间有摩擦；流体与管壁之间有摩擦，有摩擦就会产生静电，电荷积聚必须释放，否则就会引起燃爆。氢气管道，天然气管道尤其要强化接地措施。

架空管道和埋地管道要有良好的接地措施。见图 7-8、图 7-9。

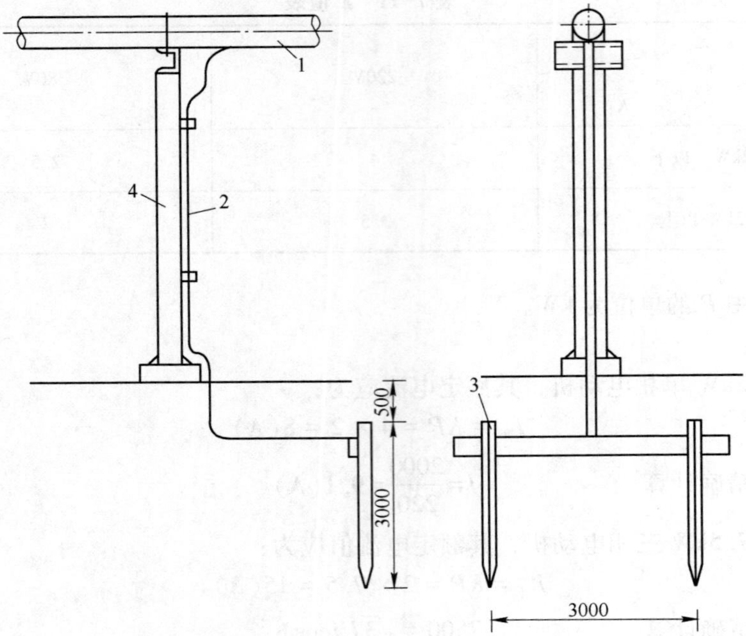

图 7-8 架空管道接地图

1—管道；2—入地导体；3—接地极；4—管子支撑架

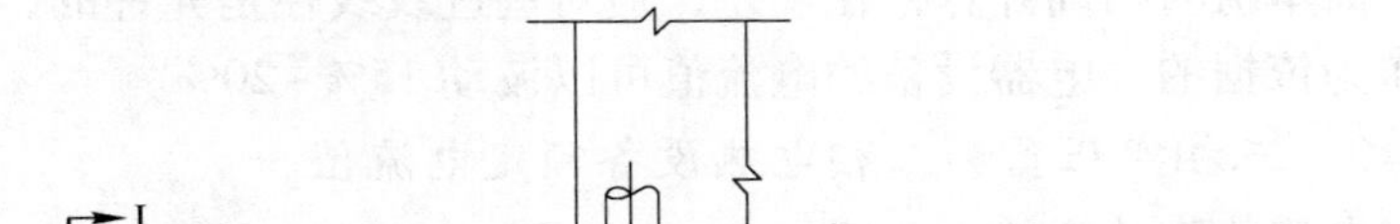

图 7-9 埋地管道接地图

1—埋地管道；2—管道与接地极连线；3—接地极

图 7-8 与图 7-9 给出接地方式，与常见的地线方式相似。施工者可自行设计接地方式，只要便于释放电荷都可行。至于连接导线和接地极几何尺寸，标准图均有明示。建议件 2 用 ϕ10mm 钢筋；件 3 用 DN40～DN50 焊接管或用 DN45×3.58 无缝料。

防静电措施归纳以下几点。

（1）架空管道进厂房前做好接地；输送燃爆介质的管道在其始末端、分岔处均须接地。接地电阻应小于10Ω；法兰跨接电阻要求小于0.03Ω。

（2）向储罐内输燃爆介质，气流或液流要贴壁流动；有接地措施情况下，管内流速要加以限制，乙醚介质流速要小于1m/s；输送汽油、甲醇流速应不超过3m/s。

（3）非导电材料管道（橡胶、陶瓷、玻璃等管道），要外缠钢、铜、铝线接地。

（4）室内相对温度65%~70%利于防静电。越干燥越易产生静电。

（5）传动中若用橡胶皮带，应用固定配方润滑膏。润滑膏配方如下：炭黑18%，含油酒精或四氯化碳为溶剂的青漆82%。当今，在有爆炸危险的厂房内，绝大多数场合均使用三角皮带传动。

7.4.5 漏电保护器

漏电保护器，英国称之为《剩余电流动作保护器（IEC）》；美国叫作《接地故障保护器》；中国1993年强制认证GB 13995—1992，1992年发文，1993年5月1日执行。

7.4.5.1 单相设备漏电保护原理

动作原理：正常情况下电流 $i_1=i_2$ 而且方向相反互感器无反应。有人触电产生电流 i_3，穿过线圈的电流失恒，互感器线圈内产生电流，再经电子驱动线路放大，脱扣器动作，主开关 S_1 脱扣，断路。

投入使用前，将开关 S_2 反复合闸，观察能否切断主线路，其中 R 相当于人体电阻，正常运行时 S_2 处于断开状态。见图7-10。

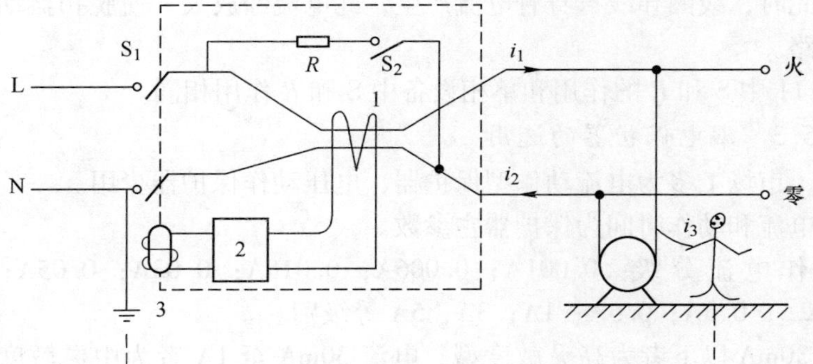

图7-10 单相设备漏保线路图

S_1—主开关；S_2—试验开关

1—互感器；2—电子驱动线路；3—脱扣器；R—相当于人体阻值的试验电阻（1000Ω左右）

7.4.5.2 三相设备漏电保护原理

图 7-11 为三相设备漏保原理图。图中虚线方框为漏电脱扣器，互感器是其中的一个元件。

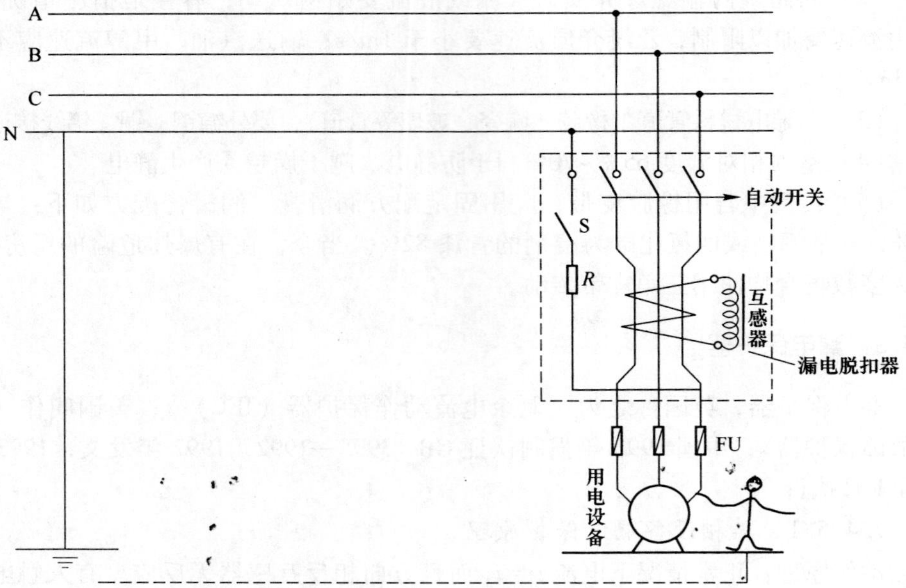

图 7-11 三相设备漏保原理图

正常运行时穿越互感器的总电流为零。然而不能理解为“无电流通过”，因为电流是矢量，有方向有强弱且周期性变化。

当有人触电时，通过人体有电流入地，造成穿越互感线圈的电流发生变化不再为零。此时，线圈导线自身有电流产生，此电流经放大，使脱扣器动作自动开关切断电路。

图 7-11 中 S 和 R 的作用和单相设备中 S 和 R 作用相同。

7.4.5.3 漏电保护器的选用

目前，市场上多为电流动作型保护器，电压动作保护器少用。

动作电流和动作时间为保护器主参数。

按动作电流分级：0.001A；0.006A；0.015A；0.03A；0.05A；0.075A；0.1A；0.2A；0.3A；0.5A；1A；3A；5A 等级别。

电流 30mA 以下者为高灵敏度型；电流 30mA 至 1A 者为中灵敏度型；电流 1A 以上者为低灵敏度型。

按动作时间分级：动作时间不超 0.1s 为快速型；动作时间不超 2s 为延时型。

任何电路或用电设备在正常运行中都有泄漏电流，测泄漏电流有一定难度，用经验公式来估算可以解决实际问题。给一组符号 I_R 为供电最大电流；I_Δ 为漏电电流。

单相照明电路取 $I_{\Delta} \geqslant \frac{I_{R}}{2000}$；三相动力线路 $I_{\Delta} \geqslant \frac{I_{R}}{1000}$。选漏保动作电流原则如下：

（1）全网总保护的漏电保护器动作电流按2倍泄漏电流计算；

（2）多支路设备的漏电保护器动作电流按2.5倍泄漏电流计算，同时还应满足泄漏电流最大一台设备的泄漏电流的4倍之要求；

（3）单独设备漏电保护器动作电流为泄漏电流的4倍。

举一个实例，看看如何选用漏电保护器，给30kW水泵选一台漏电保护器。

解：1）按表7-11确定水泵电机额定电流

$$I_{额} = KP = 2 \times 30 = 60(\text{A})$$

2）将额定电流算做供电最大电流 I_R 是可行的。泄漏电流 I_{Δ} 可求

$$I_{\Delta} = \frac{I_R}{1000} = \frac{60 \times 1000}{1000} = 60(\text{mA})$$

3）动作电流应为泄漏电流的4倍

$$I_{动作} = 4 \times I_{\Delta} = 4 \times 60 = 240(\text{mA})$$

4）结论：选动作电流240mA的漏电保护器，动作时间选不超0.1s的快速型。

5）讨论：动作电流240mA属中灵敏度；动作时间快速型为好。不能说灵敏度越高越好，“过敏”，动不动就跳闸也不好。

计算值出来后，还应适应产品市场情况。

7.4.5.4 漏电保护器安装要求

（1）尊重有资质厂家的安装要求；

（2）对保护器控制回路供电用铜线，截面积不小于1.5mm^2；

（3）安装时严格区分中性线和保护线，中性线不可做保护线，保护线不得接入漏保装置中；

（4）漏电保护器安装完毕后，空载用试验按钮三次，加负荷后动作三次均准确无误方可投入使用，且记录存档。

7.4.6 电力系统接地种类、中性线和保护线

7.4.6.1 接地种类

（1）工作接地。

属常规接地，用户用变压器副边供电，中性点接地也可防雷。见图7-12。

（2）保护接地。

电器设备外壳通过零线N实现接地，属于保护接地。见图7-13。

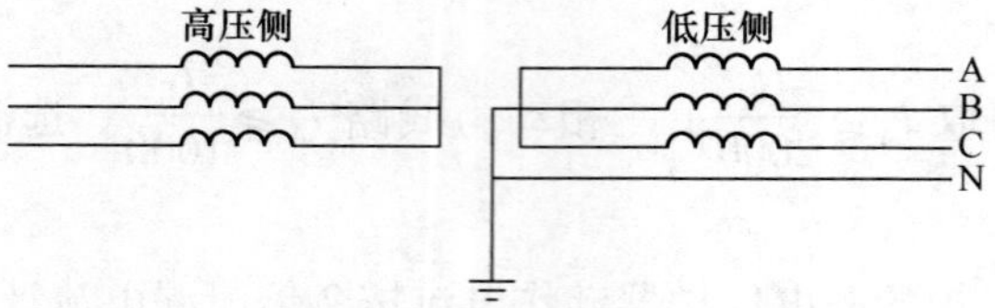

图 7-12 常规工作接地示意图

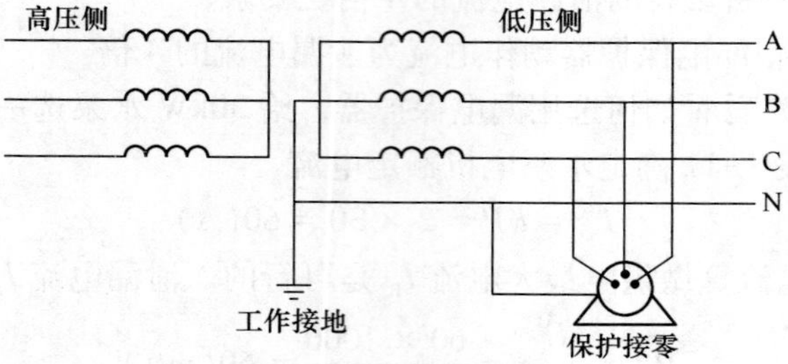

图 7-13 保护接地示意图

电器设备外壳不和零线相接，而和独立接地装置相接，属保护接地。见图 7-14。

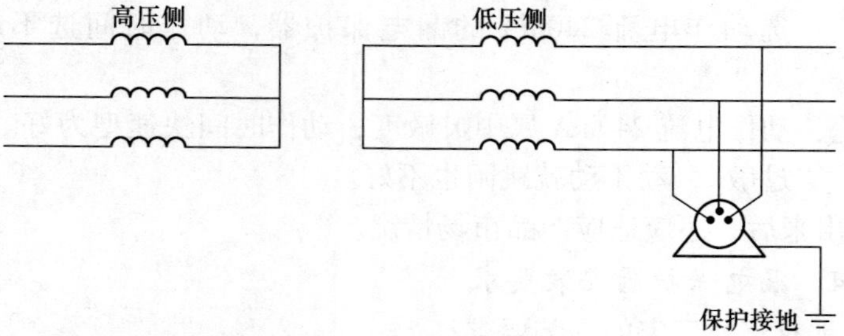

图 7-14 保护接地的另一种示意图

（3）重复接地。

将零线多点接地，属重复接地，重复接地可防止零线某处断裂造成的安全隐患。见图 7-15。

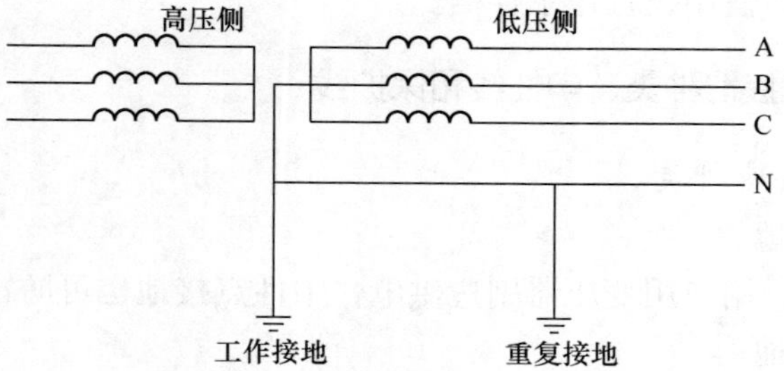

图 7-15 重复接地示意图

7.4.6.2 中性线和保护线

图 7-16 称之为 TN-S 系统，零线和保护线严格分开，PE 被称为专用保护线。这里的 N 被称为零线或中性线。图 7-16 是典型三相五线制模式。虽然 PE 和 N 是共点的，但 PE 为 N 进步补强，可理解为“N 是元配中性线；PE 是后加载者，起强化、双保险作用。”

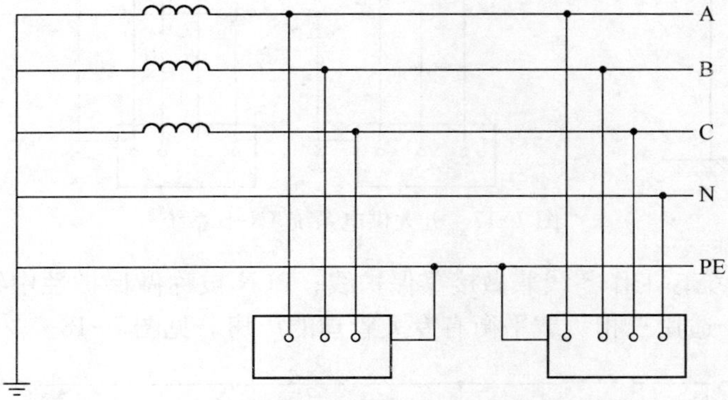

图 7-16 中性线和保护线 TN-S 系统示意图

7.4.7 人工接地体的规格

人工接地体分为垂直接地体和水平接地体。这些接地体的接地效果与材质、几何尺寸有关；值得指出的是土质对接地效果影响很大，如果接地体埋在垃圾土中，接地效果很差，甚至要改变一下土壤结构。见表 7-12。

表 7-12 接地体规格表

类型	材料	规格		常用尺寸
垂直接地体	钢管	壁厚≥3.5mm	长 2~3m	内径 40~50mm；壁厚 3.5mm；长 2500mm
	角钢	厚度≥4mm		40mm×40mm×4mm~50mm×50mm×5mm
水平接地体	扁钢	厚度≥4mm	长度≤60m	4mm×40mm
		截面积≥48mm²		
	圆钢	直径≥8mm		直径 16mm

7.4.8 五大供电系统图及说明

TN-S 系统特点一个点直接接地；设备外壳与工作零线相连；PE 是保护线，与零线分开。PE 被称为专用保护线。电压波动值小于 7%。适用电子机房，电子设备厂房，图纸未指明接地形式亦可采用，典型三相五线制。见图 7-17。

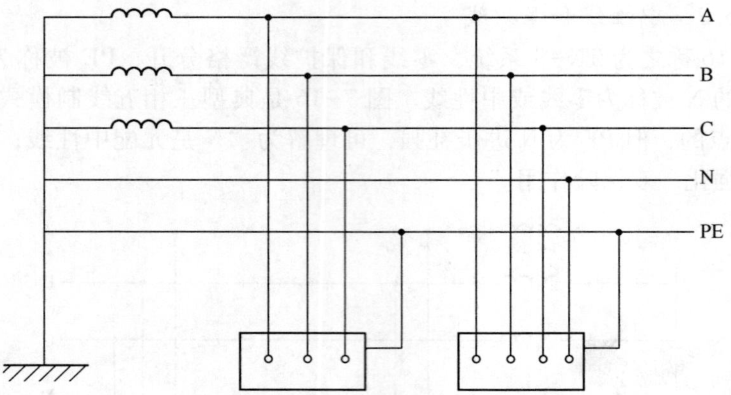

图 7-17　五大供电系统 TN-S 系统

TN-C 系统，工作零线兼做接零保护线；PEN 被称做保护性中线。也是一个点直接接地，适用三相负载平衡有专人管理的厂房。见图 7-18。

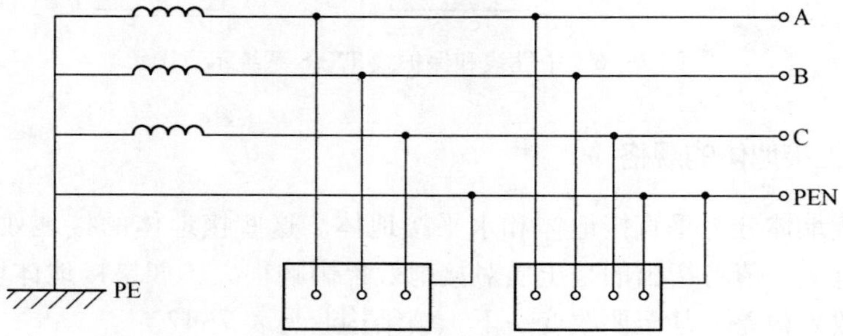

图 7-18　TN-C 系统

TN-C-S 系统，电压波动值小于 7%，应用场合同 TN-S。适用于有单相试验负荷，有晶闸管的科研单位，有变电所的高层建筑。见图 7-19。

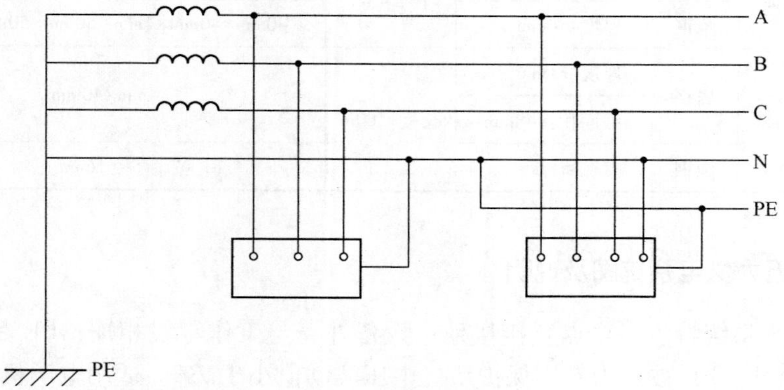

图 7-19　TN-C-S 系统

TT 系统，强化接地，电气设备不带电，适于易发生火灾和燃爆场合的供电。见图 7-20。

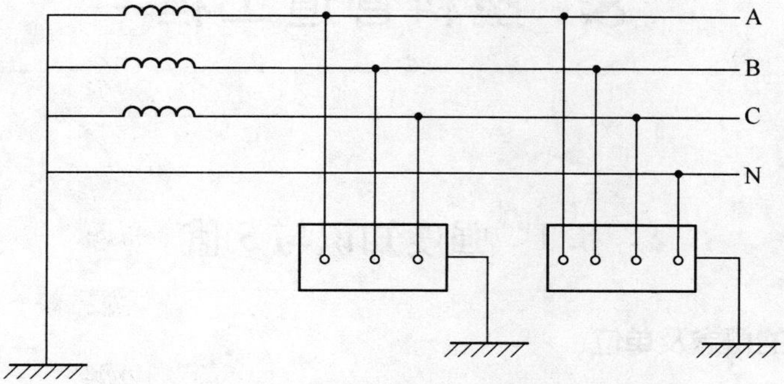

图 7-20 TT 系统

IT 系统，强化接地。所有带电处绝缘，适用不间断供电场合。见图 7-21。

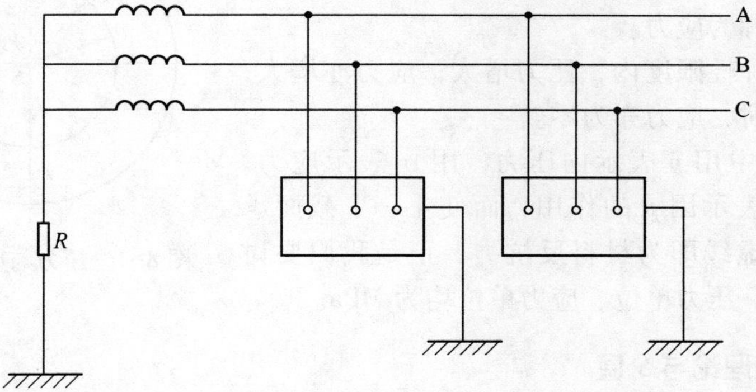

图 7-21 IT 系统

8 塑料管道工程

8.1 强度知识与 S 值

8.1.1 应力的概念及单位

压力与应力是因果关系，但二者数值不相等。当管内有压力 p 时，在图 8-1 中 Ⅰ—Ⅰ 截面承受一种拉裂力，材料自身相应产生一种反抗力，这种反抗力被称为应力。

在材料弹性限度内，压力增大，应力亦增大；当压力为零时，应力亦为零。

图 8-1 中用 p 表示内压力，用 σ 表示应力。其中，实线表示因 p 的作用，而使 Ⅰ—Ⅰ 截面承受拉裂力，虚线即为材料反抗力，正是我们要讨论的环应力。压力单位、应力单位均为 MPa。

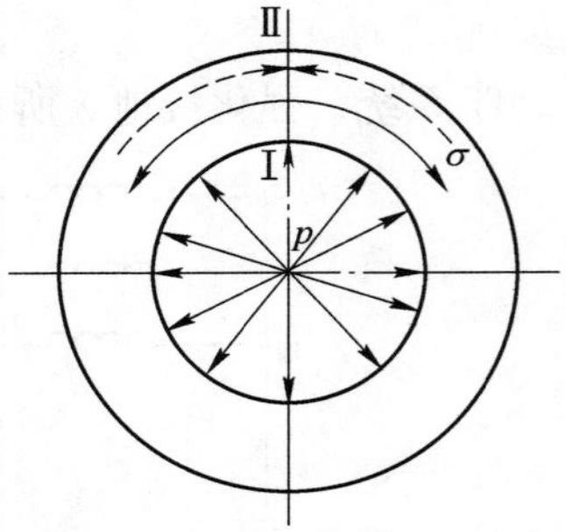

图 8-1　压力与应力示意图

8.1.2 薄壁理论与 S 值

圆管承压强度计算引入了薄壁理论。所谓薄壁是个相对概念，一般认为壁厚与管直径之比为 1/10 左右即属薄壁。目前，工程上使用的塑管大多在此范围内（S_4、S_5 更为接近 1/10）。

薄壁理论认为环应力

$$\sigma = pR/e_n \tag{8-1}$$

其中，几个几何尺寸见图 8-2。

$$R = (d_n - e_n)/2$$

式中　R——管材壁厚中心线圆半径，mm；

e_n——管材壁厚，mm；

p——管内压力，MPa。

将 R 值代入式（8-1）

$$\sigma = p(d_n - e_n)/2e_n \tag{8-2}$$

为了研究问题思路清晰，令 $S = (d_n - e_n)/2e_n$，

即 $\sigma = pS$ （8-3）

S 值就是一个数，它是厚度的标志，也是承压能力的标志。S 值越小，管壁越厚，管材承压能力越高，S 值是塑料管材生产的规范系列值。

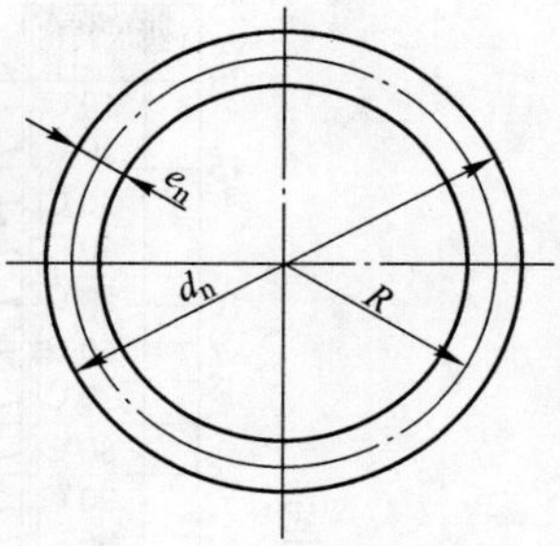

图 8-2 S 值推导用图

8.1.3 许用应力及使用系数 C

$\sigma = pS$，选用管材一般都知道压力 p 的值，S 值也可以知道，就能计算出环应力 σ 的值。

所计算的 σ 值管材料能否承受？不同材质，在不同温度、不同使用年限条件下有个允许值，即许用应力，给个符号 σ_D，σ_D 在设计时又称设计值，计算 σ 值小于 σ_D 方可使用。σ_D 值是实测值，不同材质在不同应用等级时有不同值，如果用“预测强度参照曲线”，纵坐标上的应力值是材料的屈服极限，还必须除以 C 值。C 值称使用系数，其实就是安全系数，系统为冷水时 $C=1.25$，系统为热水时 $C=1.5$。

8.2 塑管压力、温度与寿命

8.2.1 外推法与时温等效原理

对管材做静液压实验发现，管材静液压应力破坏结果表现出“明显的数据离散性”，使得温度 T，应力 σ，寿命 t 的关系带有统计性质，因而可选用合适的统计分布和概率来表述这一点，即可以用数学模型表示几个量间的关系。

短时间（如一年）的实验数据之间有规律性，不同的 T、σ、t 汇集点在坐标平面上可连成直线，直线延长可预测未来。实验发现管材某一高温时段抗压能力缓慢下降，但到了某一时刻后抗压能力陡然下降，下降后仍按直线规律变化。突然下降点称为拐点，各不同的拐点有规律性。见图 8-3～图 8-5。

如 PP-R 材质在 110℃条件下，随着时间的延长，抗压能力慢慢下降，到了 4000h 后，再延长时间，抗压能力就会陡然下降。

综上所述，可以用外推法建立方程式了。外推法就是根据静液压实验结果，用统计方法外推并预测热塑性材料或制品的长期性能的方法。

以 PP-R 材质为例有以下方程

$$\log t = -55.725 - 9484.1\log\sigma/T + 25502.2/T + 6.39\log\sigma \quad (8-4)$$

$$\log t = -19.98 + 9507/T - 4.11\log\sigma \quad (8-5)$$

式（8-4）代表强度参照曲线拐点左边的直线；式（8-5）代表强度参照曲线拐点右边的直线。

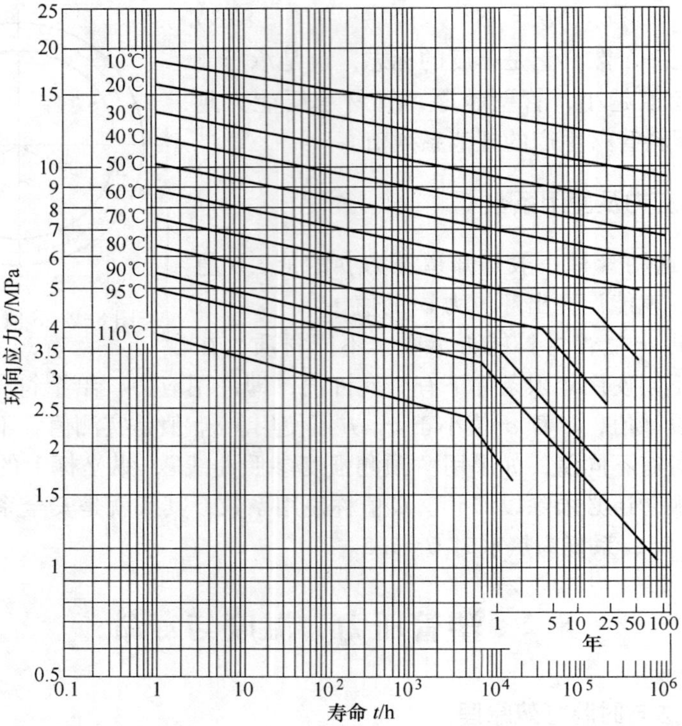

图 8-3 PP-R 静液压实验曲线（PP-R 预测强度参照曲线）

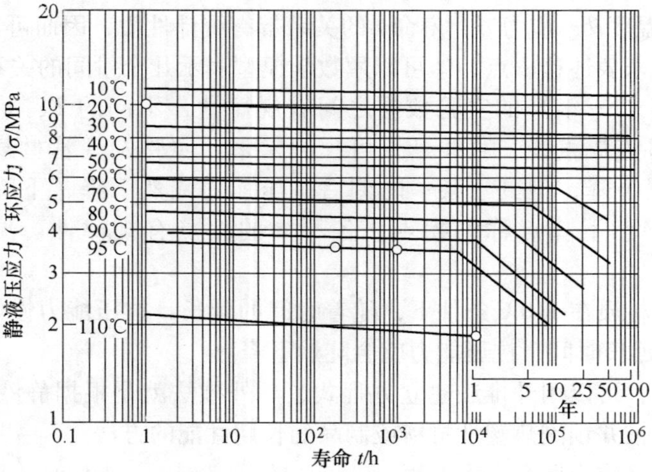

图 8-4 PE-RT 静液压实验曲线（PE-RT 预测强度参照曲线）

作为初学者，不必推敲方程式，只是了解规律就行了，其规律是：

(1) 短时间的各种实验数据有“离散性”，可以用统计方法外推塑料长期性能，这是符合科学规律的，并非凭空想象。

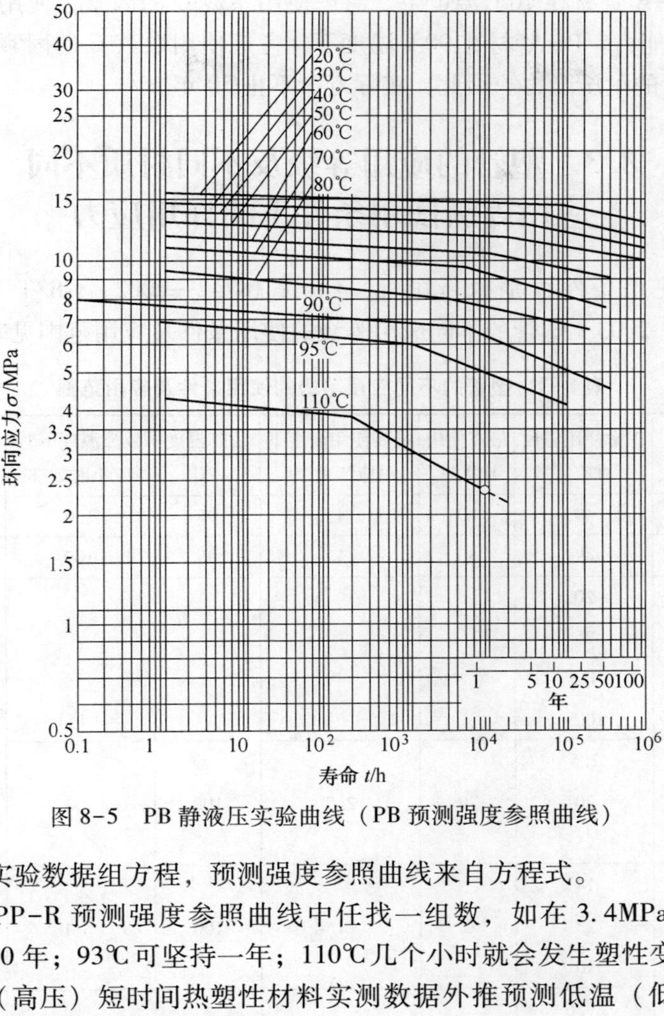

图 8-5 PB 静液压实验曲线（PB 预测强度参照曲线）

（2）由实验数据组方程，预测强度参照曲线来自方程式。

（3）从 PP-R 预测强度参照曲线中任找一组数，如在 3.4MPa 应力前提下 70℃可坚持 50 年；93℃可坚持一年；110℃几个小时就会发生塑性变形。

用高温（高压）短时间热塑性材料实测数据外推预测低温（低压）长时间热塑性材料参数这就是时温等效原理。

我们常说 8760h 实验，例如对 PP-R 管，就是由管内压力产生的环应力在一年的时间内始终保持 1.9MPa，而且在 110℃环境里实验，如果管材不漏不变形即为合格，这就是管材静液压状态下热稳定性实验。这里强调一点，如果再延长时间，管内压力不降低，管子很快就会破裂。这一点和预测强度参照曲线图中 110℃线完全一样。

8.2.2 50 年寿命说法的含义

常听说“塑管 50 年寿命”，其含义一是建筑物设计寿命 50 年，管材与其同步寿命；二是某一温度下管材被使用 50 年后还有耐压承温能力。

如果 PP-R 管材在 70℃温度下，考虑使用系数 C 的因素，使用 50 年仍具有 2.2MPa 耐压能力。PB 管材在 90℃温度下，考虑使用系数 C 的因素，使用 50 年仍具 3.1MPa 的耐压能力。因此，实际寿命不止 50 年。

8.3 塑管的应用等级及不同材质不同应用等级使用条件下的许用应力

塑管的使用条件级别执行国标：GB/T 18742—2002、GB/T 18992—2003、GB/T 18993—2003。塑管的不同应用等级的使用条件及应用范围见表 8-1。

表 8-1 塑管的不同应用等级的使用条件及应用范围

应用等级	正常使用温度/℃	正常使用温度下对应年数	最高使用温度/℃	最高使用温度下对应年数/年	故障温度/℃	故障温度下对应小时数/h	典型应用范围
1	60	49	80	1	95	100	60℃热水系统
2	70	49	80	1	95	100	70℃热水系统
3	30 40 50 65	20 25 4.5 100h					
4	20 40 60	2.5 20 25	70	2.5	100	100	地板采暖和低温散热器采暖
5	20 60 80	14 25 10	0	1	100	100	高温散热器采暖
5A	20 70 80 90	29.6 6 5.5 7.2	95	1.7	100	100	95/70 散热器采暖

注：应用等级 3 对应工况很少，因此，后面表中未列出应用等级 3 及相关参数。

5A 级是北京市建筑设计研究院根据北京地区气象资料，针对热媒设计供水温度 95℃系统提出的一组数据，表 8-1 中内容是各时段划分规律。

应用等级 1，适用于 60℃热水系统。50 年使用期内 60℃情况占 49 年；偶尔出现偏高温度 80℃，时间概率占 1 年；故障情况 95℃，50 年中估计占 100h，这种划分与实际状况相符。

应用等级 5，适用于高温散热器采暖。50 年中 20℃情况占 14 年；60℃情况占 25 年；80℃情况占 10 年；最高使用温度 90℃占 1 年；故障温度 100℃占 100h，从运行情况看，这种时段比例与实际情况符合。

另外，作者认为，应该以发展眼光看待使用条件级别，能源问题是个世界性问题，国内建设部对建筑物保温极为重视，它是节能的重要途径。由于建筑物保温措施强化，供水温度要求下降，地暖规范就要求低温水；所说的高温采暖，水温要求并不很高，给散热器供水，无论是一次水（如壁挂小炉型供暖），还是二次水，水温都在 80℃以下，这就给塑管使用提供了更宽松的条件。

不同材质在不同使用条件级别情况下，许用应力不同，详见表 8-2。

表 8-2 不同材质在不同应用等级下的许用应力 （MPa）

应用等级 \ 管型	PP-R	PB	PE-RT	应用等级 \ 管型	PP-R	PB	PE-RT
1	2.09	5.73	3.05	5	1.9	4.31	2.02
2	2.13	5.04	2.15	5A	1.45	3.39	不可用于 5A
4	3.03	5.46	3.34				

表 8-2 中的许用应力值与预测强度参照曲线查出的值除以使用系数后极为接近，举例说明之。

如 PP-R 管输送 60℃热水，从曲线上查出 50 年时其屈服极限为 4.8MPa，因为是热水，使用系数 $C=1.5$，结果计算出许用应力 $\sigma_D=4.8/1.5=3.2$MPa。表 8-2 中 PP-R 应用等级 1 中的许用应力为 3.09MPa，两个值很接近。

PB 用于高温采暖，属于应用等级 5，按 80℃、50 年使用期，查出 PB 屈服极限为 6.5MPa。同样 $C=1.5$，结果计算出许用应力 $\sigma_D=6.5/1.5=4.33$MPa，与表 8-2 中的 4.31 更接近。

8.4 聚丙烯管（PP-R）

8.4.1 三种结构

PP-R，无规共聚聚丙烯，由丙烯与另一种烯烃单体（或多种烯烃单体）共聚而成；

PP-H，均聚聚丙烯；

PP-B，耐冲击共聚聚丙烯，又称嵌段共聚聚丙烯，由 PP-H 或 PP-R 与橡胶相形成的两相或多相丙烯共聚物。

表 8-3 所示不同管型使用情况，说明还是 PP-R 有些优势。PP-R 颜色多为灰、白色。

表 8-3 不同管型使用情况

管型＼使用情况	70℃、50 年屈服极限 /MPa	管型＼使用情况	70℃、50 年屈服极限 /MPa
PP-R	3.3	PP-B	2.8
PP-H	3.0		

8.4.2 使用定位

75℃以下的冷热水系统，安装时要有“补偿”措施，因 PP-R 线胀系数较大。

8.4.3 弯曲半径、热熔温度、不同应用等级不同 *S* 值管内允许压力

弯曲半径为 6 倍管外径，热熔温度 260℃±5℃；

表 8-4 所示为不同系列、不同应用等级管材的承压能力。

表 8-4 PP-R 不同应用等级不同 *S* 值管内允许压力值 （MPa）

应用等级	许用应力	*S*				
		5	4	3.2	2.5	2
1	3.09	0.62	0.77	0.97	1.24	1.55
2	2.13	0.43	0.53	0.67	0.85	1.07
4	3.03	0.61	0.76	0.95	1.21	1.52
5	1.9	0.38	0.48	0.59	0.76	0.95
常温 25℃、50 年屈服极限 9.0MPa（$C=1.25$）	7.2	1.44	1.80	2.55	2.88	3.6

8.4.4 膨胀系数偏大的物理参数表

PP-R 的几个参数情况见表 8-5。

表 8-5 PP-R 相关参数

名称 参数	膨胀系数 /mm·(m·K)$^{-1}$	导热系数 /W·(m·K)$^{-1}$	维卡软化点/℃	断裂伸长率/%	熔融指数 /g·(10min)$^{-1}$	测熔融指数温度/℃	回缩率/%	密度 /g·cm^{-3}
PP-R	0.14~0.16	0.23~0.24	140	700	0.2~0.5	230	≤2	0.91

8.4.5 管外径及壁厚（不同 *S* 值）允许偏差

PP-R 管系列壁厚及其允许偏差见表 8-6。

表 8-6 PP-R 管系列及壁厚 (mm)

公称外径 d_n	管系列				
	*S*5	*S*4	*S*3.2	*S*2.5	*S*2
20(+0.3)	2.0(0.3)	2.3(0.4)	2.80(0.4)	3.4(0.5)	4.1(0.6)
25(+0.3)	2.3(0.4)	2.8(0.4)	3.5(0.5)	4.2(0.6)	5.1(0.7)
32(+0.3)	2.9(0.4)	3.6(0.5)	4.4(0.6)	5.4(0.7)	6.5(0.8)
40(+0.4)	3.7(0.5)	4.5(0.6)	5.5(0.7)	6.7(0.8)	8.1(1.0)
50(+0.5)	4.6(0.6)	5.6(0.7)	6.9(0.8)	8.3(1.0)	10.0(1.1)
63(+0.6)	5.7(0.7)	7.1(0.9)	8.6(1.0)	10.5(1.2)	12.7(1.4)

注：括号内数字为管径与壁厚的允许偏差值。

8.5 聚丁烯管（PB）

8.5.1 原材料及主要性能指标

PB 管材的执行标准为 GB/T 19473.2—2004、GB/T 19473.3—2004。

PB 材质预测强度参照曲线斜度小，说明材质因使用时间长强度降低缓慢，这是潜在优势，即常说的“蠕变”缓慢、老化慢。

8.5.2 使用定位

PB 管材（管件）可在各个使用条件级别中应用。50 年内使用温度始终 90℃，内压一直 0.8MPa 都可坚持承受，可见性能之优越。

8.5.3 弯管时特殊要求、热熔温度、不同应用等级不同 *S* 值管内允许压力

管径 25mm 以内的管材，曲率半径为 8 倍管外径；管外径 32~63mm 弯曲半径要求 15 倍管外径。热熔温度 255℃±5℃。不同系列、不同应用等级 PB 管材的承压能力见表 8-7。

表 8-7 PB 不同的应用等级不同 *S* 值管内允许压力值 (MPa)

应用等级	许用应力	*S*					
		10	8	6.3	5.0	4.0	3.2
1	5.73	0.57	0.72	0.91	1.15	1.43	1.79
2	5.4	0.50	0.63	0.80	1.01	1.26	1.56
4	5.46	0.55	0.68	0.87	1.09	1.37	1.71
5	4.31	0.43	0.54	0.68	0.86	1.08	1.35
常温 25℃、50 年屈服极限 13MPa（$C=1.25$）	10.4	1.04	1.30	1.65	2.08	2.6	3.25

8.5.4　膨胀系数较小的物理参数表

PB 的几个常用参数见表 8-8。

表 8-8　PB 常用参数

名称参数	膨胀系数 /mm·(m·K)$^{-1}$	导热系数 /W·(m·K)$^{-1}$	维卡软化点/℃	断裂伸长率/%	熔融指数 /g·(10min)$^{-1}$	测熔融指数温度/℃	回缩率/%	密度 /g·cm^{-3}
PB	0.13	0.33	113	≥280	0.3~0.4	190	≤2	0.92

8.5.5　管外径及壁厚（不同 *S* 值）允许偏差

PB 管系列壁厚及其允许偏差见表 8-9。

表 8-9　PB 管系列壁厚及允许偏差　（mm）

公称外径 d_n	管系列					
	*S*10	*S*8	*S*6.3	*S*5	*S*4	*S*3.2
16(+0.3)	1.3(0.3)	1.3(0.3)	1.3(0.3)	1.5(0.3)	1.8(0.3)	2.2(0.4)
20(+0.3)	1.3(0.3)	1.3(0.3)	1.5(0.3)	1.9(0.3)	2.3(0.4)	2.8(0.4)
25(+0.3)	1.3(0.3)	1.5(0.3)	1.9(0.3)	2.3(0.4)	2.8(0.4)	3.5(0.5)
32(+0.3)	1.6(0.3)	1.9(0.3)	2.4(0.4)	2.9(0.4)	3.6(0.5)	4.4(0.6)
40(+0.4)	2.0(0.4)	2.4(0.4)	3.0(0.5)	3.7(0.5)	4.5(0.6)	5.5(0.7)
50(+0.5)	2.4(0.4)	3.0(0.5)	3.7(0.5)	4.6(0.6)	5.6(0.7)	6.9(0.8)
63(+0.6)	3.0(0.5)	3.8(0.5)	4.7(0.6)	5.8(0.7)	7.1(0.9)	8.6(1.0)

注：括号内数字为管径与壁厚的允许偏差值。

8.6　耐热聚乙烯管（PE-RT）

8.6.1　原材料及主要性能指标

耐热聚乙烯管（PE-RT）为乙烯和辛烯共聚物。选用辛烯共聚单体在聚合反应中对乙烯分子链上支链数目和分布进行适度控制，使其具有耐热性能。它属于改性材料，所谓耐热也不宜超过 70℃。该材料低温性能好，不脆而且低温抗拉强度较高，导热性能好，膨胀系数较大。执行标准 CJ/T 175—2002。

8.6.2　使用定位

低温采暖和地板采暖很适合用 PE-RT。地板采暖规范水温 60℃以下，压力小于 0.8MPa。PE-RT 导热系数大，正好符合要求。

膨胀系数大，地暖管蛇形可自我补偿。一般情况下，不提倡把 PE-RT 用在散热器采暖上，但输送冷水或冷却水是合适的。

8.6.3 弯曲半径、热熔温度、不同应用等级不同 *S* 值管内允许压力

曲率半径要求 6~8 倍管外径，热熔温度 250℃±5℃。不同系列、不同应用等级 PE-RT 管材的承压能力见表 8-10。

表 8-10 PE-RT 不同应用等级不同 *S* 值管内允许压力值 （MPa）

应用等级	许用应力	*S*				
		6.3	5	4	3.2	2.5
1	3.05	0.48	0.61	0.76	0.95	1.22
2	2.15	0.34	0.43	0.540	0.67	0.86
4	3.34	0.53	0.67	0.84	1.04	1.34
5	2.02	0.32	0.40	0.51	0.63	0.81
常温 25℃、50 年屈服极限 13MPa（*C*=1.25）	7.6	1.20	1.50	1.90	2.40	3.0

8.6.4 膨胀系数较大的物理参数表

PE-RT 的几个常用参数见表 8-11。

表 8-11 PE-RT 常用参数

名称 参数	膨胀系数 /mm·(m·K)$^{-1}$	导热系数 /W·(m·K)$^{-1}$	维卡软化点/℃	断裂伸长率/%	熔融指数 /g·(10min)$^{-1}$	测熔融指数温度/℃	回缩率/%	密度 /g·cm^{-3}
PE-RT	0.15~0.20	0.4	123	≥800	0.6~0.7	190	≤3	0.933

8.6.5 管外径及壁厚（不同 *S* 值）允许偏差

PE-RT 管系列壁厚及其允许偏差见表 8-12。

表 8-12 PE-RT 管系列及壁厚 （mm）

公称外径 d_n	管系列				
	*S*6.3	*S*5	*S*4	*S*3.2	*S*2.5
16(+0.3)	—	—	2.0(0.4)	2.2(0.4)	2.7(0.4)
20(+0.3)	—	2.0(0.4)	2.3(0.4)	2.8(0.4)	3.4(0.5)
25(+0.3)	2.0(0.4)	2.3(0.4)	2.8(0.4)	3.5(0.5)	4.2(0.6)
32(+0.3)	2.4(0.4)	2.9(0.4)	3.6(0.5)	4.4(0.6)	5.4(0.7)

续表 8 - 12

公称外径 d_n	管系列				
	*S*6.3	*S*5	*S*4	*S*3.2	*S*2.5
40(+0.4)	3.0(0.5)	3.7(0.5)	4.5(0.6)	5.5(0.7)	6.7(0.8)
50(+0.5)	3.7(0.5)	4.6(0.6)	5.6(0.7)	6.9(0.8)	8.3(1.0)
63(+0.6)	4.7(0.6)	5.8(0.7)	7.1(0.9)	8.6(1.0)	10.5(1.2)

注：括号内数字为管径与壁厚的允许偏差值。

8.7 塑管阻氧工艺

1982 年，德国人提出塑管加阻氧层问题。德国国家标准是 0.1g/(m^3·d) 怎么理解？加阻氧层后管内的含氧量与未加阻氧层时比，每立方体积每天减少 0.1g 氧。这话费解。准确考查 EVOH 阻氧能力应该是从在 23℃ 相对湿度 $\phi=60\%$ 时厚度 1mm 的 EVOH 在 1MPa 压差下每天每平方米通过氧气的体积或重量标记 mL(g)/mm/(m^2·d)·MPa。EVOH 是迄今为止阻氧最强者。

EVOH 肯定能阻氧，但许多厂家说不出准确阻氧能力。欧洲北莱茵——威斯特法伦材料检测所能做此项工作。

众所周知，水中的氧气对系统中的锅炉、水泵、散热器及闸门等产生强烈腐蚀。另外，有氧，温度湿度适宜，管内极易滋生水藻苔藓。在目前建筑物施工中，塑管或铝塑管有相当大的比例埋在垫层里，这些管道在 50 年使用期内，如果任由苔藓水藻滋生，到了运行中后期将会严重影响流量和传热，甚至无法继续运行。因此，必须倡导甚至指令塑管要加阻氧层。

防氧工作需从两方面着手。一方面将管内流体除氧，如锅炉给水除氧等；另一方面就是阻止空气中的氧通过管壁渗入管内水中。铝塑管因铝层而阻氧，而纯塑管则要设置阻氧层。PP-R、PB、PE-RT 均可作成阻氧型，下面以 PB 为例作分析。

8.7.1 阻氧工艺现状

8.7.1.1 阻氧原材料

通常都是用 EVOH 做阻氧层（日本习惯标记 EVAL），EVOH 是乙烯和乙烯醇共聚物，是目前发现的最高阻隔性的树脂，可以阻止氧、二氧化碳、氮气进入管内水中。EVOH 熔点 180℃，抗拉强度 80MPa，一般回用率不得超过 15%。EVOH 有较多羟基，因而吸水，当相对湿度达到 80%时阻隔能力大大降低；温度升高时，阻隔能力也下降。EVOH 耐弱酸、耐弱碱、耐冲击、耐磨，抗紫外线能力也较强。

目前，市场上三层共挤阻氧管和五层共挤阻氧管各领风骚。

8.7.1.2 三层共挤型阻氧塑管

PB 母材、热熔胶、EVOH 三者一次成型，热熔胶、EVOH 厚度均在 0.05~0.10mm 之间，PB 厚度按管材系列值确定，用专用工具剥削器剥掉 EVOH 和热熔胶后与管件热熔焊接，管件自身无阻氧层。

8.7.1.3 五层共挤型阻氧塑管

PB 母材、热熔胶、EVOH、热熔胶、PB 母材五层共挤一次成型。热熔胶、EVOH 厚度同三层共挤型。PB 母材内层薄、外层厚，两者之和符合管材系列厚度规定，外层 PB 与管件热熔焊接，省去剥削工序。作者认为，以上两种形式，管端和管件擦拭干净即可实施热熔，决无必要用酒精擦拭其表面。

8.7.2 三层共挤阻氧管的分析

三层共挤阻氧管结构形式见图 8-6 用剥削器剥去 EVOH 和热熔胶，而后用热熔头将管件内壁融化、将管材熔化，二者“过盈”承插即可。

阻氧层在外壁，做垫层时出现三种情况：

第一种，水泥沙浆直接铺在管子上面，这样会造成 EVOH 吸水，降低阻隔功能，但是随着垫层干燥，管内流经热水，管壁会干燥，阻隔能力会恢复。

第二种，PB 管套了波纹管（防热胀冷缩用，不是为了防水）可最大限度地减少吸水，同上过程，阻隔能力也会恢复。

第三种，PB 阻氧管放在预留沟槽内，覆盖一层硅酸盐保温材料。因管内有热量散出，管外壁水分会蒸发，EVOH 会恢复功能。

关于耐温承压能力根据应用级别选定 S 值即可。因为内压而产生环应力，环应力沿壁厚分布规律见图 8-7。

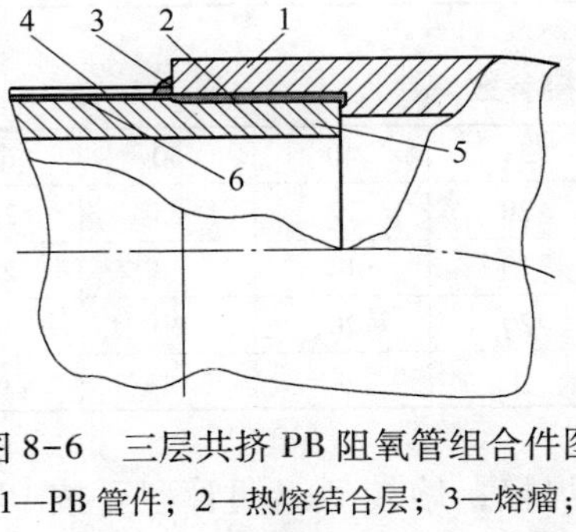

图 8-6 三层共挤 PB 阻氧管组合件图

1—PB 管件；2—热熔结合层；3—熔瘤；
4—EVOH；5—PB 管件材料；6—热熔胶

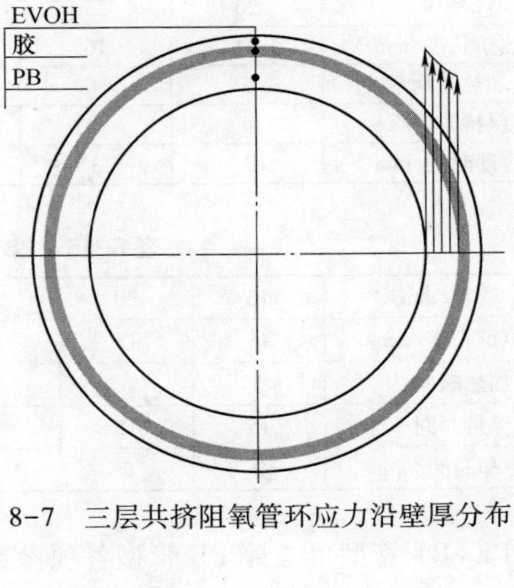

图 8-7 三层共挤阻氧管环应力沿壁厚分布图

8.8 热熔机操作维护要求

塑管与管件连接，熔接型铝塑管和管件连接都可以使用热熔工艺。操作热熔机更多的是凭经验和感觉。应该知道 PP-R 管应该温度高些（260℃）；PE-RT 热熔温度应该低些（250℃）；至于加热时间 5s 还是 6s 全凭经验，谁也不可能看着秒表工作，管径大加热时间长些合情合理。

下面提供的参数供施工时结合经验参考使用。

8.8.1 温度设定

具体见表 8-13。

表 8-13 温度设定

管型	PP-R	PB	PE-RT	熔接型铝塑管
温度/℃	260	255	250	260

温度设定依据是材料性质，所设定值可上下浮动 2~3℃。热熔工艺与环境温度有关，环境温度低，可设定高温度值；反之亦然。当环境温度 5℃ 以下时，不宜实施热熔焊接。

8.8.2 不同管型熔接过程中各种参数

PP-R 和 PB 管型熔接过程中的参数见表 8-14 和表 8-15。

表 8-14 PP-R 管型熔接参数

管径/mm	20	25	32	40	50	63
热熔长度/mm	14	16	20	21	22.5	24
加热时间/s	5	7	8	11	18	24
保持时间/s	4	4	4	6	6	6
冷却时间/min	3	3	4	4	5	6

表 8-15 PB 管型熔接参数

管径/mm	16	20	25	31	40	50	63
热熔长度/mm	15	15	18	20	22	25	28
加热时间/s	5	6	6	10	14	18	22
保持时间/s	15	15	15	20	20	30	30
冷却时间/min	2	2	2	4	4	4	6

PE-RT 管型可参照 PB 管型各项参数进行焊接；熔接型铝塑管型可按 PP-R 管型各项参数进行焊接。

8.8.3 操作要点

（1）备好施工电源。剪刀、量具、剥削器、擦拭物件等，要齐全，性能完好。

（2）核对尺寸，旋转剪刀切管材，切口要平整，保持管口圆度，管口截面要垂直于轴线，切不可呈“马蹄形”。

（3）擦拭管头外侧和管件内侧。

（4）带阻氧层管材，焊前用专用剥离器将阻氧层剥净。“吃刀量”要准，只剥掉阻氧层，不可剥掉管材自身。

（5）加热温度稳定后，将管材、管件迅速无旋转地分别插人凹凸热熔头，保持管材、管件和热熔头轴线在同一线上。

（6）按参数要求加温后，快速从热熔机上取下管材、管件，迅速无旋转地做承插动作，使接头处挤出的熔料形成有增加强度和密封作用的凸缘熔瘤环。熔瘤环要丰满、规则、整齐，其高度不应超出管件外壁。

（7）在保持时间内可校正歪斜，不可旋转。

8.8.4 维护要点

（1）热熔机以电为热源，要注意用电安全；对热熔机停用前，断电、降温，熔头温度和室温一致时操作者方可离现场。

（2）不允许热熔机触水（溅水、潮湿环境）。

（3）热熔头必须牢固，不允许松动。

（4）发现热熔头黏结塑料，应加热熔融，断电后擦拭掉残塑，此项工作要防烫伤。不得用锉刀，刀具除残塑。

（5）热熔头是热熔工艺“核心部件”，有缺陷时必须更换。

（6）对热熔头要求：

1）凸头外径尺寸、凹头内径尺寸必须满足承插公差要求。

2）选用热熔头要保障一定壁厚。否则，因壁薄、热容量不足会影响焊接质量。

热熔接头可埋在垫层里。

8.9 塑塑连接、塑料与金属连接

8.9.1 塑塑热熔焊分析

用下面实例进行分析。见图 8-8、图 8-9。

北京市规划委员会批准的《北京市建筑设计技术细则》及北京市规划委员会、北京市建设委员会、北京市市政管理委员会联合批准的《新建集中供暖住宅分户热计量设计技术规程》中都明确指出热熔接头可埋在垫层里。

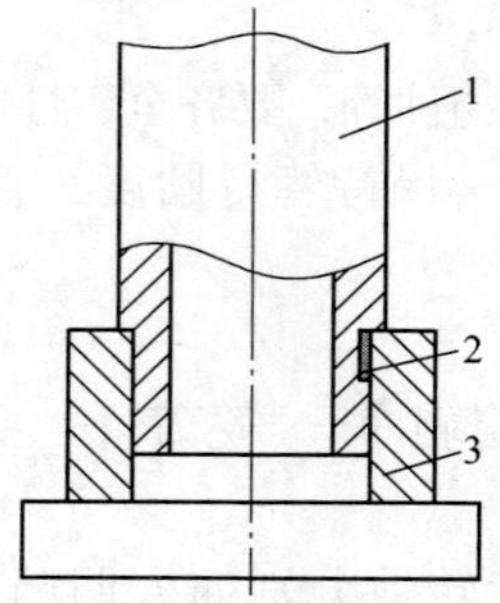

图 8-8 凹模熔管图

1—管材；2—管材熔化层（外壁）；3—凹模

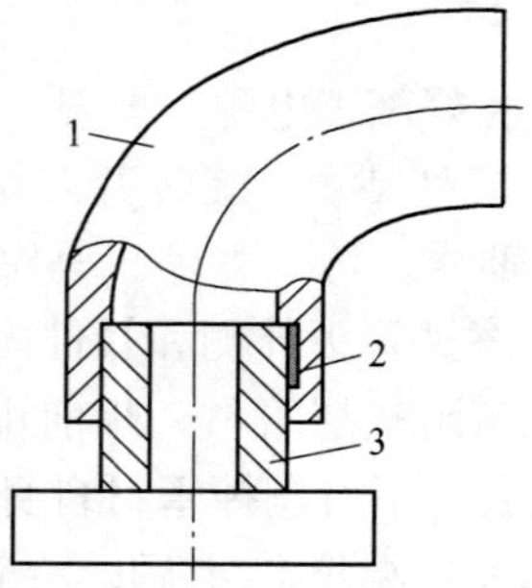

图 8-9 凸模熔管件图

1—管件；2—管件熔化层（内壁）；3—凸模

图 8-8、图 8-9 中凸模外径 24.3mm，凹模内径 24.6mm；管外径 25.2mm，管件内径 23.9mm（口部）、23.8mm（根部）。外径 25.2mm 的管材在凹模内变成带热熔层的 24.6mm 外径的管，内径为 23.9mm 的管件被凸模热熔，变成带热熔层的 24.3mm 内径的管件；操作时，将 24.6mm 尺寸，插入 24.3mm 尺寸，就形成过盈热熔承插。

8.9.2 转换接头

塑料管（件）最终要和金属管连接，因此必须用转换接头。

（1）镶嵌式管件。

机械加工成形的金属内丝件，外侧有沟槽，该件在铸塑机内通过不同规格的模具，与塑料铸成镶嵌件。镶嵌件一侧与塑管热熔焊；另一侧与金属管丝接。件 1 和件 2 线胀系数相差十多倍，件 1 外侧沟槽设计要精巧精准。见图 8-10。

（2）组合活接。

图 8-11 中拧紧件 2 和件 4，件 1 和件 4 就会压紧件 3 形成良好密封。金属件 4 之内丝再与钢管连接。

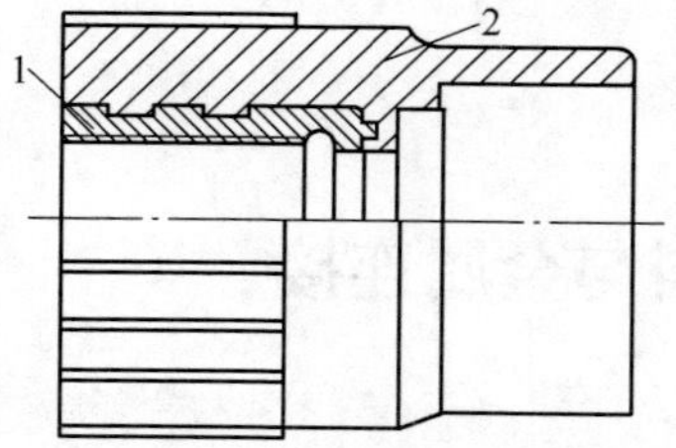

图 8-10 镶嵌式连接

1—金属内丝件；2—塑料注塑件

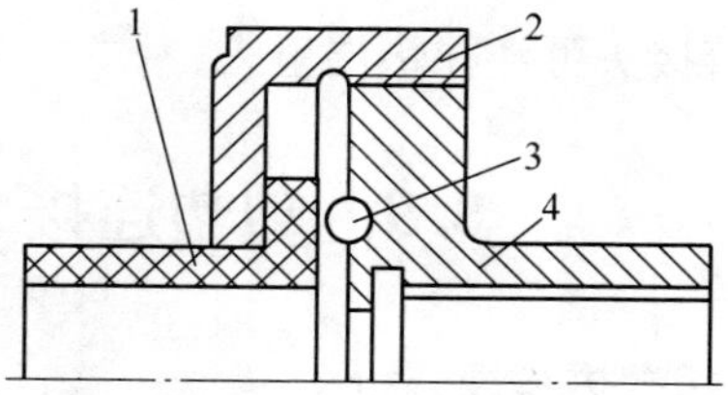

图 8-11 组合活接

1—塑料件；2—镀铬内丝件；

3—O 形密封圈；4—内外丝件

8.9.3 连接件尺寸分析

转换接头一头与塑料热熔焊接，另一头与金属丝连接。这一点，无论“弯头”和“直接”都是一样的。

标记25×1/2含义：塑管一侧 d_n25管，金属一侧1/2，即通常所说的四分。人们常说：“金属一端比塑料一端尺寸小一号”。一般规律是这样，但不是绝对如此。25×3/4是小1号；25×1/2就小两个号。

凡转换接头，标公制如20、25、32等均为塑管一侧；标英制如1/2″、3/4″、1″、$1\frac{1}{2}$″、$1\frac{1}{4}$″等均为金属一侧。

8.10 前九节的小结

这是作者前几年前写的讲义，进行了一下整理。对纯塑管要深刻理解 S 值的意义，因为只有纯塑管才有 S 值，下面讲的铝塑管没有 S 值。

另外要弄清楚级别问题。所谓应用级别，就是某种塑管用在什么场合，举例说明一下。

表8-1应用等级4，典型应用范围是地板采暖和低温散热器采暖。从时间概率上讲50年内，20℃占2.5年；40℃占20年；60℃占25年，最高使用温度70℃，最多能占2.5年，故障温度100℃只占100小时。这是概率值，不是一定一字不差的照此发生。故障温度100℃，100小时很可能不会发生。地暖和低温散热器取暖水温要求都不高，60℃供水时间很可能超过25年。有人问我“40℃能用20年，20℃只能用2.5年，这对吗?”这是对表8-1的误解。真正含义是“50年使用期中，40℃状况占20年，20℃状况只占2.5年”。

关于管子承压问题，表8-4给了PP-R管承压能力的数值。

如果应用等级4，选用 $S=4$ PP-R管，管内热水压力 $P=0.8$MPa试算一下，行吗?

0.8MPa产生的环应力 $\sigma=4\times0.8=3.2$MPa已超出表8-4中3.03MPa的许用应力。改选 $S=3.2$ 则环应力 $\sigma=3.2\times0.8=2.56$MPa，此值小于3.03MPa，答案是肯定的。

重点看一下第8节，这是实操作业；认真理解一下第9节中的3个问题，其中第1、第3个问题在其他参考书中查不到。第9节第1个问题凸模24.3mm；凹模24.6mm，这一对组合，凹模熔出的管端外径24.6mm，凸模熔出的管件内24.3mm。24.6mm插入24.3mm，形成过盈配合（热配合）。

热熔模具是配套件，一对一对出现，不一定非要24.6mm配24.3mm，是可变的；但过盈必须保障。

8.11 铝塑复合压力管概述

铝塑管和全塑管在强度方面有许多不同之处，决定铝塑管长期强度的因素，除塑料材质厚度外，还有铝材料特性和厚度。铝塑管具备塑管大部分优点，同时又结合了金属管部分优点，长期强度具有一定金属特性。铝塑管，因铝而阻氧。所有铝塑管均为五层结构，见图 8-12。

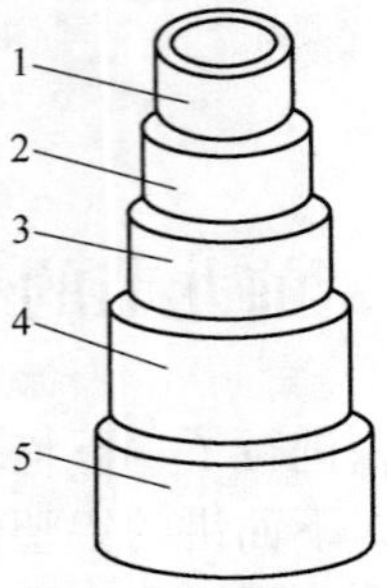

图 8-12　铝塑管结构示意图

1—内层塑料；2—内层黏结剂；3—铝带；4—外层黏结剂；5—外层塑料

因外层塑料厚度不同分为普通铝塑管和熔接型铝塑管；因铝带接口形式不同又分为搭接焊和对接焊铝塑管。搭接焊为超声波焊；对接焊为氩弧焊。

总之，铝塑管结构：一层铝带两层胶，内外层为塑料。

8.12 搭接焊铝塑复合压力管

8.12.1 结构及规格

生产厂家按国标编制型号，执行标准 GB/T 18997.1—2003，型号含义如下：XPAP1——外层为聚乙烯，中间层为铝合金，内层交联聚乙烯；XPAP2——内外层均为交联聚乙烯，其他层不变；PAP3——内外层为聚乙烯，中间层为铝材，其余部分不变；PAP4——内外层为聚乙烯，中间层为铝合金，其余部分不变。

目前，市场上标 XPAP 者，含义是内层是交联聚乙烯，外层为聚乙烯（多为中密度），中间层为铝合金，其余部分不变。标 PAP 者，内外层为中密度聚乙烯，中间层为铝合金，其余部分不变。

塑料层总厚度至少是管壁厚的 60%，对材质性能有如下要求：

(1) 黏结剂为乙烯共聚物，其熔点在热水场合不低于120℃，冷水场合不低于100℃；

(2) 乙烯料用中密度居多；交联聚乙烯，要求交联度65%以上；

(3) 铝带断裂伸长率不小于20%，抗拉强度不小于100MPa。

(4) 管子颜色按管标规定：冷水管，黑蓝白；热水管，橙红色；中水管，绿色或绿标线；亦可供需双方商定颜色。

搭接焊铝塑复合压力管尺寸规格见表8-16。

表8-16 搭接焊铝塑复合压力管尺寸规格 (mm)

公称外径 d_n	平均外径公差	参考内径 d_i	圆度		管壁厚 e_m		内层塑料最小壁厚 e_i	外层塑料最小壁厚 e_o	铝管层最小壁厚 e_a
			盘管	直管	最小值	公差			
12		8.3	≤0.8	≤0.4	1.6		0.7		0.18
16		12.1	≤1.0	≤0.5	1.7		0.9		
20		15.7	≤1.2	≤0.6	1.9	+0.50	1.0		0.23
25	+0.30	19.1	≤1.5	≤0.8	2.3		1.1		
32		25.7	≤2.0	≤1.0	2.9		1.2	0.4	0.28
40		31.6	≤2.4	≤1.2	3.9	+0.60	1.7		0.33
50		40.5	≤3.0	≤1.5	4.4	+0.70	1.7		0.47
63	+0.40	50.5	≤3.8	≤1.9	5.8	+0.90	2.1		0.57
75	+0.60	59.3	≤4.5	≤2.3	7.3	+1.10	2.8		0.67

8.12.2 寿命分析

(1) 铝塑复合压力管温度、压力、寿命的关系。

目前，尚无一种数学模型可表示三者之间关系。它不同于纯塑管，压力产生环应力，可用S值将压力与环应力联系起来。铝型管管内压力同样产生环应力，但环应力由铝塑两种材料承担，铝材和聚乙烯杨氏模量相差很大，厚度方向上应力分布不均匀。因此，不能找出S值，也就不能用S值选型。

目前已有对接焊铝塑复合压力管温度、压力、寿命三者关系曲线，对16~32mm XPAP实测达20000h；对40~50mm XPAP实测达10年。对接焊铝塑管铝材厚度大，金属性更明显。

(2) 搭接焊铝塑复合压力管温度、压力、寿命的关系。

需要以实验为依据找出三者之间关系。按表8-17做静液压实验；按表8-18做爆破实验。

表 8-17 搭接焊铝塑管静液压实验参数

管径/mm	试验压力/MPa	试验温度/℃	试验时间/h	要 求
12	2.72	82	10	无破裂，无局部球变，无渗漏
16				
20				
25				
32				
40	2.10			
50				
63				
75				

表 8-18 搭接焊铝塑管爆破实验参数

管径/mm	爆破压力/MPa	要 求
12	7.0	在对应压力下不破、不裂、不漏
16	6.0	
20	5.0	
25	4.0	
32		
40		
50	3.8	
63		
75		

由以上实验再辅以“管环径向拉力”、“管环剥削力”以及5000次冷热循环试验，综合得出表8-19。

表 8-19 搭接焊铝塑管温度、压力、寿命关系

流体类别		用途代号	铝塑管代号	长期工作温度/℃	允许工作压力/MPa
水	冷水	L	PAP	40	1.25
	热水	R	PAP	60	1.00
				75	0.82
				82	0.69
			XPAP	75	1.00
				82	0.86

观察表8-17和表8-18中数据可以发现，在静液压和爆破试验中考虑到了管

径因素，如 DN12～DN32 管内压力为 2.72MPa，DN40～DN75 管内压力降到 2.10MPa；爆破试验，管径越小承压能力越高，试验压力也相应提高。

表 8-19 的数据是实验与外推相结合的数据，把诸多因素归结到材质上，简化选用工作。PAP 在 82℃、0.69MPa 压力下可连续使用 50 年，这就是“长期工作温度”、“允许工作压力”的含义。XPAP 长期温度 82℃（50 年），允许工作压力为 0.86MPa。

8.12.3 搭接焊铝塑复合压力管的适用范围

按国标规定的使用条件级别，铝塑管可满足所有级别要求，下面对这个结论做一下分析。在 1、2、4、5、5A 五个级别中出现过 90℃7.2 年、95℃1.7 年、100℃100h，这种“高温”时段概率分布在 50 年内是很短暂的，而且不会连续出现。况且在 5000 次冷热循环中，管材曾经历近 100℃的考验。第 3 节中也曾提过，目前出于节约能源的考虑，采暖水温都在 80℃以下。采暖运行压力，从节能角度出发不应超过 0.8MPa。

8.12.4 工艺参数、物理参数、连接工艺

按规范要求弯曲半径要大于管外径 5 倍以上，因塑料弯曲后会反弹，故可以“过正”，但不要超过 30°。搭接焊铝塑管的热物性参数见表 8-20。

表 8-20 搭接焊铝塑管热物性参数

管 材	导热系数/W·(m·K)$^{-1}$	膨胀系数/mm·(m·K)$^{-1}$
搭接焊铝塑复合压力管	0.4	0.025

铝塑管用铜管件连接是一个渗漏因素，因而如何正确安装铜管件就成了一个突出问题，见图 8-13。

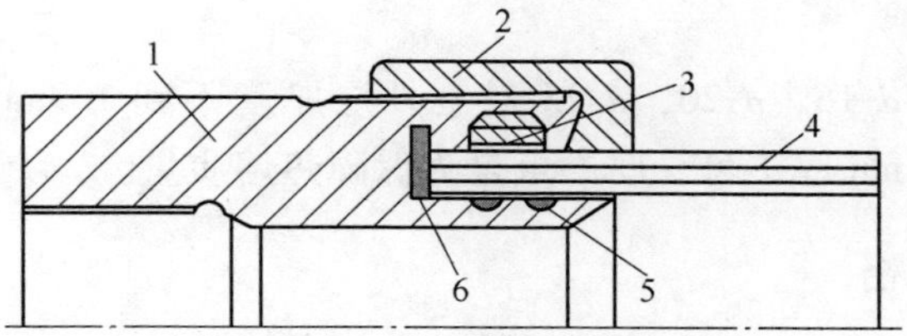

图 8-13 铜管连接铝塑管

1—内外丝铜件；2—内丝件；3—开口压紧环；4—铝塑管；5—密封胶圈；6—密封胶垫

先看密封原理：件 2、件 3 套在件 4 上，带着密封胶圈（胶圈两道，套在铜件 1 环槽外）的铜管件 1 插入铝塑管端部，使端部顶紧密封胶垫，旋件 2 推动件 3 前移，件 3 开口压紧环为楔形铜环，一边前移一边压紧塑管外壁，力的传递使得塑管内壁逐步压紧密封胶圈 5，从而起到密封作用。密封胶垫 6 起两个作用，

一是防止水外漏，二是防止水进入铝塑层间。

（1）安装方法。

1）管端头要切平，不可偏斜，绝不可成“马蹄形”。

2）用整圆器整圆，去毛茬。这样做，保障了插入时“圆对圆”而不至划伤橡胶圈。

3）插入时沿轴线施力，乱晃动会造成塑管二次变形成椭圆。

（2）渗漏原因。

1）件3为铜材，被压的是塑料，二者膨胀系数相差十多倍，如果预紧力不适当（即件2拧紧程度不适当）会造成冷态（或热态初期）渗漏。

2）件5先天不足或被划伤，件5必须是两道胶圈，劣质产品有一道胶圈的情况。

3）通过件2拧紧使件3产生“压紧力”，“压紧力”使内层塑料及胶圈变形起密封作用。因此，拧紧程度很关键。

（3）连接件尺寸。

2025管件：被连塑管为d_n25。管件一端的金属头插入塑管内，另一端连接金属管d_g20。

1620管件：被连塑管为d_n20。管件一端的金属头插入塑管内，另一端连接金属管d_g15。

上面d_n代表铝塑管外径，d_g代表金属管公称直径。

8.13 熔接型铝塑复合压力管

熔接型铝塑复合压力管是铝塑复合压力管的派生，执行行标CJ/T 195—2004。结构模式也是5层，外层为PP-R材料，厚度在1.9mm以上，以便与PP-R管件热熔连接。

在表8-22中d_n16，d_n20，d_n25最小外层厚度不到1.9mm；热熔要特别小心。不是说非1.9mm厚不可，厚一点是为保障热熔质量。

8.13.1 结构及规格

常用产品代号及含义见表8-21。

表8-21 产品代号及含义

产品代号	含　义
PP-R、AI、PE-RT	无规共聚聚丙烯、铝合金、耐热聚乙烯
PP-R、AL、PP-R	无规共聚聚丙烯、铝合金、无规共聚聚丙烯
PP-R、AL、PE	无规共聚聚丙烯、铝合金、聚乙烯

说明：

（1）材质要求：PP-R应符合GB/T 18742—2000标准；PP-RT应符合CJ/T 175—2002标准；PE应符合GB/T 13663—2000标准。对黏结剂要求同普通铝塑管，只是PP-R与铝材黏结剂用丙烯共聚物；PE（或PE-RT）与铝材黏结应该用乙烯共聚物。对铝材要求同普通铝塑管要求。

（2）符号中未显示黏结剂。

（3）表8-22引用行标所标定内容。目前实际生产中，内层用交联聚乙烯（要求交联度大于65%），所产管材性能超过内层为PE-RT管材。因外层为PP-R，故多为灰色；颜色可供需双方商定。

管材规格见表8-22。

表8-22 熔接型铝塑管规格 （mm）

公称外径 d_n	平均外径		圆度		管壁厚 e_m		内层塑料最小壁厚	外层塑料最小壁厚	铝管层最小壁厚
	$d_{e_{m,min}}$	$d_{e_{m,max}}$	盘管	直管	e_{min}	e_{max}	e_i	e_o	e_a
16	16.0	16.3	≤1.0	≤0.5	2.75	3.10	0.80	1.60	0.20
20	20.0	20.3	≤1.2	≤0.6	3.00	3.40	0.90	1.70	0.25
25	25.0	25.3	≤1.5	≤0.8	3.25	3.65	1.00	1.80	0.30
32	32.0	32.3	≤2.0	≤1.0	4.00	4.50	1.10	2.10	0.35
40	40.0	40.4	—	≤1.2	5.00	5.60	1.50	2.60	0.40
50	50.0	50.5	—	≤1.5	5.50	6.10	1.80	300	0.50
63	63.0	63.6	—	≤1.9	7.00	7.80	2.40	3.80	0.60
75	75.0	75.7	—	≤2.3	8.50	9.50	2.60	4.80	0.70

8.13.2 使用定位与使用方法

（1）性能分析。

对熔接型铝塑管复合压力管按表8-17和表8-18做静液压和爆破实验，也要做5000次冷热循环试验。“熔铝型”还多了一项系统静液压试验，具体参数见表8-23。

表8-23 熔接型铝塑管系统静液压试验参数

试验压力/MPa	试验温度/℃	试验时间/h	要　求
1.31	95	1000	三个元件以上的组合件

熔铝型管环径向拉力、最小剥离力都比“普铝型”高，见表8-24。

表8-24 熔铝型管环径向拉力和最小剥离力

外径/mm \ 项目	管环径向拉力/N		最小剥离力/N	
	熔铝	普铝	熔铝	普铝
16	2300	2100	35	25
20	2500	2400	38	28
25	2500	2400	40	28
32	2650	2500	45	30
40	3500	3200	50	40
50	3700	3500	60	50
63	5500	5100	70	60
75	6000	5500	80	70

根据前述试验，综合得表8-25。

表8-25 熔铝型管温度、压力、寿命关系

用途代号		复合管代号	长期工作温度/℃	允许工作压力/MPa
热水	R	PP、R、AL、PE-RT	82	1.0
		PP-R、AL、PP、R	70	1.0
冷水	L	PP-R、AL、PE	40	1.0

注：此表是行标 CJ/T 195—2004 中的数据，品质最优者为 PP-R、AL、PE-RT，实际生产以 PE-X 代替 PE-RT，品质更好些。

（2）使用定位：可用于密封要求高、耐温承压高的场合。

熔接型铝塑复合压力管可以满足国标规定的所有使用条件级别的要求，耐温承压能力高于普通铝塑复合压力管。

（3）弯曲半径、热熔温度。

弯曲半径为管径6倍以上为宜，热熔温度260℃±5℃，导热系数0.45W/(m·K)；膨胀系数0.025mm/(m·K)。

8.14 对接焊铝塑复合压力管

8.14.1 结构及规格

对接焊指铝带接口处的焊接方法。对接焊工艺是铝皮搭口处用氩弧焊，执行国标 GB/T 18997.2—2003 这种铝塑管型号编制及含义如下：

XPAP1——外层为聚乙烯，内层交联聚乙烯，中间为铝合金；

XPAP2——内外层均为交联聚乙烯，中间层为铝合金；

PAP3——内外层为聚乙烯，中间层为铝材；

PAP4——内外层为聚乙烯，中间层为铝合金。

其中，对铝合金要求断裂伸长率不小于22%，抗拉强度不小于80MPa；对纯铝要求断裂伸长率不小于35%，抗拉强度不小于60MPa。聚乙烯料，高密度中密度均可用。

从上面数据可以看出，因为对接焊铝塑复合压力管壁厚增大，承压能力提高，对铝材提出了“柔和”的要求（伸长率增大，强度下降）。表8-26展示了产品规格。

表8-26　对接焊铝塑管产品规格

外径/mm	外径公差/mm	参考内径/mm	圆度		管壁厚/mm		内层塑料/mm		外层塑料最小值/mm	铝带厚度/mm	
			盘管	直管	公称值	公差	公称值	公差		公称值	公差
16	0.3	10.9	≤1.0	≤0.5	2.3	0.5	1.4	±0.1	0.3	0.28	±0.04
20		14.5	≤1.2	≤0.6	2.5	0.5	1.5	±0.1		0.36	
25（26）		18.5（19.5）	≤1.5	≤0.8	3.0	0.5	1.6	±0.1		0.44	
32		25.5	≤2.0	≤1.0	3.0	0.5	1.7	±0.1		0.6	
40	0.4	32.4	≤2.4	≤1.2	3.5	0.6	1.9	±0.1	0.4	0.75	
50	0.5	41.4	≤3.0	≤1.5	4.0	0.6	2.0	±0.1		1.0	

8.14.2　性能分析

对接焊铝塑复合压力管同样要做如下实验：管环径向拉力实验、最小剥离力实验、爆破试验、静液压强度试验。这些实验与搭接焊铝塑管复合压力管实验形式相同，但参数提高了档次。实验后，综合得出表8-27。

表8-27　对接焊铝塑管性能

流体类别	用途代号	铝塑管代号	长期工作温度/℃	允许压力/MPa
冷水	L	PAP3、PAP4	40	1.40
		XPAP1、XPAP2		2.00
热水	R	PAP3、PAP4	60	1.00
		XPAP1、XPAP2	75	1.50
		XPAP1、XPAP2	95	1.25

8.14.3　使用定位，在生产线上氩弧焊技术难把控，选用要慎之又慎

由于抗压、耐温能力提高，适合较高压力、较高温度、环境恶劣的场合。不足之处在于氩弧焊的缺陷无从查找，有时安装初期打压不漏，运行一段时间后发生泄漏，多为焊缝先天不足而导致。“校圆”、“弯曲”难度大（因为壁厚尺寸大），管件“锁紧力度”更难掌握。因此无特殊要求的场合，搭接焊铝塑复合压力管应用更多些。

8.15　稳态 PP-R 管

这是较新的一种管型，在 PP-R 管外层涂胶（专用热熔胶），将一层铝箔粘住，在铝箔外再涂胶，外层再加一层 PP-R 料。热熔焊接时，一直要剥到原 PP-R 管外表面，就是说要剥去稳态管的外层 PP-R 和铝箔及铝箔内外的热熔胶，即剥掉四层。此管用 S 值选材，规格为 d_n20、d_n25、d_n32、d_n40、d_n50、d_n63、d_n75、d_n90、d_n110，共九种，执行行标 CJ/T 210—2005。

8.15.1　优点

由于铝箔缠绕在 PP-R 管外表面，一方面该管型可阻氧；另外，膨胀系数小，使得明管施工可减少“补偿”；再者，因铝皮和胶的作用使得整体刚性增强了，如做明管，卡子可减少，省工省料。

8.15.2　缺陷

（1）由于生产工艺所限，铝箔既不能用氩弧焊也不能用超声波焊，只能黏接。

（2）“黏接”强度不可能高，因而只能有直管。供热系统，埋在垫层下若用该管，接头会太多，不可行。这一点和熔接型铝塑复合压力管无法相比。目前已有盘管，铝箔会因盘卷而开裂。

（3）热熔时，剥掉铝箔后，管端和 PP-R 管件热熔焊，这部分同材质，膨胀系数一样；带着铝箔部分和纯 PP-R 管端头分界截面产生应力集中，铝和 PP-R 必有一伤。

（4）由于“刚性”强，“打弯”困难，一旦弯成型，铝箔破裂失去作用。

（5）作者认为，只能认为该管型是 PP-R 的“应用改进”，成不了“体系”。因为它失去了 PP-R 原有的特性，PP-R 可做成盘管型，埋在垫层里，热熔焊牢靠，但“稳态”后反倒失去了这一特点。

8.16 如何使用检测报告

前几节介绍的塑管和铝塑管内容对设计者而言已够用。当然应该以相关国标、行标和各种规范为准。

本节打算分别讲一讲选塑管重点看什么，选铝塑管重点看什么。

8.16.1 塑管质量检测重点

（1）外径尺寸很重要，如 d_n25PB 管，无论 S 值大小，外径不允许超 25.3mm，塑管正误值但不允许超标。这一点和无缝钢管有相似之处，标记外径×壁厚。

（2）塑管有尺寸组，组内任一尺寸塑管的检测结果适用组内其他口径管，不必对号入座。具体见表 8-28。

表 8-28 塑管质量检测重点表

PB 管材		PP-R 管材		PE-RT 管材	
尺寸组	公称外径范围 mm	尺寸组	公称外径范围 mm	尺寸组	公称外径范围 mm
1	$16 \leqslant d_n \leqslant 63$	1	$12 \leqslant d_n \leqslant 63$	1	$16 \leqslant d_n \leqslant 63$
2	$75 \leqslant d_n \leqslant 160$	2	$75 \leqslant d_n \leqslant 160$	2	$75 \leqslant d_n \leqslant 160$

（3）PB 管不可下生产线后立即使用，需 5~7 天二次结晶时间后方可使用。

（4）8760h 与 5000 次冷热循环试验：

这是厂家生产塑管的定型检验，合格后，只要不间断，长期有效。

将管材管件组合，打压力后使其产生环应力为规定值，在较高温度环境里存放一年无渗漏无开裂为合格。见表 8-29、表 8-30。

表 8-29 三种管型 8760h 试验参数

参数 \ 管型	PP-R	PB	PE-RT
额定环应力/MPa	1.9	2.4	1.9
试验温度/℃	110	110	110

表 8-30 5000 次冷热水循环试验参数

管型 \ 参数	高温/℃	低温/℃	管内压力/MPa
PP-R	95	20	1.0
PB	95	20	1.35
PE-RT	95	20	0.6（S=3.2 时压力可 1.0）

保持压力，通高温水 15min、通低温水 15min 算为一次，要求共做 5000 次。

两者受力不同，8760h 要求环应力值；5000 次循环要求管内压力值。

无定型检测报告的产品是不合格产品。

（5）型式检验有固定内容，每两年一次，过期无效。

（6）与生活供水有关的塑管要有卫生检疫报告，有效期四年，过期无效。

8.16.2 铝塑管质量检测重点

（1）凡铝塑管都是五层。对各层塑料和铝皮厚度都有规定。这里强调两点：

1）熔接型铝塑复合管外层塑料必须保障不小于 1.9mm 厚度，表 8-22 中作为规范称“d_n25 管最薄外层 1.80mm……”提出加厚外层塑料厚度的目的是为了保障焊接质量。因为，热熔时不小心如果触及了铝管那肯定焊后会漏。

要想加厚外层塑料是很难的问题。在前面第 9 节中讲过，凹模熔管，熔后管外径只能 24.6mm。因此，解决的办法是：缩小铝管外径：改变凹模尺寸。好在大于 d_n25 管的管外层均已增加厚度。凹凸模尺寸值得探讨。

2）对于铝塑管的黏结剂质量要以检测报告为依据，黏结剂的质量决定了铝塑管的质量。

（2）表 8-24 给出了普通铝塑管和熔接型铝塑管径向拉力和最小剥离力数值。正规厂家可以现场演示测试结果。这两个参数表示出塑料与铝皮的亲合力，两者之间越牢固越好。

（3）铝带厚度和伸长率及抗拉强度必须达标。在对接焊铝塑管中，尽管已经加厚了铝皮厚度，对氩弧焊而言仍显得厚度不足。管子打弯时焊缝会开裂。作者建议，不要用铝塑管做地暖管，蛇形管弯头太多，任何型式铝塑管都不适宜。铝塑管承压耐温能力较高，做供回水管很合适，同时又阻氧。

（4）与生活用水有关的铝塑管要做卫生检疫。

（5）对铝塑管要出具 5000 次冷热循环实验报告，温度要求 95℃ 和 20℃，水压 1.0MPa，不要求 8760h 试验。

（6）型式检验有固定内容，每两年一次，过期无效。

（7）各种铝塑管尺寸组均按下格式划分。具体见表 8-31。

表 8-31 各种铝塑管尺寸组划分表

尺寸组	1	2
公称外径范围/mm	$12 \leq d_n \leq 32$	$32 < d_n \leq 75$

8.17 聚乙烯 PE 与交联聚乙烯 PE-X

聚乙烯 PE 管，以聚乙烯为主料挤压成型输水管。管径范围 16~1600mm；承压能力 0.32~1.6MPa，温度在40℃之内，卫生标准 GB/T 17219，输送生活用水必须按规范检疫。

8.17.1 命名法及许用应力

承压能力 6.3~7.99MPa 范围内各型 PE 管，把最小强度 6.3MPa 乘以 10 即"63"为 PE63，级数为 63 级。见表 8-32。

表 8-32 PE 管命名表

承压能力/MPa	最小强度/MPa	材料分级	材料命名
6.30~7.99	6.3	63	PE63
8.00~9.99	8.0	80	PE80
10.00~11.19	10.0	100	PE100

因此管多用于输送冷水，使用系数 $C=1.25$，许用应力见表 8-33。

表 8-33 PE 许用应力表

材料等级	许用应力 σ_D/MPa
PE63	5
PE80	6.4
PE100	8

8.17.2 静液压试验要求（型式检验要求）

PE 管是全塑管有 S 值

$$S=\frac{d_n - e_n}{2e_n} \tag{8-6}$$

即外径减去壁厚除以 2 倍壁厚，同样环应力=管内压力×S 值。见表 8-34。

表 8-34 PE 静液压试验数据

序号	项目	环向应力/MPa			要求
		PE63	PE80	PE100	
1	20℃，100h	8.0	9.0	12.4	不渗漏不破裂
2	80℃，165h	3.5	4.6	5.5	不渗漏不破裂
3	80℃，1000h	3.2	4.0	5.0	不渗漏不破裂

8.17.3 PE 管要求 8760h 试验（110℃环境，环应力 1.9MPa）

PE 要求做 5000 次冷热循环试验（95℃，20℃冷热水，管内保持 0.6MPa 压力）。

PE管用在市政输水工程上黑底蓝条；天然气工程也用PE，灰色居多。一般PE管多用机制弯头，用专门热熔机焊接。PE所用热熔机很大、很专业，一般大工程队伍才购置此物。PE管出厂时管壁标出尺寸比 d_n/e_n，材料等级生产日期公称压力。

8.17.4 交联聚乙烯PE-X

（1）交联含义。

高密度聚乙烯加交联剂生成交联聚乙烯，交联使分子链间形成共价键，成为三维立体结构，耐温耐压能力得以提高。

（2）交联方式。

$PE\text{-}X_a$ 过氧化物交联聚乙烯（交联度70%）；

$PE\text{-}X_b$ 硅烷交联聚乙烯（交联度65%）；

$PE\text{-}X_c$ 电子束交联聚乙烯；

$PE\text{-}X_d$ 偶氮交联聚乙烯。

（3）5000次冷热水循环与PB相同。8760h试验要求环应力2.5MPa，110℃环境。

（4）一般用PE-X多为 $PE\text{-}X_b$。此管抗拉强度很高可达26.5MPa。PE-X不能热熔焊。上海、石家庄等城市有PE-X专用铜接头厂家。

（5）打弯困难。*S*值：*S*3.2；*S*4；*S*5均为20倍管外径方可打弯，而且存在内应力；*S*6.3弯曲半径为15倍管径。

（6）执行标准GB 18992（ISD/DIS 15875）。

（7）静液压试验（型式检验要求）。

管内为水，内部压力产生环应力，不渗漏不开裂为合格。见表8-35。

表8-35 静液压试验参数

温度/℃	环应力/MPa	保持时间/h
20	12	1
95	4.8	1
95	4.7	22
95	4.6	165
95	4.4	1000

8.18 聚氯乙烯

本节介绍时下广泛应用的PVC-U管。PVC-U管全名叫硬聚氯乙烯。此管多用于排水管。管壁上均标有“PVC-U”字样。

生产厂家制管配料时要保障 PVC 树脂含量不少于 80%（重量比）。

8.18.1 检测要求

（1）国家化学建材测试中心（材料测试部）对联塑市政管道（河北）有限公司生产的 PVC-U d_n110 管材管件出具过检测报告。报告内容简单，称“依据 GB/T 5836.1—2006‘建筑排水用硬聚氯乙烯（PVC-U）管材’进行检测，符合标准规定”在这里强调两点：

1）管材拉伸屈服强度要求大于等于 40MPa（实测 46.8MPa）这是材料物理性能，其他管型也应如此。

2）对管件要求，主体厚度与管材同厚，因为胶粘，承口深度要执行规范。

（2）环境温度 60℃，管材组合件打压，环应力 10MPa、1000h 不渗漏不开裂为合格。这项要求国家化学建材测试中心并未提出。

（3）作者建议，组合件打压试验应该做；8760h、5000 次冷热循环试验不做。

8.18.2 粘接程序

具体程序为：

（1）管端切口平整清除毛刺适当倒角；

（2）擦拭配合面；

（3）管端外表面，管件内表面涂 PVC 胶粘剂；

（4）涂胶后迅速承插，插正保持片刻后擦去多余胶粘剂；

（5）不受外力条件下使胶粘剂固化。

8.18.3 施工过程中注意事项

（1）管材管件检测资料齐全方可施工；

（2）特别注意胶粘剂生产日期，选用黏度取中等值；

（3）管材管件配合时，注意“不圆度”，选材时，承插圆度、深度不合适时宁可弃之也不可勉强黏接；

（4）黏接后发现管线坡度不对，只能拆开重新组接；

（5）灌水试验发现漏水，拆开重粘不可“涂胶堵漏”；

（6）PVC-U 同样热胀冷缩，因此要正确使用伸缩节，要特别关注伸缩节配套的橡胶密封圈质量。

8.18.4 胶黏剂简介

将聚氯乙烯树脂 PVC 或氯化聚氯乙烯 PVC-C，放入四氢呋喃（THF）和环已酮混合剂内即成胶黏剂。要求树脂含量10%以上，不得有凝胶块。黏度单位MPa·s。普通黏度≥90；中型胶黏度≥500；重型胶黏度≥1600。

8.18.5 信息

（1）普通PVC低毒，这和稳定剂中的铅、钡有关，如果使用锡做稳定剂就会无毒。广西塑料研究所生产的无毒硬PVC可做上水管。

（2）目前国内正研究一种E·S-PVC。该塑料美国宇航局曾用来做航天器防护罩，温度范围-32~125℃。线胀系数小，易成型，国内研究进展很快。

8.18.6 穿墙套管及护根措施

PVC-U穿墙楼板应加套管。出楼板地面围绕塑管做一个5cm高的水泥台，防止塑管受撞击。

PVC-U不可避免水流声，尽管有的厂家在管内加螺旋线，水流声仍存在。

选用PVC-U尽量选厚壁型，因为曾经发生过疏通机刀头打破管壁的事。